我們成了消耗品

THE EXPENDABLES

全球化海嘯中被吞噬的中產階級

HOW THE MIDDLE CLASS GOT SCREWED BY GLOBALIZATION

JEFF RUBIN
傑夫・魯賓

聞翊均、楊理然——譯

目次 CONTENTS

前言——過去與現在

其實我們可以預見疫情大流行的到來，因為這並不是沒有任何預警。病毒首先在中國出現，卻在我們做好準備之前就如同海嘯一般登陸北美破壞一切。因為消費者必須待在家中，所以原先創紀錄的消費支出遭遇了瓶頸，新車的銷售一落千丈。隨後，因為商店和工廠一一關閉，失業率一路飆升。股市前所未有的多頭市場，一夜之間迅速轉變為恐慌性拋售，道瓊指數不斷暴跌。標準普爾五〇〇指數（S&P 500）也進入了空頭，下跌逾百分之二十。全球經濟似乎無緣無故就陷入了衰退。現在，美國死亡人數已經超過十一萬六千人。

一九五七年，貓王艾維斯（Elvis Presley）出現在《艾德·蘇利文秀》（*Ed Sullivan Show*）。那年同時有人發明了飛盤、福特公司（Ford）大張旗鼓推出了艾塞爾（Edsel）

汽車、加拿大推出了阿夫羅箭式（Avro Arrow）噴射戰鬥機、蘇聯發射了人造衛星史普尼克（Sputnik）、德懷特・艾森豪（Dwight D. Eisenhower）宣誓就任美國總統。

順便提一下，當年全世界的國家幾乎是立即從「亞洲流感」（Asian flu）的危機中恢復過來。一九五八年的第一季，全球ＧＤＰ令人訝異地下降了百分之十，但到了第三季，成長率也飆升了百分之十。來回二十個百分點的波動，沒什麼大不了的，對吧？全球經濟得到了流感，因此必須稍作休息，但最後又回到了創造就業和利潤的正確軌道上。事實上，後來當經濟學家和歷史學家談論到「艾森豪經濟衰退」（Eisenhower Recession）時，他們甚至很少提到亞洲流感是原因之一。

這樣看來，我們似乎有一個過去的模型可以用來預測新冠肺炎（COVID-19）疫情後的經濟復甦會是長什麼樣子。畢竟只要回頭看看一九五八年，然後就等失業率和消費市場恢復正常，好日子又即將到來——不會出現我們擔心的那種大災難。

但如果你認為一九五八年的真理在今天也依然適用，那麼你就應該讀一讀這本書（尤其如果你是屬於正在迅速萎縮的中產階級）。因為雖然消費支出和ＧＤＰ的持續成長以及創紀錄的股市多頭，都可能會讓我們覺得彷彿走進了艾森豪時代（或如果你在加拿大的話，可以類比迪芬貝克（Diefenbaker）時代」，但這是一個危險的錯覺。因為消費支出、GDP成長和股市上漲，與你的經濟健康幾乎沒有任何關係。

事實上就如同你即將讀到的，上述那些指標只是用來衡量富人的經濟健康。近年來，富人不是靠著製造更多艾塞爾汽車或是製造更多的箭式戰鬥機來致富。那些汽車和飛機製造業是屬於過去的世界。在那個世界裡，工廠的工作讓中產階級獲得薪資，而貨架上的商品就來自街邊的工廠；在那個世界裡，在地的勞動力是如此地重要，所以勞工不會失去他們的工作；在那個世界裡，稅收制度是進步的，所以富人實際上負擔了他們應盡的納稅義務。但那都是很久以前的事了。

在政治上，緬懷過去通常被認為是糟糕的事。向前看並追求進步才是政治上比較好的做法。然而事實上，過去的一九五〇年代末期到一九六〇年代初期，可能代表著有史以來最佳的經濟平等，而這樣的經濟健康就如同免疫系統的健康。當經濟體制本來就很健康時，經濟才會迅速復甦。

一九五七年發生的另外兩件事，會讓我們理解為什麼從新冠肺炎所造成的經濟衰退中復甦，很可能比擺脫亞洲流感要來得困難地多。

首先，當年三月歐洲各國簽署了《羅馬條約》（*Treaty of Rome*），建立了歐洲聯盟（European Union）〔歐洲經濟共同體（European Economic Community）〕的前身。儘管「歐洲合眾國」（United States of Europe）在政治和經濟上的緊密一體化，在當時還只是一個夢想，但《羅馬條約》仍然是建立共同市場的重要一步。在此之前，每個國家都有能力透過關稅徵收來保護關鍵產業以及相關就業市場。但從簽署的那一刻起，法國、西德、比利時、荷蘭和盧森堡願意放棄這種能力，以換取在對方市場中銷售商品而不被徵收關稅的權利。取消關稅背後的期待是，在一個經濟擴張的世界裡，勞工和工業不再需要被保護：共同市場將會製造非常多的財富，所以每個人都將過得更好。

換句話說，羅馬條約是一種自由貿易的形式，也是後來自由貿易的先驅。自由貿易的理念在當時即將席捲全世界。我們將會讀到，「關稅及貿易總協定」（General Agreement on Tariffs and Trade，GATT）是一項旨在取消對工業和勞工的保護來增加國際貿易的條約。這項協定已於一九四七年簽署成為法律，並經歷了幾次的更新，每次更新都大幅削減了更多的關稅。一九五六年，所謂的日內瓦回合（Geneva Round）（因為它是在日內瓦談判）取消了二十六個國家之間的二十五億美元的關稅保護。因此，當亞洲流感跨越太平洋時，全球化也正在空中盤旋醞釀。

當年亞洲流感很可能會重創全球經濟，但那並沒有發生。巧合的是，那年又發生了一件幾乎沒有人會注意到的危機事件。一九八六年，調查報告揭露了美國空軍一架B－36轟炸機曾於一九五七年五月意外在新墨西哥州投下一顆氫彈。那是有史以來威力最大的核彈。它的噸位是一千萬噸，比今天核子武器庫中的任何一顆核彈都還要強大，威力大約是廣島原子彈的六百二十五倍。儘管這顆重達四萬兩千磅的炸彈沒有引爆，卻留下了一個三點五米（十二英尺）深、約七米（二十五英尺）寬的彈坑。如果當時它爆炸了，就會把轟炸機預計降落的空軍基地化為烏有。後來一項調查顯示，當時炸彈的安全裝置被拆除了。

你可能會認為，到了一九五七年，空軍在處理核彈頭方面應該會更小心一些。畢竟他們已經在英屬哥倫比亞海岸掉過一枚核彈、在聖羅倫斯河掉了另一枚，此外還有幾架核轟炸機在大西洋和新墨西哥山區墜毀。但後來到了一九六一年，又有另外兩枚核彈在北卡羅來納州上空墜落。在如此重大的事情上取消保護措施，就算是為了提高效率，也已經不是用危險一詞就可以形容的了，這可能會導致世界末日。

當時這些炸彈都沒有引爆，但緩緩延燒的關貿總協定和全球化現象，已經讓整個工業環境如同核彈頭留下的破壞一般變得滿目瘡痍。如果一位一九五七年的工人看到今日的底特律，他會怎麼想呢？北美各地關閉的工廠、廢棄的城鎮大街、空蕩蕩的工會大廳——全球化的實際代價是不可忽視的。

這讓我們又回到了疫情的話題上。

在新冠肺炎危機的早期，政府應對措施的規模經常被拿來與二戰期間所需的規模相比。在這樣的時期，我們就該像幾個世代以前的人們一樣，好好利用和調度我們的聰明才智和工業力量。美國在一九四一年至一九四五年之間建造了兩千七百多艘自由級（Liberty-class）貨輪。也就是說，每三天就生產了兩艘一萬四千噸的貨輪（或總共生產了超過三千九百萬噸的貨輪）。所以面對現在的情況，我們會認為這個世界上最大的經濟體也可以生產一些N95口罩。

但事實卻不是如此。二〇二〇年三月十九日，臺灣宣布每週可以為美國提供十萬個口罩（美國是臺灣唯一的軍事盟友。長久以來，美國一直花費巨大的代價保護臺灣不受中國共產黨的威脅），而臺灣每週則擁有七百萬個口罩的產量。所以，臺灣人願意分給他們重要的盟友百分之一點四產量的口罩。

歐盟也採取了「大難臨頭各自飛」的政策。今年三月，歐盟執委會宣布禁止出口醫療設備，甚至禁止出口到某些其他歐盟國家。最終，在義大利等受到疫情打擊嚴重的歐盟成員國提出請求後，歐盟當局做出了讓步。憤怒的塞爾維亞總統亞歷山大・武契奇（Aleksandar Vučić）站在電視攝影機前說：「歐洲的團結並不存在，那只是寫在紙上的童話。」此後不久，塞爾維亞關閉了邊境。那麼唯一允許進入塞爾維亞的外國人是誰？中國的醫生。武契奇稱中國是「唯一能幫助我們的國家」。

他所說的話的確有些道理（儘管俄羅斯也派出了幾架滿載醫療設備和醫務人員的運輸機前往塞爾維亞）。在危機爆發之前，世界上一半的口罩都是由中國製造。而從危機爆發之後，中國的口罩產量增加了十二倍。截至三月底為止，中國工廠的口罩日產量為一億一千五百萬張（這讓我們可以更客觀地衡量臺灣的口罩大禮）。但除了中國製造業的產能以外，還有很多值得一提的事。

許多中國工廠都是在為跨國公司生產口罩。理論上，加拿大麥迪康（Medicom）公司在上海的工廠每天可以生產三百萬個口罩。但是當時那些口罩卻沒有被運往加拿大，而是都被中國政府徵收了。美國化工業巨頭3M公司在上海也有口罩工廠，但是根據美國貿易官員所稱，當時這些工廠實際上已經被中國政府「國有化」了。雖然這些工廠可能與美國公司簽有合約，但是到了緊要關頭，中國政府則占據優先權。根據在中國當地工作的一些加拿大企業家所說，當時中國政府派了官員前往生產呼吸器和防護衣等醫療設備的工廠，監督這些物品的運送目的地。

所以，的確我們的公司仍在製造產品。只是製造產品的工廠是在其他地方，因而工作也在其他地方。而當我們有需求的時候，口罩也會在其他地方。

當中國政府忙於控制世界上關鍵產品的供給時，加拿大外交官則不得不在社群媒體上發文，希望加拿大大學的中國校友們願意幫忙找一些手套和口罩。這樣的對比，實在很難說我們是站在當初全球化所承諾的全球經濟制高點。

新冠肺炎的危機讓我們知道，經濟理論的問題不僅僅與經濟健康有關，也與身體的健康有關，因為中國政府能有效控制的不僅僅是口罩和防護衣。多年來，寬鬆的監管制度和低廉的薪資，讓中國成為製造學名藥所需之化學原料的主要來源國。也就是說，幾乎所有加拿大人和美國人吃的藥，其化學原料都來自中國。

而抗生素也是如此。一九八〇年代，美國有全面的緊急應變準備，包括遍及整個北美的抗生素生產能力。當時美國擁有全世界百分之七十的抗生素產量，而現在美國則依賴中國進口抗生素。此外，從維生素C到化療藥物等各種與健康相關的產品，北美民眾都面臨著同樣的依賴。

在一個經常被描述為「全球化」的世界中，這樣的現象本應不重要。準時交貨的魔法，加上有效率的勞動市場和規模經濟，這種模式應該會以最好的價格大量提供我們所需的一切。但事實證明，雖然這種模式可能適用於夾腳拖和草坪傢俱（或是任何你在沃爾瑪超市（Walmart）所購買的全球化產品），它在緊急情況下並不適用。當你急需關鍵產品的時候，這種模式卻無法運作。

我們不應該等到武漢的一隻蝙蝠在穿山甲上撒了尿才學到這個教訓。證據已經在我們身邊聚集多年了，但悲劇才能讓人集中注意力。全球性的放鬆管制一直不是個好主意。它總是只讓一小部分的人受益，而讓其他大多數人付出巨大代價。當我們將今天的經濟與一九五七年的經濟進行比較時，我們就會清楚這種代價到底有多大了。

緒論

一九九九年十一月，當達拉斯、底特律、聖地牙哥和檀香山的市長們看到新聞時，一定會覺得自己躲過了一場風暴。他們在這之前曾競相爭取在美國舉辦世界貿易組織（簡稱世貿組織）（World Trade Organization，WTO）的第一次部長級會議。後來，獲勝者是西雅圖。

選擇在西雅圖舉辦，很大的考量是因為美國沒有其他城市像西雅圖一樣在經濟上如此依賴對外貿易。當年，來自一百多個國家的貿易部長聚集在華盛頓州會議和貿易中心（Washington State Convention and Trade Center）協商新的「千禧年回合」（Millennial Round）協議，決議開放更自由的資本和商品流動。當時出現了一個相對較新的詞來描述這樣的經濟實驗：全球化（globalization）。

在過去十年裡，世界一直在穩步形成自由貿易區。一九九二年簽署的《馬斯垂克條約》（*Maastricht Treaty*）逐漸讓歐洲大部分地區採用統一的貨幣。而在大西洋的另一邊，加拿大和美國於一九八九年簽署了自由貿易協定，而後在一九九四年邀請了墨西哥加入後來的北美自由貿易協定（簡稱北美自貿協定）（North American Free Trade Agreement，ＮＡＦＴＡ）。

自從亞當．史密斯（Adam Smith）、大衛．李嘉圖（David Ricardo）和約翰．彌爾（John Stuart Mill）的時代以來，經濟學家們幾乎一致認為，國與國之間的自由貿易是確保資本得到有效利用的唯一途徑。而且他們可以提出非常有說服力的證據。鬆綁管制的貿易在促進ＧＤＰ上有著良好的紀錄，而ＧＤＰ是衡量一個國家經濟的標準測量指標。此外，自由貿易似乎也不會損害企業的股價或獲利能力，怎麼會有人不喜歡呢？

因此，當西雅圖贏得世貿組織全球化會議的主辦權時，籌辦者可能沒有料到會有四萬多名抗議者聚集到了這座城市。那場抗議是自從一九六八年芝加哥民主黨全國代表大會的街頭暴動以來，美國所發生的最嚴重暴力示威活動。一九六八年，越戰問題分裂了這個國家（在此之前很少有其他社會問題像越戰那樣）。而這一次，大多數美國人甚至沒有聽過全球化。當時很少有人會質疑全球化所預期帶來的好處，包括他們當時的總統比爾・柯林頓（Bill Clinton）也是如此。

街上抗議的群眾是來自工會和環保主義者所組成的廣泛聯盟，還有一些無政府主義者（這些人通常會在這類活動中現身）。勞工組織譴責美國的工作將被海外的血汗工廠搶走，並要求世貿組織在可能制訂的任何新貿易協議裡都必須納入勞動基準。環保人士則堅持主張，任何貿易協議都必須符合汙染排放標準，這樣一來生產活動就不能轉移到環保標準寬鬆或根本沒有標準的司法管轄區。

這兩類團體都認為，如果沒有這些保護措施，全球化只不過代表一場為了世界上的大公司追求更多利潤的惡性逐底競爭。至於對於世貿組織本身，抗議者認為它是一個超越國家力量的官僚組織，而且對其所代表之任何國家的選民都無法負起責任。

當然，作為一個無法究責的超國家機構，世貿組織沒有理由關注抗議者的擔憂。該組織的宗旨並不是要防止在紡織品生產過程中僱用童工，也不是要避免第三世界的採礦計畫經常帶來的生態災難。它們的存在是為了保護並進一步促進商品和資本的自由流動。

許多抗議群眾是和平的，例如美國勞工聯合會暨工業組織大會（American Federation

of Labor and the Congress of Industrial Organizations）及其成員工會（包括美國鋼鐵工人聯合會、卡車司機工會、機械師工會和國際碼頭和倉庫工會）組織了一個合法的大型集會遊行。但是其他抗議者卻不怎麼和平，尤其是無政府主義者陣營中所謂的「黑群」組織（black bloc）。沒多久暴力事件開始升級。數千名抗議者湧入市中心的街道，與當地員警以及華盛頓州州長駱家輝（Gary Locke）為恢復秩序而召集的兩個國民兵部隊發生衝突。

不用說，這次部長級會議並沒有取得多少成果。由於街道上一片混亂，大多數與會代表都被困在飯店房間裡。為期三天的會議提前結束，大多數代表都迫不及待地想要離開城市。崩潰的貿易談判直到兩年後在卡達杜哈（Doha, Qatar）的會議上才得以恢復。當時，卡達當局決心防止西雅圖式的抗議再次發生，所以謹慎地封鎖了會議地點周遭方圓三公里（約等於兩英里）的區域。

西雅圖的抗議者幾乎受到所有美國媒體的譴責。《紐約時報》甚至編造了一個抗議者向員警投擲汽油彈的故事。所有媒體想關注的都是戴著面具的抗議者砸碎西雅圖高檔商店的櫥窗，或者抗議者與員警扭打的畫面。但是針對那些前來示威的人，一種更可惡的指責則是指控他們過於天真和保守。畢竟當時的共識一致認為全球化是未來趨勢。

所以誰是對的？

那些撼動西雅圖和新聞媒體的抗議活動已經過了二十年。各方的熱情都已冷卻。現在，我們似乎能公正地詢問誰是對的，並得到結論。所以全球化實現了它的承諾嗎？

在那次部長級會議之後的幾年裡，全球貿易大幅成長。除了二〇〇八年的金融危機以外，全球經濟一直在穩步成長。股市上漲，企業獲利能力提升，失業率降至歷史低點。

這聽起來像是全球主義者的澈底勝利。其實如今幾乎沒有人會質疑全球自由貿易的重要性。甚至當時反對這種新想法的政治流派也改變了主意。例如在加拿大，自由派在一九八八年大選中激烈反對最初的加拿大–美國自由貿易協議，但最近在唐納．川普（Donald Trump）威脅要撕毀北美自由貿易協定時，賈斯汀．杜魯道（Justin Trudeau）所領導的自由派政府就以同樣頑強的態度捍衛了該協定。與此同時，杜魯道政府一直在悄悄擴大與歐盟的自由貿易協議，也更公然地去討好中國。他們顯然已經接受全球化是有利可圖的這個觀點，所以我們無法質疑已經成功的故事？

但定義貿易協議是否成功的方法其實不只一種。

如果說一九九九年在西雅圖抗議的美國工會認為世貿組織的貿易規則會讓他們的成員失去工作，那麼他們還沒有看到真正的事實。不到兩年後，世貿組織接納了中國，從此北美製造業的工作機會開始加速流失。一九九九年至二〇一五年，僅美國經濟體就失去了將近五百萬個製造業工作。[1] 加拿大經濟規模約為美國經濟的十分之一，則失去了五十多萬個製造業工作，超過加拿大工業勞動力的四分之一。[2]

而環保主義抗議者的警告也已成為現實。製造業生產向海外的大規模遷徙，導致了隨之而來工業汙染的大規模遷徙。從西雅圖會議之後不到十年，中國就超越美國成為世界上最大的碳排放國，其中大部分的汙染就來自於出口商品，而這些商品曾是由美國所生產。[3] 更糟糕的是，產業遷徙後那些中國政府扶持的老舊工廠所造成的汙染更多（例如中國鋼鐵工廠每根鋼錠的碳排放量，就遠比匹茲堡工廠所排放的要來得多）。但碳排放量對世貿組織或採購中國鋼鐵的公司來說並不重要。唯一重要的是，中國鋼鐵工人的薪資只是美國、加拿大或歐洲鋼鐵工人薪資的一小部分；因此在中國生產鋼鐵和大多數其他產品的成本將便宜得多。

自從二〇〇六年以來，中國的碳排放量就像它的工業生產一樣一路飆升，讓北美的碳排放改善相形見絀。北美的碳排放改善是由於製造業減少，以及再生能源和天然氣逐漸取代了煤炭發電。到了二〇一五年，中國的碳排放量比美國高出百分之八十。[4]此外，中國的空氣汙染非常嚴重，北京和上海等城市的許多居民在外出時都必須戴上口罩。在西雅圖的示威發生時，人類活動的碳排放對氣候變遷的影響仍然是一個充滿激烈辯論的爭議理論，但如今這已經是一個公認的事實。

老調重彈

儘管西雅圖的抗議活動充滿爭議和暴力，但正反雙方從未有過真正的分歧。因為問題不在於全球化是否有效；真正的問題是：誰獲益了？

沒有人會這樣理解全球化的問題，政治人物和報紙專欄作家當然不會，也許連你也不會。但事實不會改變。全球化的支持者總是有好消息可以分享，頭條新聞總是GDP成長率和多頭市場。但是天下沒有白吃的午餐。有人必須買單，而買單的人很可能就是你。

對於這個議題，主流的新古典主義經濟學家之間幾乎不存在異議。自由貿易和自由市場將會促進成長，任何企圖偏離這條路線的做法都將損害我們的集體經濟福祉。而只有經濟文盲不會理解這一點，或者至少我們是被這麼告知的。

但他們沒有告訴我們的是為什麼我們應該關心ＧＤＰ。ＧＤＰ是用來衡量經濟系統中所有商品和服務的價值。生活在一個愈來愈富有的國家，代表你也會愈來愈富有。這當然很好，但是現在的經濟已經不是這樣運作了。

主流經濟學家不明白的是，儘管在全球貿易對於ＧＤＰ影響的這件事情上，他們的觀點可能是正確的，但是這種衡量方法對我們的意義愈來愈小——尤其是如果你恰好屬於正在迅速萎縮的中產階級。這些經濟學家沒有看到的是強勁成長後的利益分配。從貿易中獲得的利益已經變得如此扭曲。雖然理論上每個人都應該過得更好，但現在許多人的境遇卻變得更糟。對這些人來說，自由貿易讓他們變得更貧窮，而不是更富裕。但是大多數吹捧自由貿易優點的經濟學家並不關心分配問題。對他們來說，唯一重要的是有自由貿易的ＧＤＰ比沒有自由貿易的ＧＤＰ要來得高。

雖然經濟學專家很快提醒我們，沒有成長，人均ＧＤＰ就不可能上升。但是這個統計數字對於我們真正的經濟福祉來說，只是一種虛假的衡量。人均ＧＤＰ只是虛幻的。如果你的老闆加薪了，你公司的平均薪資也會上漲，但是你的薪水並沒有真的增加。這就是你在人均ＧＤＰ中所得到的。專家提醒我們，我們正處於歷史上持續時間最長的經濟擴張期之一。他們談到這件事情時，彷彿每個人都在這塊不斷增長的大餅中分配到了同等份量。但最好的情況是，我們大多數人只能獲得一些麵包屑。那麼，為什麼我們要關心ＧＤＰ成長率或是人均ＧＤＰ的變化呢？

與ＧＤＰ成長類似的是就業機會的創造——這是世界各國政府向選民承諾的另一項神聖的經濟任務。正如同我們的經濟學家所不斷提醒我們的，在大多數地方，就業活動正在蓬勃發展。許多國家的失業率已經降到幾十年來的最低點，政府對此慶賀，並告訴勞工們他們從來沒有過上這麼好的日子。但請放心，那些告訴你你過得有多好的人，他們都過得比你還要更好。

當然他們沒有告訴你的是，擁有一份工作所代表的意義已經不再像以前一樣——實際上差遠了。的確，你不需要位高權重的經濟學家來告訴你這一點。在這個問題上，你自己的經歷就能說明一切。如今，你可能常常需要做好幾份工作才能勉強度日，因為你在其中任何一份工作裡都賺不到足夠的錢來支付帳單。工作福利和體面薪資都已經成為不合時宜的產物。

過去，擁有一份中產階級的工作就代表你擁有自己的房子、每年和家人一起度假、每年為孩子的教育存下一些錢。但那都是很久以前的事了。在當今的全球化經濟體系中，情況已經有所不同，甚至非常不同。找到工作曾經為許多人提供了一條擺脫貧困的途徑。但如今，大部分新創造的就業機會卻是一道進入貧困的大門。而且一旦你穿過了那道門，很可能就再也無法回來了。

所以，的確在某種意義上，經濟學家們是對的。全球化帶來了更大的競爭力和效率。但如果全球效率的提升同時代表著你愈來愈落後，那麼也許這並不是你真正想要的。也許所有窮人和愚蠢的經濟文盲才是真正了解經濟是如何運作（或者更重要的：經濟是為誰運作）的人，因為全球化顯然對你沒什麼好處，而且這樣的現象已經持續有一段時間了。

所以，現在也許是時候無視那些經濟學專家高人一等的說教了。他們總是沒完沒了地吹捧「比較優勢」和「國際競爭力」等概念的優點，以及當今全球供應鏈的奇蹟。他們不斷警告我們，其他國家正在緊追不捨，我們最好不要放鬆警惕，不要放慢步伐。無論付出多少代價，我們都必須在至關重要的全球市場上保護我們的地位。

事實證明，大多數正在追趕我們的國家都是低薪經濟體，那裡的勞工們非常樂意取代你的工作。而且在大部分的情況下，你為之工作的公司非常樂意讓那些勞工拿走你的財富，因為公司會希望以廉價勞動力為基礎來建立供應鏈，並賺取更多的錢。這對股東來說可能是件好事，但不幸的是，你沒有任何股份。這讓你對自己在全球經濟體系中的未來感到疑惑。看起來，你所處經濟體在國際上的競爭力愈強，你的空間就會愈小。

也許現在是時候看看世界經濟真正變成了什麼樣子：一個巨大的拍賣場，出價最低的人就能得到工作。如果你不願意拿海外血汗工廠提供給工人的薪資來工作，你就會突然成為某個遙遠全球供應鏈中的犧牲品。

也許現在是時候把注意力集中在你自己的情況上，了解是什麼因素讓你變成這樣。當你開始這麼做時，你很快就不再關心餅的整體大小，而是開始專注為自己切一塊更大的餅。而且如果餅的整體在這個過程中縮小了（就像專家們不斷警告我們的那樣），你也不會注意到，因為會注意的是那些飽嘗成長果實的少數人。

諷刺的是，雖然全球化經常被宣傳為一股能讓所有船隻都上升的潮流，但它也被用來解釋為什麼有些船隻根本無法上升。如果繼續要求你的政府限制進口那些讓你失去工作的廉價商品、要求提高當今很多人拿的基本工資，或是要求讓富人和企業支付更多的稅而不是從你的薪資中支付，結果總是一樣的：要求建立更公平經濟體制的呼聲很容易被視為無可救藥的天真。政府經常宣稱，如果他們實施任何這些公認為是出於好意的政策，這些努力最終會適得其反。這種政策會傷害到他們想要幫助的人。我們不斷被警告，讓社會福利工作人士管理我們的經濟可能會帶來危險。我們也被告知，試圖重新分配收入或財富，或是透過關稅保護在地工業，都將損害我國經濟的國際競爭力，並嚴重損害經濟成長和就業市場。

所以如果專家是對的該怎麼辦？當他們說，那些有助於改善你日常生活的措施（譬如爭取一份體面的生活薪資和適當的工作福利）其實會損害國家整體經濟成長的機會，如果這是正確的我們該怎麼辦？誰在乎啊！也許那些受益於當前體制的人在乎，但你當然不應該在乎。GDP成長率仍然表現良好，但正在受傷的人卻是你。

經濟成長就好像發生在遙遠的銀河系，因為它需要數光年的時間才能讓好處涓滴流淌到你的身上。為什麼不讓我們人口中百分之一的富人（這些人是經濟擴張的真正受益者）擔心成長就好？我們剩下的人只需要關心如何得到維持生計所需的薪資。

西雅圖後記

回顧在西雅圖召開世貿組織部長級會議之後的二十年，那些環保人士、工會成員、社會主義者和無政府主義者當初的主張似乎並沒有錯。世貿組織的貿易規則擠壓了經濟合作暨發展組織（簡稱經合組織）（Organisation for Economic Co-operation and Development，OECD）中每個國家的中產階級。[5]此外，製造業不斷向低薪資國家轉移，這也讓製造商免受環境法規的影響——譬如針對導致氣候變遷的碳排放量加以限制的法規。如果製造商還留在經合組織國家，他們可能就會不得不去面對這些問題。

曾經，抗議者有著美好的時光。二〇〇〇年（西雅圖事件之後一年）的美國華盛頓特區和加拿大蒙特婁，以及二〇〇一年加拿大魁北克市都發生了令人難忘的騷亂。每當國際貨幣基金組織（International Monetary Fund）、世界銀行（World Bank）、世貿組織、七大工業國組織（G7）、二十國集團（G20）或其他超國家組織聚集在一起討論解除貿易管制時，類似的抗議就會在世界各地湧現。然而由於種種原因，反全球化運動的急迫性逐漸消失。但在二〇一一年，代表各種利益的社會運動人士聯盟在紐約祖科蒂公園（Zuccotti Park）紮營，展開了「占領運動」（Occupy movement）。占領運動呼籲監管銀行和債務減免，並要求採取措施打擊貪婪和腐敗。它激發了歐洲各地的反資本主義和左傾抗議。但是由於沒有明確的議程或領導者，這場運動陷入停滯，最終數十個城市中的占領運動帳篷被警方清場。

但西雅圖抗議人士萬萬沒有想到的是，十六年之後，有人會站出來支持他們的動議。而且這個人的狂熱，讓抗議者的死敵世貿組織處於生命垂危的狀態，也讓世貿組織精心構建的世界貿易體系進入了崩潰的邊緣。

第一章——新民粹主義

在西雅圖和祖科蒂公園的抗議者，以為自己已經完全了解億萬富翁們的把戲。億萬富翁們利用他們的權力來影響華爾街、世界貿易組織或甚至政府等機構，讓這些機構努力維護他們的利益，但也從而危害到其他所有人的利益。人們厭倦了總是為所欲為的億萬富翁，而抗議者們也預見情況會變得愈來愈糟。然而，他們卻完全無法預見下一位偉大的勞工階級擁護者會在何處出現——這位擁護者不是人們所預期的一位蓄著大鬍子、在「占領運動」的帳篷裡煽動同行者的社會主義者。反之，他是這個世界上最耀眼的鍍金億萬富翁之一。

擔心中產階級薪資成長過低的億萬富翁並不是時常會出現。過去在一九九二年總統大選競選期間，羅斯・佩羅（Ross Perot）曾提出政見反對北美自貿協定。他是最早對美國人警告該貿易協定後果的美國政治家之一。他宣稱美國人將會感受到「巨大的吸力」，因為中產階級的工作將被吸往低薪資的墨西哥。[1]雖然結果證明這樣的看法有其先見之明，但是當時佩羅只拿到了一千九百七十萬張選票。二十多年後，一位名叫唐納・川普（Donald Trump）的人則不想因此失敗。

二〇一六年美國總統大選之前，川普在競選時所處的世界與佩羅所經歷的世界已然不同。而川普本人則是另類的億萬富翁，完全不同於那位認真嚴肅的前童子軍佩羅。在塑造自己的政治形象方面，川普從他最早的政治導師「筋肉人」傑西・文圖拉（Jesse "the Body" Ventura）那裡得到了啟發。川普是在參加宣傳世界摔角娛樂公司（World Wrestling Entertainment Inc.）的活動時第一次見到文圖拉。在一九九八年，這位著名的摔角明星離開競技場，回到他的家鄉明尼蘇達州競選州長。他選擇加入佩羅所創立的政黨，以美國改革黨候選人的身分參選（當時無論是共和黨人還是民主黨人，都不太想要讓這個在摔角生涯中充當騙子和混球的大塊頭惡霸代表他們的政黨參選）。

但最後證明這些建制派政黨錯了，這樣的模式後來在世界各地再次上演。建制派們或許是不願意也或許是沒能力察覺到改變的氛圍，文圖拉在明尼蘇達州的選民中開闢了一個相當大的利基市場。這些選民厭倦了兩黨年復一年所提名的職業政客，文圖拉則聲稱自己與人民有更直接的連結，因此取得了勝利：「筋肉人」成為了明尼蘇達州第三十八任州長。而且由於文圖拉不受任何政黨組織的約束，所以在面對州議會時，他可以完全採取任何他認為好的立場。事實證明，一個「混球」不僅可以擊敗兩名建制派候選人，還可以成為一名出色的州長。文圖拉在二〇〇三年卸任之後，成為哈佛大學甘迺迪政府學院（John F. Kennedy School of Government at Harvard）的研究員。這些都與他過去的競技場生活天差地遠了。

川普則關注著這一切。在過去十年裡，川普一直考慮參選美國總統，並曾公開表示二〇一二年可能就會出馬競選總統。有一段時間，他曾考慮以獨立候選人的身分參選，希望文圖拉的方式在華盛頓也能奏效。他希望把自己定位為政治局外人——而不是一個被華盛頓政治沼澤所玷汙的職業政客（在那樣的沼澤之中，特殊利益團體和遊說者手裡總是拿著支票簿喊價）。

川普肯定知道作為獨立候選人參選將會是一項艱巨的任務。安德魯．傑克森（Andrew Jackson）是美國最後一位以獨立候選人身分獲勝的總統（他的頭像被印在二十美元鈔票上，也被川普掛在橢圓形辦公室的牆上），而且那得追溯到一八二九年。這並不是說沒有其他人嘗試過。很多人嘗試過，但都失敗了。如今，要贏得美國總統大選，就需要一個龐大的組織和政黨機器。對川普來說，這代表以獨立候選人的身分入主白宮，遠比文圖拉以獨立候選人的身分成為州長要困難得多。因此，儘管川普多年來一直稱自己更像是民主黨人而不是共和黨人（事實上他也早已註冊為民主黨人），但是他卻宣布有意參加共和黨初選，角逐共和黨總統候選人。當然，作為一位億萬富翁也有好處。與其他黨內競爭者不同，川普並不需要擔心如何籌措競選資金（雖然說他在募集資金上的表現一點也不差）。

他也不需要像其他黨內角逐者一樣，需要在《紐約時報》（*The New York Times*）或《華盛頓郵報》（*Washington Post*）上撰寫重量級的專欄文章。因為他有其他傳達訊息的方法。他的種種事蹟（包括曼哈頓的房地產交易談判；撰寫《川普：交易的藝術》（*Trump: The Art of The Deal*）等暢銷書；宣傳環球小姐選美大賽；還有在自己的真人實境節目《誰是接班人》（*The Apprentice*）中擔任主角）都讓他在八卦小報上擁有一大批追隨者。他就是在打賭會看八卦小報的人比會看主流報紙的菁英人士還要多。

更重要的是，他還押寶許多美國人已經厭倦了現狀，並且確信，對他們來說無論入主白宮的是民主黨還是共和黨，都不會有太大的改變。他認為這就是許多美國人不願意去投票的原因。為了應對美國民眾潛在的沮喪和冷漠，他借用了上一任美國民粹主義總統羅納德．雷根（Ronald Reagan）的口號「讓美國再次偉大」（Make America Great Again），後來這句話甚至成為川普的註冊商標。

數百萬對自己和對未來都毫無信心的美國人，因為這句口號而產生共鳴。而後我們很快就在民調中發現，這樣的人遠比政治權威專家們所認為的還要多得多。川普所理解和利用的是美國社會中一股日益增長的憤恨暗流，這種憤恨感是來自於那些認為自己被拋下的民眾。「讓美國再次偉大」這句口號利用了人們的懷舊情緒，畢竟不久之前大多數美國人都還擁有中產階級的工作。川普經常被批評是一位憤世嫉俗的機會主義者。但在就業這個關鍵問題上，他的立場非常一致。早在西雅圖動亂時期，川普就曾公開表示美國在貿易協定中因為被中國剝削，而失去了許多寶貴的製造業工作機會。[2]

在川普看似不可能的勝利之後，對結果不滿的分析師和評論家立即將矛頭指向「憤怒的老白人」，他們是全球化的痛苦受害者——就好像失業問題讓中年男性都變成了共和黨人。分析師和評論家忘記的是，幾十年來最進步的民主黨候選人伯尼．桑德斯（Bernie Sanders）在角逐總統提名時，曾提出非常相似川普的競選政見。

川普和桑德斯的政治立場天差地遠，他們的意識型態光譜就像來自極地的兩端。但大家在他們選戰故事中通常不會注意到的是，他們在如何看待世界貿易體系以及其影響下的美國勞工這件事情上，抱有同樣的立場。雙方都公開尋求這些勞工的支持。桑德斯無情地攻擊他在民主黨初選中的建制派對手希拉蕊．柯林頓（Hillary Clinton），因為她對全球化和那些只會加劇全球化的自由貿易協定展現了無條件的支持。桑德斯駁斥了所謂「開放邊界」的進步思想，理由是這會降低薪資，增加失業率——川普在競選中也利用了同樣的議題。

桑德斯和川普都反對他們所屬政黨的既定立場，並譴責全球貿易體系從根本上就對美國勞工不公平。他們認為，全球貿易規則犧牲了美國勞工（以及其他經合組織國家的勞工），卻給了像中國這樣的低薪資國家巨大的商業優勢。最近談判的「跨太平洋夥伴協定」（Trans-Pacific Partnership）（歐巴馬政府已經簽署了該協定），甚至是長期存在的北美自貿協定，都在摧毀美國工廠的就業機會，也在摧毀美國不斷萎縮的中產階級，而中產階級曾經是美國經濟的支柱以及美國社會的心臟。最重要的是，川普和桑德斯都質疑中國的不公平貿易手段，以及中國對美國的巨額貿易順差，這樣的貿易順差讓美國工廠工人失去了數百萬個工作機會。

但挑戰全球貿易規則，並不在民主黨建制派或共和黨菁英的政治議程上。雙方都不認為美國產業的工人是國家未來願景的一部分。他們的國家願景包括金融科技、機器人、人工智慧和投資銀行。而工廠工人則是犧牲品——在一個經濟發展和技術進展快速變化的世界裡，為了在戰鬥中保持領先的地位，工廠工人就必須面對不幸但必要的傷亡。

被遺忘已久、在政治上幾無影響力的工業勞動力面臨了困境，但是兩黨建制派都沒有興趣將此作為選戰的中心議題。這個議題也沒有在美國企業界中引起共鳴，因為大部分企業都強烈支持全球自由貿易。

許多美國公司受益於促進全球貿易的貿易協定。例如，蘋果公司（Apple）在中國擁有龐大的供應鏈，以及龐大的 iPhone 銷售量。[3]然而同時，大多數美國勞工卻被拋下了。在過去幾十年裡，美國勞工幾乎看不到實際收入的成長，而他們並不孤單，經合組織國家的勞工都在同一條船上，或者他們失去了工廠的工作，或者為了保住工作而大幅減薪。事實上，持續不斷的工廠工作外包以及隨之而來的薪資縮減，正在讓世界上幾乎所有已開發經濟體的中產階級萎縮。在整個經合組織中，中產階級在全體人口中所占的人數比例下降了，他們在國民所得方面所占的比例則下降得更劇烈。[4]

因此不意外的是，當政治人物在尋找一個值得重視的議題時，可能會選擇與引發一九九九年西雅圖抗議類似的同一種衝突。在一個富人愈來愈富、中產階級卻在我們眼前消失的時代，「人民」和「菁英」之間由來已久的鬥爭似乎已經準備好展開新一輪的戰鬥。民粹主義（自十九世紀以來一直是一個政治思想派別）再度開始聽起來很有吸引力。這一次，民粹主義承諾要來解決全球化的後果。桑德斯陣營（民主黨左翼）和川普陣營（共和黨右翼）都認為，進一步的全球化既不可取，更可以避免。事實上，兩位候選人都誓言要把時鐘調回到過去，那時美國市場上販賣的大多數產品實際上都是由美國人所製造，而當時製造這些東西的勞工其生活水準則穩步提升。

川普想傳達的訊息可能在選民中引起了共鳴，但在媒體中卻沒有太好的反應。主流媒體嘲笑他在貿易和移民問題上那些有爭議的觀點，同時美國所有主要新媒體都忽視了他獲勝的可能。但令媒體震驚和沮喪的是，在競爭最激烈的共和黨初選中，川普擊敗了其他十六名候選人，獲得共和黨的提名（這些媒體幾乎同樣對桑德斯爭取民主黨提名的努力不屑一顧，儘管桑德斯最終在黨內代表大會上獲得了百分之四十六的黨代表票[5]）。

共和黨人孤注一擲，最後贏得了選舉。民主黨人謹慎行事，最後則輸了選舉。不同之處在於，民主黨的制度能確保桑德斯永遠不會出現在他們的候選人名單上。儘管桑德斯意外強勢的選戰，讓他贏得了二十三場初選，但是民主黨人團結起來支持偏向維持現狀的候選人希拉蕊，並竭盡全力阻止桑德斯獲得提名。在另一邊，共和黨建制派則未能阻止一個局外人劫持該黨以及其政綱。其實當初那場選舉很可能成為兩名局外人的選舉。

儘管當時川普在初選和黨代表大會上取得了令人震驚的勝利，但是他仍然無法說服主流媒體。媒體認為川普贏得總統大選的機會，比獲得共和黨提名的機會要來得更小。畢竟，這位政治新手是與老謀深算的政治老手在選舉中正面交鋒。結果共和黨卻震驚了全世界，他們出人意料的候選人入主了白宮。

希拉蕊是一位深諳世故、見多識廣、人脈廣泛的參議員、前第一夫人和前國務卿。當時媒體預測她將獲得壓倒性的勝利。民調顯示，她獲勝的機率在百分之七十到百分之九十九之間。但就像其他十六位在黨內初選中與川普競爭的共和黨候選人一般，希拉蕊最後知道不能總是相信民調，也不能總是相信新聞報導。

英國脫歐和民粹主義的崛起

全球化的一個諷刺之處在於，它讓近期高漲的民粹主義情緒也一併全球化了。畢竟，如果被自由貿易拋下的美國中產階級選民最終沮喪到必須一意孤行，那麼其他已開發國家中被剝奪權力的人民也自然會有同樣的感覺。

事實上，如果希拉蕊的競選團隊注意到了這一點，那麼他們可能會注意到英國脫歐公投所發出的警告：關於現狀，人們已經到了忍無可忍的地步。當時，一個房地產大亨成為美國總統的可能性或許看起來不大，但英國選民決定離開歐盟這件事情也幾乎同樣無法想像。畢竟，倫敦作為自由貿易集團的一分子，表現得相當不錯。但是在美國大選的幾個月前，英國脫歐卻這樣發生了。

當然，投票脫歐的並不是倫敦著名的金融區倫敦金融城中的投資機構和銀行。他們堅決贊成維持現狀、留在歐盟。畢竟倫敦金融城是歐盟的金融中心。這些金融組織的成員不斷發出警告，聲稱英國脫歐會對英國經濟帶來災難性的負面影響。換句話說，他們認為對金融業有利的事將對其他所有人都有利。

但其他人對這樣的看法並不買帳。在英國曾經強大卻已被掏空的廢棄工業地區，出現最多支持英國脫歐的人。儘管脫歐派通常是白人中產階級男性，因為他們在當今全球化的英國經濟中愈來愈被邊緣化，但是支持他們的人卻來自各種意識形態團體。《社會主義工人報》（*Socialist Worker*）和《每日郵報》（*Daily Mail*）等在政治上截然不同的出版方都對英國脫歐表示歡迎。兩者都宣稱這次投票將是對英國統治菁英的一次反擊。[6]

投票贊成脫歐的人，與在二〇一七年法國總統大選中投票支持瑪琳·勒龐（Marine Le Pen）（極右政黨「國民陣線」的候選人）或梅蘭雄（Jean-Luc Melenchon）（共產黨候選人）的人屬於同一類型。這兩人都主張法國退出歐盟，理由與英國獨立黨（UK Independence Party）領袖奈傑爾·法拉奇（Nigel Farage）和前倫敦市長（現任首相）鮑里斯·強森（Boris Johnson）支持脫歐的理由相同。

這些反抗投票的核心原因（無論從左翼還是右翼的角度來看）來自於工廠工作的

不斷減少以及隨之而來貧困勞工階級的增加。就連英國中央銀行（Bank of England）行長、加拿大人馬克・卡尼（Mark Carney）也一度提到英國勞工階級現在處於所謂的「狄更斯狀態」。在法國總統選舉期間，法國北部亞眠（Amiens）的惠而浦烘衣機工廠裁掉了最後的兩百九十五位勞工（該間工廠的生產線轉移到了波蘭）。亞眠是一個因工廠倒閉而被摧毀的地區。那些呼籲法國脫歐的人也因此事而號召行動。這與川普競選總統時期，福特公司一家組裝工廠按照計畫從美國遷往墨西哥的事件非常相似。

儘管後來曾在羅斯柴爾德（Rothschild）*投資銀行工作的艾曼紐・馬克宏（Emmanuel Macron）輕鬆贏得了法國總統大選，但是這個歐盟第二大經濟體（一旦英國退出歐盟，法國就成為了第二大經濟體）的現狀仍然充滿不確定性。那次選舉的投票率是自一九六九年以來最低的。而在那些參加投票的人當中，有四百萬人為了抗議他們在極右派和億萬富翁兩個政黨之間無法做出可能的選擇，而投了廢票。[8]馬克宏就職一年多之後，反對向窮人徵收新能源稅的抗議者走上街頭、引發暴亂。而後當新能源稅的法案被擱置時，黃背心（gilets jaunes）（法國法律規定，所有車輛都必須配備一件高能見度的反光背心）團體仍有更多的不滿要宣洩。這場運動已經迅速從一場反對燃油成本上漲的抗議，演變為一場更全面的反抗，其針對的是法國菁英階層以及普遍被認為是代表菁英階層利益的法國政府。黃背心運動現在正要求重新制訂被馬克宏政府取消的富人稅，並要求實行如提高最低基本工資等其他政策。這是法國十多年以來，持續時間最長的反政府街頭抗議運動。

雖然這些政治動盪都有各自的國家特色，但是它們也有一些共同之處。英國脫歐公投、在法國大選中選民實力堅強的極左派和極右派政黨以及隨後而來的黃色背心運動，當然還有川普看似不可能的總統選舉勝選，這些都代表人們正在發聲拒絕全球化和經濟體制的現狀。同樣地，被經濟發展所拋下的眾多男性和女性都支持這些動盪。與大多數經濟學家和政治學家一直傳遞的訊息相反，全球化造成的輸家遠比其提倡者所承認的還要多得多。在每年的達沃斯論壇（Davos）上，全球菁英和所謂的思想領袖們聚集在一起，一邊喝香檳配點心，一邊針對世界經濟問題高談闊論，但我們很少會（甚至

＊譯注：羅斯柴爾德銀行是由富裕的猶太銀行世家羅斯柴爾德家族所創立，最早可追溯於邁爾．羅斯柴爾德（Mayer Amschel Rothschild）在一七六〇年代所創立的銀行。

可以說從未有過）聽到那些輸家的故事。你也不會在《華爾街日報》（*The Wall Street Journal*）或是《經濟學人》（*The Economist*）裡讀到太多有關全球化輸家的報導。但這不代表他們並不存在，或者他們的人數正在減少。這只代表他們在媒體上被忽視了、他們對政府的所作所為沒有真正的發言權。但現在，忽然之間他們浮出水面。無論是美國的汽車工人，還是法國的黃背心抗議者，他們將不再沉默。

川普的當選無疑是現代美國政治史上的最大諷刺之一。畢竟支持並代表這些失敗者（或稱「犧牲品」）的他，可能一輩子都沒在工廠裡工作過。然而，川普卻用一種新穎而不妥協的方式，動搖了世界貿易體系的核心。在他的就職演說中，川普誓言美國的全球主義政策即將改變。與大多數承諾選民做出改變的政客不同，這個人可不是在開玩笑。

第二章——改變規則

一九六二年對克拉倫斯・狄龍（C. Douglas Dillon）來說是忙碌的一年（即使以他令人敬佩的標準來說也是如此）。狄龍早年以優異的學業成績從哈佛大學畢業，還拿到了足球校隊的榮譽代表函。他是一位二戰期間獲得勳章的海軍老兵，於一九四六年在父親創辦的「狄龍瑞德投資公司」（Dillon, Read & Co.）接任董事長。接任後的七年內，他就讓公司的投資賺了一倍。一九五三年，狄龍被任命為美國駐法國大使。一九五九年，德懷特・艾森豪（Dwight D. Eisenhower）總統將他任命為國務次卿。到了一九六一年，他則擔任約翰・甘迺迪（John F. Kennedy）總統的財政部長（儘管他是一名堅定的共和黨人）。同時他也非常富有。狄龍的父親在一九五七年被富比世雜誌評為美國最富有的人之一，而狄龍自己也是約翰・洛克菲勒三世（John D. Rockefeller III）的好友。

而狄龍正是提議在「關稅及貿易總協定」的框架下進行第五輪談判的人。自從一九四七年以來，關貿總協定的成員國已經舉辦過四次談判。每一輪談判都削減了數十億美元的關稅。這就是關貿總協定的目的——透過談判削減關稅及配額來促進國際貿易。

在第二次世界大戰後，一開始簽署關貿總協定的只有少數國家，而後簽署的範圍則已經發展到幾乎全世界的經濟體。一九九五年，世界貿易組織取代了關貿總協定，當時西雅圖的抗議者對此非常不滿。世貿組織現在有一百六十四個成員國和二十三個觀察員政府。世貿組織會為絕大多數國際貿易制定規則，並融合二戰結束時形成的國際組織網路，其中包括國際貨幣基金組織和世界銀行。世貿組織總部設在瑞士日內瓦；國際貨幣基金組織和世界銀行的總部則設在美國華盛頓特區。這些組織共同提供了穩定性，促成了令人讚嘆的經濟成長。它們讓很多人變得更富有。

狄龍出生在富有的家庭，同時也知道如何讓自己變得更富有（他領導談判當然不是為了讓自己更窮）。因為他巨大的影響力，所以關貿總協定的第五輪談判（一九六〇年至一九六二年於日內瓦舉行）後來被稱為「狄龍回合」（Dillon Round）。你不一定要擁有一家以你命名的投資銀行，才能擁有以你命名的國際貿易談判。但兩者皆有也沒什麼壞處。

一九六二年，狄龍還完成了更多重要的事。除了領導完成關貿總協定的談判以外，他還參與起草了《稅收法案》（*Revenue Act*）。該法案給予投資國內生產的公司稅收優惠，同時還給予在「低度開發」國家投資的公司免稅優惠。根據當時的參議院聽證會，在已開發國家投資的每一美元中只有七美分流向美國，而在低度開發國家投資的每一美元中卻有四十美分流向美國。[1]該法案旨在刺激國內經濟成長，但也明確規定不得干預投資低度開發國家所得到的高回報。國內減稅和海外投資——狄龍預見了未來。

但他做的還不止如此。狄龍還促使通過《貿易擴張法案》（*Trade Expansion Act*）。該法案前所未有地將貿易談判權力集中到總統手中。在下一次關貿總協定的談判中（於一九六四年至一九六七年舉辦，後來被稱為甘迺迪回合），美國總統利用這樣的權力削減了四百億美元的關稅，這個數字是「狄龍回合」中削減額的十倍。《貿易擴張法案》也賦予總統徵收關稅的權力，不過這項特殊權力很少被拿來使用。事實上，自從一九九五年關貿總協定被世界貿易組織取代，直到川普在二〇一八年重新拿出他新版本的貿易法案前，在這之間這項總統的權力一直都沒有被行使過。

從世界貿易組織到公平互惠貿易法案

從川普總統的眼裡看來，要讓美國再次偉大需要在很多方面採取行動。一方面，這代表要讓美國的公司所得稅與其他司法管轄區的稅制相比起來具有競爭力，從而讓美國公司不再處於劣勢。在最初由共和黨控制之參眾兩院的幫助下，川普政府推出了自雷根時代以來最大規模的稅改方案，以此大幅削減了美國的公司所得稅率。

「讓美國再次偉大」也代表美國不會再被其軍事盟友利用。川普總統非常明確地向北大西洋公約組織（NATO）的其他成員國表示，現狀即將改變。華盛頓（以及美國納稅人）不會繼續為了保護歐洲免於俄羅斯的威脅，買單巨額的國防支出，尤其是當德國等一些國家與俄羅斯（這個所謂的致命威脅國家）簽署了巨額的天然氣進口商業合約之後。[2]同樣地，川普也公開質疑美國在軍事上保障了日本的安全，但從中得到了什麼回報？白宮發出的消息震驚了美國的盟友，他們認為這是一種侮辱，也可能鼓勵俄羅斯或中國的侵略。然而，北約二十九個國家中只有七個國家按照北約的指引準則之建議，將百分之二的預算用於國防上。[3]

然而，最能體現川普「美國優先」願景的兩個議題，則是貿易協定的重新談判以及美墨邊境圍牆的修建。他承諾，這堵圍牆將阻止非法移民進入美國。川普的競選政見及其當選後政府的代表性議題，就是恢復完整的美國邊界（無論此界線是針對廉價的外國商品還是非法移民）。

川普的批評者則稱，總統在他的一生中從未讀過任何一本歷史書。這或許是真的，也或許不是，但川普對貿易政策的直覺其實與美國歷史悠久的保護主義有關。誠然，美國在戰後大部分時期都奉行自由貿易和全球化政策，但這並不一直都是主導華盛頓的意識形態。實際上遠非如此。

將關稅作為美國貿易政策的基石，此政策已有悠久的歷史。事實上，這樣的政策可以追溯到美國第一任財政部長亞歷山大．漢密爾頓（Alexander Hamilton）身上。當時他提出了「新興工業」（infant industry）的論點，辯護政府應使用關稅來保護美國新興的製造業。[4]漢密爾頓擔心如果沒有關稅的幫助，美國經濟將只能生產農產品和原料。

在十九世紀後半葉的大部分時間裡，即使歐洲大國大幅削減關稅，但同時美國仍然堅持貿易保護主義政策。當時美國對進口加工產品徵收的關稅在百分之四十到五十之間，這比歐洲大陸的關稅高出四至五倍。與當今關於關稅的說法相反的是，這些高關稅似乎並沒有對美國經濟造成太大的傷害。從一八七一年到一九一三年之間，美國的平均關稅從未低於百分之三十八，而同期美國GDP的成長速度是自由貿易國家英國的兩倍。[5]

美國的保護主義隨著經濟大蕭條的到來而加劇。一九三〇年，為了保護美國工人和農民，赫伯特·胡佛總統的共和黨政府通過了《斯姆特－霍利關稅法案》（*Smoot-Hawley Tariff Act*），該法案將應稅商品的關稅稅率提高到百分之五十九點一，僅次於一八三〇年的百分之六十一點七。[6]這樣的稅率作為一種緩解大蕭條的方案，的確失敗了。雖然考慮到第一次世界大戰之後困擾全球經濟的巨大結構和政治問題，以及當時聯邦準備理事會（Federal Reserve Board）所犯下的貨幣政策錯誤，我們很難說這項失敗的政策能帶給我們什麼教訓。在那年關稅生效之時，國際貿易早已因為席捲全球的經濟衰退而遭受重創。

自從那之後的幾十年裡，美國貿易政策的鐘擺明顯擺向了另一個方向。民主黨人在一九三〇年代中期上臺時，富蘭克林·羅斯福（Franklin Roosevelt）總統根據《互惠關稅法案》（*Reciprocal Tariff Act*）與三十多個美國的主要交易夥伴分別談判雙邊貿易協定。那些協議降低了美國的關稅，以換取對方國家對美國出口商品的同等關稅減免。後來雙邊模式被多邊貿易協定取代，其結果就是關貿總協定。

在推動自由貿易方面，雷根和喬治・布希（George H.W. Bush）總統比其他戰後的總統都來得更努力。而他們的努力最終促成了一九八七年簽署的《加拿大－美國自由貿易協定》（*Canada-US free trade Agreement*）。柯林頓總統則緊追其後。他不顧美國勞工的反對，在一九九三年推動《北美自由貿易協定》。此協定後來在國會通過，將免關稅的「大陸區」（continental zone）擴展至低薪資的墨西哥。同年，艾爾・高爾（Al Gore）在「賴瑞金直播」（Larry King Live）節目上與羅斯・佩羅（Ross Perot）辯論時，他向反對《北美自由貿易協定》的佩羅展示了一張斯姆特（Smoot）和霍利（Hawley）*的合照——他洋洋得意地威脅道，不接受自由貿易將導致經濟停滯，或

---

*譯注：斯姆特是猶他州的共和黨參議員，霍利則是俄勒岡州的共和黨人眾議員，兩人在一九三〇年推動了斯姆特－霍利關稅法案，升高了兩萬多種進口商品的關稅。

甚至另一次經濟蕭條。此後，柯林頓政府開始大力遊說中國加入世貿組織。

但後來在美國以及其他經合組織國家中都有跡象表明，各國政府開始回避不受限制的自由貿易流動，轉而採取更具保護主義色彩的政策。到了二〇一六年，世界貿易成長處於二〇〇八至二〇〇九年經濟衰退以來的最低點，成長速度只有過去幾十年的一半。同年，二十國集團（世界上最大的二十個經濟體）實施了自從經濟衰退以來最多的貿易限制。[7]所以當然，作為全球化和世界貿易的主要推動者，美國在這個議題上也到了斷然改變立場的時候。

川普新政府的首要任務就是重新談判或者在必要時廢除現有的貿易協定。在回顧羅斯福最初的雙邊貿易協定時，川普呼籲達成公平互惠的協定。每當美國那位固執的首席貿易談判代表羅伯特·萊特希澤（Robert Lighthizer）發言時，「公平」、「互惠」這兩個關鍵詞就會出現。事實上，新政府起草的首批法案之一就是《公平互惠貿易法案》（*Fair and Reciprocal Trade Act*）（或者簡稱為「FART」，這在 Twitter 社群逗樂了大家＊），該法案要求美國貿易政策與現有的世貿組織規則脫勾。

在眾多條款之中[8]，《公平互惠貿易法案》將允許美國對不同國家徵收不同的關稅。但世貿組織則明確禁止針對不同國家的差別待遇，而主張當你對某個國家同意某種條件，你就必須同時給予所有其他國家相同的條件。這就是所謂的「最惠國待遇」原則（most-favoured-nation principle），且此原則甚至適用於國內產品——世貿組織成員必須同意對待自己國家的產品如同對待進口產品一樣。顯然，最惠國待遇原則與《公平互惠貿易法案》是相斥的。

這項新法案還要求美國政府徵收對等關稅——也就是說，徵收等同於美國出口商被其他國家徵收的關稅（即使這些國家是開發中國家）。這是世貿組織規則下的另一個禁忌，因為世貿組織將富裕國家所沒有的關稅特權賦予了開發中國家。雖然《公平互惠貿易法案》沒有明確要求美國退出世貿組織，但它將允許華盛頓政府有效忽視世界貿易組織以及其規則。因此，它樹立了一個強而有力的先例，各國政府從此可以自由推翻全球貿易監管機構所制定的規則。事實上，只要各國政府想要與這個世界上最大的經濟體簽署任何新的貿易協定，那麼他們幾乎就是被迫一定得這麼做。

＊譯注：《公平互惠貿易法案》的英文首字母簡寫為「FART」，意思為「放屁」。

但這並不表示美國的新政府本身反對貿易，其實並非如此。但他們的確反對美國過去所簽署的大多數貿易協定之結構以及其運作方式。與過去的美國政府（無論是民主黨還是共和黨政府）不同，川普政府認為，世貿組織的規則從根本上就對美國勞工不公平。關於這點，他們是對的。

川普和萊特希澤認為，如果我們要像世界貿易組織所倡導的那樣，建立一個以規則為基礎的世界貿易體系，那麼對所有參與者來說，那些規則必須都相同。對大多數人來說，這聽起來似乎是一個非常合理和直接了當的要求。但大多數人沒有意識到的是，這實際上並不是世貿組織制定和執行規則時的運作方式。

假設你在一個享有美國所賦予之最惠國待遇的國家經營一家汽車公司，然後你想把你的汽車販售到美國市場。根據世貿組織的規則，你只需要支付百分之二點五的關稅。但如果你在美國生產同樣的汽車，然後想在中國販售，在同樣的規則下，你卻需要支付高達十倍的關稅。[9]現在我們知道，在世貿組織的規則下，不同的國家會依循不同的規則。如果你被認為是「開發中」國家，你就可以用關稅來保護自己的產業，而且那些關稅可以是發達經濟體用來保護其勞工的關稅之數倍。

當中國在二〇〇一年首次加入世貿組織時，我們有理由給這個世界上最多人口的國家一定的貿易優勢，以幫助其實現工業化，並讓數億的民眾擺脫赤貧。當年七大工業國集團中沒有人想得到中國有朝一日可能會成為經濟威脅，也沒有人預料到有一天數十億美元的投資會湧入中國，把一個曾經落後的農業經濟體變成世界製造業的出口平台。

但事實卻正是如此。自從一九七〇年代以來，中國在世界製造業生產量中所占的比例已經成長了近七倍，從百分之三上升到百分之二十。到了二〇一〇年，在加入世貿組織僅僅九年之後，中國已經超越美國成為世界上最大的製造業經濟體。隨著中國經濟轉向超速成長，這個曾經貧窮的開發中國家突然成為世界第二大經濟體，而且這樣的成長速度將讓中國有望在二〇三〇年超過美國，成為世界第一大經濟體。[10]

然而，世貿組織仍然繼續允許中國在國內徵收比美國等已開發國家多一倍的關稅。[11]同時，世界銀行每年繼續向中國提供十多億美元的低利貸款。就如同美國國家經濟委員會（National Economic Council）主任賴利．庫德洛（Larry Kudlow）所說：「中國是第一世界的經濟體，表現得卻像第三世界的經濟體。」[12]而能讓中國這麼做的，是世貿組織的規則。

對於美國、加拿大、英國、法國及其他國家數以百萬的產業勞工來說，他們眼睜睜地看著自己的工作被移轉到中國，被薪資只有自己一小部分的勞工取代。這個體系似乎極度不公平，對川普來說是如此，對桑德斯來說也是如此。但對許多公司來說（包括那些將生產供應鏈移轉到中國的美國公司和其他來自七大工業國經濟體的公司），世貿組織的規則極具吸引力。這些公司可以節省大量成本，讓他們的產品在價格上更具競爭力，同時能提供更大的利潤空間。全球化的強大之處，就在於它能提供消費者更便宜的價格、提供生產者更豐厚的利潤。然而，理所當然的是美國（以及其他經合組織的國家）勞工的失業和薪資停滯等問題就是這些好處的反面。

中國並不是唯一一個利用貿易規則來創造就業的所謂開發中國家。如果你是在美國或加拿大失業的汽車工人，那麼很可能是墨西哥人取代了你的工作，而不是中國人。自從一九九四年北美自貿協定生效以來，墨西哥一直是大部分汽車產業工作的著陸點。就如同因北美自貿協定而失去工作的九十五萬多名美國勞工犧牲品一般，汽車工人也是其中一員，因此他們都有資格獲得「貿易調整協助」（此為一個聯邦計畫，旨在減少美國經濟中因進口產品而遭受負面影響的產業）。13

當然在上述的情況下，世貿組織不應該受到譴責。該負責的是談判和執行北美自貿協定的各國政府。川普總統稱北美自貿協定是美國所簽署過的最糟貿易協定，並且特別指出該協定對美國汽車工人的影響以解釋為何如此。北美的汽車工會完全同意他的觀點。這就是為什麼大多數美國汽車工人在二〇一六年的選舉把票投給了他。當年，威斯康辛州、賓州、密西根州和俄亥俄州等州突然都倒向了共和黨。[14]不過，如果你碰巧是通用汽車（General Motors）或是加拿大汽車零件巨頭麥格納公司（Magna）的股東，你大概會認為川普大錯特錯。其實這兩種觀點都是正確的，只是資本家和勞工採用了不同的標準來衡量成功。

第三章——今日的勞工：不幸者*

二〇一七年九月，美國電子商務巨頭亞馬遜公司宣布正在尋找第二總部。在那之後的幾年來，這個消息成為商業媒體上炒作得最熱烈的題材之一，也讓北美的每一個市政當局都隨之進行政策調整。

當然，這種騷動是可理解的。這家全球科技巨頭的員工人數超過五十萬。它是整個美國經濟私部門的第二大雇主，僅次於零售之王沃爾瑪（Walmart）。[1]二〇一八年，亞

＊譯注：在此原文為「I ain't no fortunate one」，出自於清水樂團（Creedence Clearwater Revival）反越戰歌曲《天之驕子》（*Fortunate Son*）中的歌詞。歌詞諷刺當時徵兵上戰場的都是沒權沒勢的不幸者，而權貴後代卻能免於當兵。

馬遜公司在美國銷售了超過兩千五百八十億美元的商品，占據整個美國電子商務市場將近一半的份額。亞馬遜公司不僅主宰了電子商務；甚至可以說電子商務就是它發明的。

亞馬遜公司在納斯達克（NASDAQ）上市（大多數美國高科技公司都在納斯達克上市），它的業務主要是基於消費者線上訂購商品。事實上，它的市值在納斯達克指數中僅次於蘋果公司。憑藉著它在自動化倉庫和機器人技術方面的領先優勢，亞馬遜公司享受著這種高科技紅利。二〇一八年秋天，亞馬遜公司的股價一度觸及每股兩千零三十五美元，市值則達到一兆美元。從這個數字來比較，世界上只有十六個國家的GDP超過亞馬遜公司的市值。

因此，不難理解為什麼美國和加拿大各地的每一位市長，都夢想著讓這家全球電子商務巨頭在他們的城市裡建造閃閃發亮的新辦公大樓。

所羅門式的智慧：尋找兩處第二總部

為什麼一家公司需要第二總部？事實上，亞馬遜公司似乎正逐漸失去家鄉對它的歡迎。這個家鄉就是西雅圖，我們故事開始的地方。二〇一七年，西雅圖市議會針對年收入超過二十五萬美元的人，批准徵收了一項新的市政所得稅。[2]此外，該市正在對大型企業徵稅，以資助更多遊民收容所和經濟住宅，而亞馬遜公司曾公開反對這項政策。[3]所有那些富有的亞馬遜公司高層主管們似乎推升了西雅圖的房價，以致於讓許多不那麼幸運的西雅圖居民無法負擔了。

當然，亞馬遜公司以及其總部的工作職缺非常搶手。美國和加拿大有超過三百個地方政府進行競標。有些地方政府提供免費土地，還有些地方政府則提供市政稅減免的優惠。畢竟對於一個城市來說，這是個十年一遇的機會，此機會能確保該城獲得至少五萬個企業總部的高薪工作職位。大約一年後，亞馬遜公司公布了最終入圍的二十個城市名單。

當北美的每個城市都提出方案試圖籠絡你的時候，你沒有道理在可以得到兩份好處的時候只接受一份。憑藉著所羅門式的智慧，亞馬遜公司決定將計畫中的第二總部一分為二：一家分部將設在維吉尼亞州的阿靈頓（Arlington），離華盛頓特區不遠；另一家則設在紐約市皇后區。亞馬遜公司成立的不是有五萬個工作職缺的一處總部，而是各有兩萬五千個工作職缺的兩處總部。

有趣的是，在總部的兩萬五千名員工抵達紐約之前，亞馬遜公司就已經開始不受歡迎了（實際上來到紐約的只有七百個工作——被廣泛報導的兩萬五千份工作則是關於接下來的十年計畫）。在此之前，紐約人已經對市政府向亞馬遜公司提供的三十億美元稅收減免以及其他財政優惠措施表達不滿，但引爆點是該公司計畫在東河上的亞馬遜總部頂樓建造一座直升機停機坪——這大概是為了讓公司的菁英們不必在這座城市一直都很擁擠的地鐵上與普通老百姓打交道。儘管紐約州州長安德魯．古莫（Andrew Cuomo）和紐約市市長比爾．白思豪（Bill de Blasio）皆懇求亞馬遜公司留下來，但亞馬遜公司感受到了許多紐約人〔包括國會女議員亞歷山德里婭．奧凱西奧－科特茲（Alexandria Ocasio-Cortez）[4]〕的不滿情緒，因而取消了計畫。最後，它只在維吉尼亞州設立第二總部。該州議會批准了七點五億美元的優惠，而阿靈頓郡則提供了數百萬美元的優惠，鼓勵這家市值近兆美元的公司在該州設立總部。[5]

回到該公司最初的總部所在地西雅圖，亞馬遜公司則以一種前所未有的方式干預了二〇一九年的市政選舉。他們花了一百四十多萬美元（這個金額對市政選舉來說很驚人），試圖把女議員卡沙瑪・薩旺特（Kshama Sawant）趕下台。薩旺特的選區是許多亞馬遜公司員工所居住的國會山莊社區。她一直對該公司抱持批評的態度，並在二〇一四年六月促使西雅圖通過了每小時十五美元的基本工資標準。[6]

貝佐斯法案

所以如今亞馬遜公司到底提供什麼樣的工作機會呢？因為他們是一家高科技公司，提供高科技工作機會似乎是理所當然的——軟體開發、應用工程或是系統架構方面的職位。

但以亞馬遜公司支付給大多數員工的薪資，卻很難聘請到這樣的人才。事實上，直到二〇一八年，亞馬遜公司才將最低時薪提高到十五美元。而且他們的這項政策是在桑德斯參議員提出法案，要求企業必須繳稅買單低薪員工從政府所領取之醫療福利或食品券補助的等同費用之後才實施的，所以這並非巧合。這項法案被稱為《阻止貝佐斯法案》（*Stop BEZOS Act*），名稱來自亞馬遜公司創辦人兼執行長傑夫・貝佐斯（Jeff

Bezos），據報導他是世界上最富有的人。[7]該法案出爐後，亞馬遜公司超過二十五萬名正式員工和十萬名季節性員工獲得了等待已久的加薪。[8]即便如此，根據美國勞工統計局（Bureau of Labor Statistics）的資料，這些員工加薪後的薪水仍僅略高於美國私部門平均時薪的一半。[9]

低薪和不斷擴大的收入不平等，通常與技術落後的工業和美國較貧窮的地區〔例如阿帕拉契（Appalachia）地區〕有關。但是，不僅亞馬遜公司的倉庫工人或沃爾瑪公司的收銀員會遇到這些問題，矽谷的員工也會。矽谷被認為是領先於世界的美國高科技產業創新中心，當地至少四分之一的勞動力受僱於高科技公司。

愈來愈窮的矽谷勞工

對於廣受歡迎的科技人才來說，矽谷的薪資遠高於世界上任何其他地方。但如果你不是一位軟體天才，矽谷就不適合你。

雖然矽谷的科技產業從一九八〇年代以來突飛猛進地成長，但在那裡工作的大多數員工，其實際收入卻並非如此。根據加州大學聖克魯茲（Santa Cruz）分校的一項研究顯示，百分之九十的矽谷員工當今的實質薪資其實比二十年前還來得低。與美國其他地方一樣，矽谷的中等收入者所失去的實質薪資最多。他們的實質工資下降了百分之十四。[10]

回到一九八〇年代，ＩＢＭ等大型電腦公司的警衛也可能成為百萬富翁。這都要歸功於公司在員工職業生涯中所給予的股票分紅。如今，警衛、保全、餐廳員工和司機等服務都被外包給低薪資的供應商。於是這些人的工作條件變得非常糟糕，所以在二〇一七年，五百多名在臉書公司加州園區發放食物的餐廳員工成立了工會，為的是從承包商那裡爭取更好的薪資和福利。

自從二〇一一年以來，矽谷的租金上漲了百分之五十，而房價也漲了一倍。對於世界上薪酬最高的軟體工程師來說，或許可能承受得住這樣的漲價。但對於為這些高薪科技員工服務的大量服務業勞工（只領著基本工資）來說，就難以承受了。在這個被認為是美國經濟成長引擎的矽谷，遊民的人數激增了百分之三十。此外，超過三萬名服務業從業人員現在被迫住在汽車和露營車裡。[11]考量到高科技產業為在地服務業所創造的就業機會，其實多於他們為本身科技產業勞動力所創造的就業機會，[12]所以高科技產業對薪資成長和收入分配的整體影響很難說是正面的。

如果在世界上一個最富有國家中的最富有產業裡工作的勞工們，其處境都如此艱難，那麼其他人的處境怎麼辦呢？

我想，好消息是這些人大概幾乎都有工作。經合組織國家的大多數勞工正是如此。目前這些國家的失業率大概等同於二〇〇八年全球金融危機前的水準（就算沒有比當時低，也至少不相上下）。事實上在某些情況下，失業率比以前還要低得多。而就這方面而言，美國處於領先地位。截至二〇一九年十二月為止，美國全國的失業率為百分之三點五，這是半個世紀以來的最低水準。加拿大則緊追其後，其失業率處於四十多年來的最低水準。英國的失業率則是一九七四年以來最低的。

但壞消息是，低失業率對薪資成長的影響已經不如從前。當今的薪資成長率大約是上一次經濟衰退時期前的一半──美國、加拿大、歐盟、日本以及澳大利亞的資料皆如此顯示。就薪資成長方面，過去十年對大多數勞工來說都是失落的十年，這代表世界發達經濟體的薪資水準進入了前所未有的停滯期。而且薪資停滯的時間愈長，我們就愈會接受這是全球化新經濟秩序中不可或缺的本質。

位於柏林的德國經濟研究所（German Institute for Economic Research）指出，二〇一七年，當德國勞工接近充分就業時，約有九百萬德國勞工簽下的是低薪合約，收入不到全國時薪中位數的三分之二。[13]九百萬的人數幾乎占了德國經濟中所有工作的四分之一。

英國勞工的情況也沒有好到哪裡去。雖然英國的失業率也是幾十年以來最低的，但扣除通貨膨脹後的中位數薪資也低於二〇〇八年的水準。其中千禧世代勞工的降幅最大。[14]如今你環顧四周，你會發現薪資不是隨著時間凍結，就是倒退。這解釋了一個表面上看起來很奇怪的矛盾：儘管經合組織國家的就業人口比例比十年前來得更高，但這些國家的貧窮人口比例也更高了。如今，擁有一份工作的意義和以前不一樣了。

對於包括傑羅姆・鮑爾（Jerome Powell）在內的經濟學家來說，薪資成長的匱乏是一個謎團。這位美國聯邦準備理事會（Federal Reserve Board）的主席很想知道，當失業率處於戰後創紀錄的低點時，為什麼實際薪資的成長卻遲遲不見蹤影。與他類似地位的那些其他國家的中央銀行行長也都在向他們的電腦模型提出一樣的問題。

這當然不是因為失控的通貨膨脹剝奪了薪資的購買力。過去，經濟學家們常常擔心，提高薪資會導致經濟系統中所有東西的價格上漲。他們認為，一旦考慮到通膨的影響，賺更多的錢實際上會讓勞工更窮。但是當今的經濟學家們無法再用這樣的論點來解釋現狀。畢竟，由於過去十年來全球貿易壁壘的降低影響了商品價格的變動，歷史上的通貨膨脹率很少比現在還要低了。現在的商品更便宜，而不是更貴。所以更確切地說，是名目薪資成長本身的問題（更準確地說，是「缺乏」名目薪資成長的問題）。這就是為什麼現在這麼多勞工在通貨膨脹調整後的收入比過去低的原因。他們之所以更窮，並不是因為他們得到的報酬太多。他們變得更窮，是因為他們沒有得到足夠的報酬。

不是所有工作皆平等

在經濟衰退和蕭條時期，失業人數愈來愈多，所以薪資停滯不前是正常的現象。但是，讓鮑爾和其他中央銀行行長不解的是，為什麼在經濟創造了這麼多就業機會的同時，如此多的薪資階層其實際收入卻沒有太多成長（甚至完全沒有成長）。競相聘僱稀缺勞工應該會推升薪資。但是這並沒有發生。這樣的現象與經濟理論和經濟史皆背道而馳。

如果我們假設當今失業率與過去所代表的意義相同，那麼北美勞工的薪資漲幅應該至少是現在的兩倍。例如，在上次經濟衰退時期之前，美國製造業勞工的薪資以每年超過百分之四的速度成長。在川普當選之前，薪資的成長率則約為百分之二。[15]但是當今的充分就業失去了過往的意義——至少在薪資方面是如此。二〇一八年，美國勞工勉強實現了十年來的首次實質薪資成長，而加拿大勞工的薪資則僅成長了百分之二。考慮到通膨因素，勞工的實質購買力可以說仍然沒有成長。

事實證明，北美（或在任何其他經合組織國家）的實質薪資已經很久沒有成長了。美國一般勞工的實質薪資購買力與四十多年前的數據基本上相同。以當前的美元幣值來計算，平均實質薪資的頂峰是一九七五年。從那時到現在，薪資購買力已經很久沒有增加。勞動人口中唯一出現實質薪資顯著成長的群體，是所有薪資階層中收入最高的百分之一（你可能猜到了）。這百分之一的選民可能不會投票給川普或桑德斯。但當我們看看其他百分之九十九勞工的購買力發生了什麼變化時，就能明白為什麼這麼多人投票給他們了。

正常情況下，創造強勁的就業機會以及低失業率代表經濟環境中大多數人都取得了進步。但是並不是所有工作都是平等的。有些工作讓其從業人員愈來愈落於人後——而這些工作正是我們的經濟環境如今所擅長創造的工作類型。

在過去二十年之間，北美所創造的幾乎所有工作類型都是服務業。同樣的現象也適用於幾乎所有的經合組織國家。在這些國家中，經濟體系中商品生產的就業已經多年沒有成長了。當然不意外的是，商品產業最容易受到全球貿易模式的影響，並且會在生產和就業機會大規模流向全球廉價勞動力市場供應鏈的過程中首當其衝。

美國商品產業的就業人數在二〇〇〇年左右達到頂峰，剛好超過二千四百六十萬。在川普擔任總統之前，該產業的就業趨勢一直是單向的——不斷下滑。到了二〇一七年，這個數字已降至一千九百萬，其中幾乎一半的失業人口出現在製造業。在同一時期，服務業的就業人口從一億零七十五萬人增加到一億兩千七百萬人多一點，該數字占美國經濟就業機會淨增加的全部。[16]

在美國北部邊境的加拿大，情況也差不了多少。作為整體就業的一部分，目前商品產業的勞動力是整個戰後時期最低的。[17]如今，只有十分之二的勞工仍在從事製造業。雖然加拿大經濟在過去二十年裡創造了三百多萬個就業機會，但在過去十八年裡，商品產業卻沒有創造任何淨就業機會。自二〇〇〇年以來，加拿大製造業已經裁減了六十萬個工作機會，約占勞動力總數的四分之一。[18]這些失去的工作大部分是來自於加拿大的工業中心安大略省（Ontario）。

當然，美國和加拿大的製造業就業情況，也反映在這些經濟體的工廠產出上。畢竟工廠不需要再聘僱工人來生產。自二○○○年以來，北美製造業的就業比例已經減少了一半。而這並不是什麼無法理解的事。與其他七大工業國的經濟一樣，美國和加拿大在全球製造業產出中所占的比例也有類似幅度的減少，因為從紡織品到汽車的各種貿易壁壘或者被消除，或者被大幅降低。

在服務業工作本身並沒有什麼錯。我在一家投資銀行做了二十年的首席經濟學家，也在那份工作中賺了不少錢。但在大多數情況下，經濟體系中薪資最低的工作就是在服務業（尤其是在金融服務業以外的服務業，而且人們往往誇大了金融服務業的重要性）。更重要的是，在麥當勞賣漢堡的員工遠比在高盛（Goldman Sachs）工作的投資銀行家還要多。

然而，當今社會似乎存在一種與工廠工作相關的汙名化。尤其對千禧世代來說，他們經常認為工廠工作是不需要技術的低薪工作。然而在現實中，情況恰恰相反。在戰後的大部分時間裡，商品產業的工作薪資明顯高於服務業的工作。回到一九八〇年代初期，當時美國私部門商品產業的平均時薪比私部分服務業的平均時薪高出百分之二十以上。而同時期加拿大商品產業的薪資溢價也大致相同。[19]

然而隨著時間的進展，這種溢價一直在穩定下降。到了二〇〇六年，在美國商品產業的工作相對於服務業工作的薪資溢價已經減少了一半，約為百分之十。到了二〇一七年，溢價比例則降至百分之六。對勞工來說，這有點像是雙重打擊：不僅經濟中曾創造高薪工作的商品製造業不再提供那樣的工作，而且這些工作曾提供的可觀薪資溢價也正在穩定下降。換句話說，市場上的好工作愈來愈少，而且仍在市場上的好工作，其薪水也愈來愈低。

但關於你的薪資，上述這些比較只反映了一半的背後故事。平均時薪並無法告訴你實際上工作了多少小時，而後者毫無疑問在計算你能賺多少錢時至關重要。此外，薪資收入也不一定包含所有的非薪資福利，而那些福利過去是大多數商品生產工作的標配。如果把這些額外的因素納入討論，那麼今日勞工的情況就更糟了。

商品產業的工作機會（例如工廠的工作機會）大多是全職的，而服務業的工作則往往是臨時或兼職的，而且愈來愈是如此。這對薪資成長來說不是好消息，因為在美國和大多數其他經合組織國家的勞動力市場上，兼職和全職工作之間的薪資差距一直在穩定擴大中。

零工經濟中的工作

在當今以服務業為基礎的經濟中，自營作業、臨時聘僱、待命工作、居家上班和遠端辦公都變得愈來愈普遍。在某些國家（例如澳洲）裡，將近一半的勞動力都屬於這些類別。

這類就業機會的成長通常歸因於 Uber 或 Lyft 等應用程式零工雇主的增加。在零工經濟中工作的人所簽訂的聘僱合約，與戰後大部分時期裡商品生產業的工人所能期望的合約迥然不同。譬如在過去，你知道自己什麼時候會工作，且有規律的工作時間（通常每週四十小時，並在固定的時間內分配）。如今，你的零工雇主追求即時勞動，讓你永遠處於待命狀態。當公司需要你的時候才會打電話給你。而且他們可能一周只需要你工作十到十五個小時。

至於在非薪資福利方面，更不要指望你能像過去美國工會為大多數產業工人談判時一樣，獲得那麼多了。在零工經濟中，當兼職員工生病了或需要牙醫？抱歉，公司並不會向兼職勞工或「獨立承包商」（很多雇主以此稱呼零工）支付醫療福利。有薪假？他們會說，讓你的其他兼職雇主來支付這筆費用吧！至於養老金呢？他們會說這是政府應該提供的。

Uber 和 Lyft 公司都因旗下司機的法律地位而遭到許多法律訴訟，但他們仍然聲稱，司機的獨立承包商身分對此種商業模式的生存來說至關重要。加州最近則通過了一項法案，該法案要求這些公司將所謂的獨立承包商視為真正的員工。勞工組織也正在其他州推動類似的法案。[21] 此種商業模式究竟有多麼強健，仍然有其爭議，因為兩家公司雖然從投資者那裡籌資了數十億美元，但都還沒有真正盈利。儘管如此，這種商業模式顯然對那些高階主管來說很有效。去年，Uber 的五位高階主管共獲得一億四千三百萬美元的收入。此外，當這家共乘公司在紐約證券交易所上市時，他們的前任執行長崔維斯．卡蘭尼克（Travis Kalanick）馬上成為了億萬富翁。[22]

Uber 和 Lyft 採用的「獨立承包商」商業模式，對司機來說顯然沒那麼有利可圖。隨著業務的成長，這些公司調整了支付演算法，減少支付給司機的費用。經濟政策研究所（Economic Policy Institute）計算出，在扣除各種費用和傭金等開銷之後，Uber 司機的平均時薪為九點二一美元。[23] 這個數字在 Uber 的大多數主要市場中，都低於法定最低工資。但由於司機屬於獨立承包商，所以他們不受基本工資的保障。此外，因為 Uber 司機的平均工作時間不會超過三個月，所以他們對自己薪水的感受就不是個問題；畢竟他們是完全可以被簡單取代的人。

隨著愈來愈多的聘僱合約遵循這種商業模式，我們不難理解為什麼在過去的幾十年裡，服務業的薪資並沒有大幅成長——還有為什麼當我們愈來愈依賴蓬勃發展的零工經濟時，就代表未來該產業的薪資漲幅將更加疲弱。

這對千禧世代來說尤其是壞消息。千禧世代是當今勞動人口中最大的群體，也是最有可能在零工經濟中工作的群體。這個群體中大約有一半的人需要第二份工作以維持收支平衡。他們是史上受大學教育程度最高的一代，而養育他們的父母也曾堅信高等教育是通往成功的途徑。但所有這些教育卻沒有轉化為更高的薪資。

美國千禧世代的平均薪資比全國平均薪資還要低得多。他們的薪酬表現也比他們父母在相同年齡時的表現要差得多——少了百分之二十。而他們的大學教育則為他們留了創紀錄的學生貸款（平均二點九萬美元，每月需要償還三百五十一美元）。根據經合組織的資料，在加拿大，只有百分之五十九的千禧世代，其收入達到中產階級的最低工資門檻，即兩萬九千四百三十二美元（或國民收入中位數的百分之七十五）。反之，他們的父母中有百分之六十七的人在同樣的年齡進入中產階級。換句話說，雖然千禧世代比父母那一代更努力工作，但是他們仍然跟不上後者的腳步。

勞工們為什麼不再罷工？

根據經濟學理論，發生在千禧世代（甚至所有當今勞工）身上的事本不應該發生——但並不是因為這看起來並不公平。畢竟經濟學理論不在乎公不公平，只在乎薪資與失業率的關係。經濟學理論會說，面對低失業率，薪資成長的停滯是一種反常現象，因為這與經濟學家過去所說的菲利浦曲線（Phillips curve）截然不同。菲利浦曲線是一個標準的總體經濟學理論。描繪該曲線的一個軸是失業率，另一個軸則是薪資成長率。失業率愈高，薪資成長率就愈低。失業率愈低，薪資成長率就愈高。

菲利浦曲線告訴我們，在經濟繁榮時期，雇主更願意支付更高的薪資來聘僱更多的勞動力。為什麼？因為當景氣好時，利潤變高，對雇主來說勞工罷工的代價也就變高。但在經濟放緩或衰退的時期，當銷售下滑時，企業就不需要聘僱那麼多勞動力，也不太可能透過大幅加薪來吸引員工。此時對勞工來說，他們不太可能要求太多，因為他們知道自己能找到工作就很幸運了。

那麼，在失業率位於（或接近）歷史低點的情況下，為什麼勞工們不像過去那樣罷工，要求更大幅度的加薪呢？如果想知道這個問題的答案，那麼你可以去在地的工會大廳逛逛，問問在那裡徘徊的憤怒老人。他們的故事充分解釋為什麼菲利浦曲線不再適用當今的勞動市場。

大多數那些憤怒的老人都是藍領勞工，他們曾在汽車或鋼鐵產業擁有高薪工作，屬於美國汽車工人聯合會（United Automobile Workers）或美國鋼鐵工人聯合會（United Steelworkers）等工會的成員。在過去，他們會投票給民主黨（如果他們是美國人的話）。但自從柯林頓擔任總統以來，民主黨的領導階層已經拋棄他們，轉而支持讓他們成為犧牲品的全球貿易條約。在川普出現並向他們示好之前，很多人已經完全不去投票了。他們之所以這麼做是有充分的理由。對他們來說，不論是民主黨還是共和黨掌握國會，不論是誰在白宮主政，這些都不重要。因為沒有人會關心他們以及他們的擔憂。在談判新的貿易協定時，他們都是第一個失去工作的群體，也會是最後一個被重新僱用的勞工群體（如果重新僱用這樣的事真的發生的話）。

是什麼讓這些人成為新貿易協定的主要目標呢？答案是那些透過工會爭取來的薪資與福利。畢竟，這就是在工廠裡組織工會的目的。工會的行動能讓工人爭取到更高的薪資和更好的福利。工會能迫使公司盡可能提高出價，達到更高的勞動力市場價格。

但全球化改變了規則。現在，公司可以在世界上任何一處他們想要的地方購買勞動力，於是曾經對勞工來說的優點突然變成了一種弱點。一旦貿易壁壘消除，首先會遭到關閉的就是有工會組織的工廠，取而代之的則是由世界各地廉價勞動力市場所打造的新興全球供應鏈。事實上，有工會組織的工廠其失業人數是沒有工會組織的工廠（通常薪資較低）之兩倍。

不意外的是，隨著工會會員數量減少，勞工的薪資也在縮水。在過去，美國經濟中多達三分之一的私部門勞工擁有集體談判權。而現在，這項權利在勞動力市場上卻被邊緣化了。原因除了是因為貿易壁壘的減少，也可以歸因於「工作權法」（right-to-work legislation）的實施——截至二〇一九年，該法案已在二十八個州生效。工作權法讓勞工在有工會組織的工作場所工作時，可以選擇不繳納工會會費，因此該法削弱了工會自身的財務能力。當我們把工會從大多數的工作場所剔除後，會看到一種與過去截然不同的動態：由公司來設定薪資，你要麼接受它，要麼離開。

不僅僅是美國的工會會員數量顯著下降。在經合組織成員國中，工會會員占勞動人口的比例都在下降，甚至那些傳統上工會會員率最高的國家也是如此。[24]而且不僅僅是工會中的「憤怒老人」會因為海外廉價勞動力而失去工作；女性也會受到影響。不過，男性工會勞工的失業情況還是比女性工會勞工要嚴重得多。

造成這項差別的原因大多是來自產業差異。男性工會會員往往在商品生產業工作，譬如製造業。當低薪資國家的廉價進口商品入侵時，這些產業一直處於第一線。例如，四分之三的美國製造業工作是由男性勞工擔任。而女性工會會員則主要集中在醫療和教育產業（其中大部分這些產業都在公部門），因此與商品產業形成了鮮明的對比。時至今日，醫療和教育產業的就業仍在成長，其工會會員也相對較多。畢竟比起外移焊接工的工作，外移教師或護理師的工作要難得多。

在其他國家中，工會會員的人數同樣大量減少。英國的工會曾經高度組織化，但現在英國工會會員占勞動人口的比例下降了約三分之一。在德國也看到了類似人數的減少。在加拿大，工會會員占勞動力的比例下降了約四分之一。但在經合組織國家中，美國的工會會員減少得最多。美國現在只有不到百分之十的勞工加入工會。[25]

但即使是上述這個數字（其包括政府工作人員在內的整體經濟），也低估了私部門工會會員減少的真實幅度。在一九五〇年代勞工運動的尖峰時期，每三個私部門的美國勞工就有一個人是工會會員。如今，只有二十分之一的私部門員工仍然是工會會員。

這種急遽下跌的情況已經導致深遠的後果。工會不僅能為會員提高薪資和福利；對於在工會高度發展的產業或地區工作的那些無工會勞工來說，工會也會幫助影響他們的薪資。[26]在美國工會高度集中的東北部和中西部製造業中尤其如此。在過去，如果你不想讓你的員工組織工會，那麼阻止他們加入工會的最好方法就是密切關注集體談判協議，然後如果有必要的話，讓員工的薪資對應工會建立的薪資水準。所以，當百分之五十的卡車司機加入像「全國卡車司機工會」（Teamsters）這樣的組織時，工會的薪資談判協議就會對另外百分之五十沒有加入工會的那些司機之薪資產生很大的影響力。但今天，因為只有不到百分之十的卡車司機加入了工會，所以其餘百分之九十的司機就無法指望透過工會的薪資談判協議來提升薪資。而這百分之十的工會會員本身也無法發揮勞資談判時的影響力。如果你現在擁有一家工廠，你基本上不會受到工會的阻礙。隨著工會會員人數的減少，工會的影響力也在不斷下降。

這些都解釋了為什麼無論當今勞動市場的情況看起來有多麼緊繃，你都很少再聽到勞工罷工的消息。如果你不屬於工會，你就無法為了談薪而罷工。即使你是少數仍然屬於工會的勞工之一，當今工會的談判策略也與我們過去看到的非常不同。

由於工廠關閉的威脅就像達摩克利斯之劍*一樣經常籠罩著勞資談判，當今工會的

---

*譯注：達摩克利斯之劍（Sword of Damocles）為古希臘文化中的典故，用來比喻隨時即將發生的威脅或危險。

首要任務已經從加薪談判，轉向了工作和退休金保障的談判。罷工已然變成一種自殺。畢竟在極少數情況下，甚至會發生這樣的情況：公司派一組卡車在午夜後駛入工廠，進行大規模的拆解工作，把能運走的所有機器全部運走，然後把工廠大門鎖上。接下來，這家公司會在墨西哥開設新工廠，並把舊工廠賣給一些打算建造豪華公寓的房地產開發商。

簡而言之，這就是為什麼菲利浦曲線不再適用於現況了。假如公司難以外移到國外生產產品，那麼就會有更多勞工組織起來，工會也會更容易讓他們加入會員。假如工會不必擔心薪資上漲導致工廠關閉的問題，那麼他們就更有可能舉行罷工來實現加薪——至少在景氣好且勞動力供應吃緊的時候，勞動市場能允許工會這麼做。但受人尊敬的菲利浦曲線很可能再也行不通了。畢竟無論失業率下降到多麼低，或工作機會成長到什麼程度，勞工薪資都沒有增加——要增加，除非出現一些能給予勞工更多議價能力的改變，譬如貿易規則的改變。

如果舊有的世貿組織貿易規則導致了產業工會和就業機會的消亡，那麼政府正在擬定和執行的新貿易規則會讓它們重生嗎？隨著川普總統對進口商品徵收愈來愈多的關稅

（特別是針對來自中國的進口商品），美國經濟系統中的薪資突然以多年來最快的速度在增長，這一切並非巧合。如果說世貿組織掏空了美國的製造業，並在此過程中也掏空了美國的中產階級，那麼《公平互惠貿易法案》所創造的貿易政策似乎正在把這些失去的東西找回來。

第四章——落於人後

你永遠不會聽到政治人物說中產階級的壞話。這是因為我們大多數人都相信自己是中產階級（不管我們實際上是不是），所以當一個政治人物承諾他將「幫助中產階級」時，他們是在對非常廣泛的聽眾說話——他們希望這些人能成群結隊地出現在投票所。我們大多數人認為中產階級是由其價值觀所定義的。例如對教育的承諾、對民主的堅定信仰、對未來未雨綢繆、對家庭的重視等等諸如此類的事。這些事都是人的本性，誰不贊成呢？

然而，經合組織對中產階級卻有不同的定義。對他們來說，中產階級是由經濟收入中位數上下的範圍來定義的。[1]如果你的經濟收入在中位數收入的百分之七十五到百分之兩百之間，那麼你就是中產階級。在加拿大，這個數字在兩萬九千四百三十二美元到七萬八千四百八十五美元之間（中位數為三萬九千二百三十七美元）；在美國，這個數字在兩萬三千四百一十六美元到六萬兩千四百四十二美元之間；而在英國，這個數字在一萬五千八百五十六英鎊到四萬兩千兩百八十三英鎊之間。[2]所以，當我們大多數人都認為自己是中產階級時，實際上在經合組織國家中卻只有大約百分之六十的人是中產階級。從經合組織的角度看來，如果你的收入低於上述的最低門檻，你就不是中產階級。

但你並不孤單。在所有已開發國家當中，中產階級所占的人口比例正在下降。而在美國更是如此。四十多年以來，當今的美國中產階級第一次成為少數群體。中產階級所得占整體國民所得的比例也在穩步下降。

此外，那些仍幸運能自稱中產階級的人，比以往任何時候都更容易被趕出中產階級。在戰後的大部分時間裡，中產階級的身分是終身的。但如今，想要留在中產階級俱樂部裡卻變得困難許多。中等收入的家庭正以驚人的速度滑向低收入群體。根據經合組織最近的一項研究顯示，每四年，中產階級下層人口中每七人就有一人會下滑到低收入群體。在美國，這個比例則是五分之一。[3]此外，每出現一位在收入階梯上往上爬的中產階級，就有兩倍的中產階級人口跌入貧困勞動者的行列。

比中產階級向下流動更明顯的是此群體在國民所得中所占比例的下降。中產階級國民所得比例的萎縮速度是其人口比例萎縮速度的兩倍。一九八〇年代初期，中產階級占美國經濟國民所得的百分之六十以上。如今，這個比例僅略高於百分之四十。

這裡的重點在於一些人因為太窮而不再屬於中產階級了。但中產階級作為一個整體也變得更窮了。在英國，報告顯示超過三分之一的中等所得家庭僅能勉強達到收支平衡。[4]成為中產階級所代表的意義不再像過去一樣了。

在二〇〇七年至二〇一六年之間，經合組織國家裡中產階級收入的成長速度不到前十年的五分之一，僅僅是一九八〇年代中期或一九九〇年代中期成長速度的三分之一。在許多國家裡，十年來中產階級的收入根本沒有成長；甚至在一些國家，中產階級的收入實際上變低了。同時在過去十年中，收入最高的百分之十人口，其收入成長速度是中產階級收入成長速度的三倍。

而且，在愈來愈多人掉出中產階級的同時，也有愈來愈多人難以進入中產階級。嬰兒潮世代之後的每個世代都發現自己愈來愈難賺到中產階級的收入。百分之七十的嬰兒潮世代在二十多歲時就已經進入了中產階級群體。但在千禧世代中，此比例降至百分之六十。Z世代*的比例則更低了。隨著時間的進展，中產階級不僅在變小，也在變老。[5]中產階級正出現滅絕的跡象。

美國夢

當談到如何定義國家認同時，世界上沒有什麼國家比美國更有所謂的中產階級認同感。在整個戰後時期，中產階級是衡量美國夢是否成功的一個最好標準。大多數情況下，中產階級在經濟體系中的商品產業工作，生產他們所消費的東西——例如汽車、房子、電視、洗碗機以及其他代表其階級身分的商品。當時的中產階級擁有好的生活品質，且不斷在穩定進步。戰後的經濟繁榮時期，中產階級的收入和人數都不斷增加，他們繳的稅支撐了政府的社會保險體系（包括福利政策以及失業保險），並且為教育和醫療等基本的公共服務提供資金。

但是，隨著貿易協定打開了國內市場、進口了大量低薪勞工生產的商品，中產階級勞工突然發現自己要與開發中國家的勞工競爭工作機會，而後者的薪資只是他們薪資的一小部分。他們沒有足夠的武器去競爭，於是開始失去工作。而那些足夠幸運、仍有工作的人則被迫在薪資上做出巨大讓步，以防止他們的工廠被關閉轉移到海外的廉價勞動力市場。隨著這種情景在美國各地重複出現，剩下的工作機會不再能為勞工提供他們已經習慣的中產階級生活方式。

同樣的情況也在國境之北的加拿大上演。這個國家自認為比南邊的鄰居更加重視平等，但在一九九〇年到二〇一五年之間，百分之八十的加拿大家庭幾乎沒有收入上的成長。而與美國和英國一樣的是，加拿大收入在前百分之二十的家庭，則實現了顯著的收入成長。其中，收入在前百分之一的家庭，其收入的成長幅度最大。[6]

因此，不意外的是世界各地的富人都支持全球化。因為這會讓他們變得更富有。他們也是人口中唯一收入成長的階層，而且是非常大的成長。反之，其他人的收入似乎都凍結在時間裡了。

＊譯注：「Z世代」是盛行於美國和歐洲的用語，通常指那些在一九九〇年代末至二〇〇〇年代中期出生的族群。

他們無能為力

在一九八八年加拿大聯邦選舉前夕的辯論中，保守黨領袖兼時任總理布萊恩・莫洛尼（Brian Mulroney）使出了胡蘿蔔加棍子，試圖說服加拿大人接受他進一步與美國自由貿易的政見。一方面，他說經濟繁榮讓我們「更有能力資助社會福利計畫，以照顧需要幫助的人。」這種說法聽起來很有吸引力。另一方面，他也咆哮道：「在當今的經濟中，加拿大可以競爭並成長，也可以退讓……並萎縮。」[7]換句話說，如果加拿大人不簽署自由貿易協定，那麼他們就不能期待政府有像樣的社會福利計畫。

大衛・李嘉圖（David Ricardo）在十九世紀時首次提出了他的比較優勢理論。[8]從那以後，大多數經濟學家一致認為，自由貿易帶來了福祉上的淨收益，潛在改善每個人的命運。但同時，經濟學家們也認同自由貿易會產生輸家。

我們不難看出那些輸家會是誰。事實上，現代新古典主義經濟理論準確預言了誰是這些輸家。[9]根據理論，一個國家的比較優勢被所謂的「要素稟賦」（factor endowments）所決定。那些擁有大量耕地的國家非常適合成為主要的農業出口國；那些擁有大量勞動力的國家在出口勞動密集型產品上具有比較優勢；而那些資本富裕的國家，則是要麼出口資本，要麼出口機械等資本密集型產品。因此，擁有大量土地國家的農民、資本富裕國家的資本家以及勞動力豐富國家的勞動者都會支持自由貿易。因為這些人所能進入的外國市場愈多，他們的處境就會愈好。

所以，是那些相對沒有比較優勢的人會反對自由貿易。土地稀缺國家的農民會反對開放他們的國內市場進口外國食品，因為這些進口會降低他們種植作物的價格以及他們的收入；資本匱乏國家的製造商會反對降低加工產品的進口關稅，因為他們無法與這些產品競爭，因而會在國內市場中被取代；勞動力稀缺國家的勞工則擔心廉價勞動力產品的湧入（或是擔心來自勞動力豐富國家的大量移民），因為他們知道這會壓低他們的薪資。現在應該很清楚為什麼狄龍是關貿總協定的擁護者，以及為什麼工會組織在西雅圖反對世貿組織。市場的開放會產生贏家和輸家，而他們都想成為贏家，畢竟誰不想呢？你需要做的就是選擇自己的戰場。

理論上，至少政府總是可以重新分配貿易所帶來的經濟收益：對自由貿易的贏家增稅，並將財富重新分配給自由貿易的輸家。這樣就不會有人落後了。

然而，實際情況卻恰恰相反。

在戰後初期的幾十年裡，大多數經合組織國家的政府（包括美國和加拿大政府）在所得重分配方面扮演了關鍵角色。他們重分配的方式主要是透過稅收和社會福利保障的支出。當時，人們擁有廣泛的社會和政治共識，要建立一個社會安全網來保護最不幸的群體。而事實上，在第二次世界大戰後的三十年裡頭就在上演這樣的事。當時大多數工業國家的公部門平均對GDP的貢獻，由百分之二十七上升到百分之四十三。而在政府的移轉性支出（transfer payment）*方面，則從GDP的百分之七上升到百分之十五[10]，足足增加了一倍多。換句話說，稅制和移轉性支出重新分配了國民所得，所以當時美國和大多數西歐國家的所得分配都相對平等（以任何歷史上的標準來衡量皆是如此）。但是到了一九七〇年代中期，情況開始發生變化。

兩次石油危機導致了新的經濟情況（也因此需要一個新的詞彙）：停滯性通貨膨脹（stagflation）。當時石油輸出國組織（Organization of the Petroleum Exporting Countries）為了抵制那些在贖罪日戰爭（Yom Kippur War）中支持以色列的國家，因而提升每桶石油的價格。在此之前，經濟學家們一直認為經濟停滯會伴隨通貨膨脹或高失業率，但你不可能兩者兼得。此種觀點認為，通貨膨脹是由不斷上升的需求成長所引起的，包括更多對商品的需求以及和更多對勞動力的需求。當經濟系統出現一些通貨膨脹時，並不是什麼壞事。因為這表示市場對勞動力的需求很高，於是大多數人都能找到工作。

但大量的通貨膨脹卻是一件壞事。事實證明，更高的油價可能會推升通膨——經濟學家稱之為「供給衝擊」（supply shock）。當油價從三美元一桶漲到三十美元一桶時，美國和大多數其他經合組織經濟體的通貨膨脹率和失業率都飆升到過去三十年平均水準的三倍。[11]此外，當薪資開始追逐石油所引發的通貨膨脹時，就產生了一個薪資－價格螺旋†，這會讓每個人變得更窮。

＊譯注：移轉性支出在此指的是政府無償支付（並無對等交易的商品或服務）給個人或機關的支出。這是一種政府所得再分配的方式，例如失業救濟金、農產品價格補貼、退休金補貼等等都屬於移轉性支出。

†譯注：這裡的「薪資－價格螺旋」是經濟學理論中的概念，特指薪資上漲導致價格上漲，價格上漲又導致薪資上漲的現象，且有時並沒有明確誰先發生誰後發生的情況。

突然之間，舊有的凱因斯主義解方不再起作用了。約翰・凱因斯（John Maynard Keynes）或許是二十世紀最具影響力與最傑出的經濟學家，也是西方福利國家的主要設計者。他認為經濟活動是由總需求所驅動的。所以如果經濟委靡不振，失業率上升，那麼政府可以透過增加需求來介入並阻止經濟衰退；也就是說，政府可以透過花錢來刺激經濟和創造就業。但一九七三年的問題則不同。一方面來說，高能源價格代表創造就業機會將會加劇通貨膨脹，但另一方面來說，減緩通貨膨脹又會導致更多人失業。因此，停滯性通貨膨脹被證明是凱因斯主義經濟學的宿敵。

這樣的情況讓凱因斯主義背後的社會共識遭受公開的挑戰——而且這樣的挑戰沒過多久就成為現實。貨幣學派（monetarism）是米爾頓・傅利曼（Milton Friedman）和其他自由市場經濟學家所提倡的一種路線。此學派認為，政府的工作不是使用貨幣和財政政策來管理經濟系統的週期性波動。政府所要做的是管理貨幣供應（以避免通貨膨脹），然後解除對貿易的管制，以及不要阻擋資本在市場上發揮其魔力。這有時被稱為供給學派經濟學（與凱因斯主義對經濟系統的需求式管理剛好相反）。

這一切和中產階級有什麼關係呢？過去，凱因斯主義式的共識讓經合組織國家的中產階級得以出現。其實，這樣的共識在斯堪地那維亞半島和歐洲的其他地方仍然非常活躍，在北美也還沒有完全消失。但中產階級從一九六〇年代中期就已經開始萎縮。那時，林登．詹森（Lyndon B. Johnson）總統剛提出「偉大社會」（Great Society）計畫，為的是重新分配財富、消除貧窮與種族不平等、促進藝術以及打造公共基礎建設。幾十年之後，英國首相瑪格麗特．柴契爾（Margaret Thatcher）則坦然地說：「世界上沒有『社會』這種東西。世界上有男性和女性個體，也有家庭。而政府除非透過個體人民，否則無法做任何事。但人民首先也必須照顧自己。」[12]上述這兩種對比也就是凱因斯和傅利曼的差異。

自從一九八七年柴契爾夫人說出這些話以來，社會安全網一直不斷在萎縮——就如同不斷下降的貿易壁壘正在拋下愈來愈多的勞工。其實針對全球化所創造的經濟體系，各國政府本應扮演更重要的角色，以重新分配市場上的所得。但在大多數的情況下，各國政府都選擇退讓到一旁。

全球化的擁護者者很快會指出，我們不應該將政府未能妥善處理經濟受災戶的責任，歸咎於貿易協定。他們會說，減少貿易壁壘本身並沒有阻止政府幫助那些受到負面影響的人。但這種辯護方式所沒有考慮到的是，這些貿易協定都鼓勵資本和生產的流動性，並使之成為可能。

當資本和生產像今天一樣高度流動時，只要資本家或生產商不喜歡他們所看到的情況時，他們就可以隨時移轉到其他地方。資本的流動性愈強，政府就愈難對其課稅並進行監管。生產的流動性愈強，政府就愈難留住企業，也愈難留住企業所創造的就業機會。這就是「自由貿易」中「自由」的真正含義。

在當今高度整合的全球經濟中，各國政府持續承受壓力，因為在稅率、勞工政策和環保法規上，他們必須與貿易夥伴保持步調一致，以避免他們的政策導致更大規模的產業和就業流失。現在每當一個政府試圖調高公司所得稅、資本利得稅、股利稅、財產稅，或對大型遺產課稅時，就會經常遭受反對。因為這些政策可能會趕走投資，而趕走投資可能會犧牲未來就業機會的創造，讓該國的經濟逐漸失去競爭力。

為了與貿易夥伴保持步調一致，政府便不敢自行提高稅率。而且，如果另一個國家降低稅率，我們的政府最好也確保照著做。畢竟，目標是永遠保持競爭力。例如，當川普總統在二〇一七年大幅降低美國的公司所得稅率時，加拿大的公司很快就開始呼籲進行類似的改革。他們認為，如果杜魯道總理不降低稅率，那麼相關產業很快就會打包移到美國。

同樣的邏輯，也適用於任何提高基本工資的提議。如今主張提高基本工資的人，會立即被譴責為就業殺手，被譴責這會傷害到那些他們想要幫助的勞工。例如在美國，上述論點便阻礙了聯邦基本工資的提升。二〇〇九年，聯邦基本工資從每小時略高於五美元上調至每小時七點二五美元，但此後卻一直凍結在這個數字。當然，那些譴責通常來自雇主，因為他們會不得不犧牲自己的利潤來消化工資提升所增加的成本。

然而，這些課稅和提升薪資的措施正是政府需要採取的政策，為的就是保護或補償全球化中「輸家」一方的利益。畢竟在商業全球化中，企業的當務之急就是讓勞工展開逐底競爭。而隨著愈來愈多曾經屬於中產階級的人們選擇加入這場競爭，底層階級就開始變得愈來愈擁擠。

但是，為什麼中產階級不抱怨呢？為什麼中產階級不堅持要求他們的政府採取措施，以防止這種惡性循環持續上演？因為當你失去了經濟影響力時，也通常一併失去了很多政治影響力。如今，不斷萎縮的中產階級已經不再擁有從前那樣的政治影響力了

（在過去，位於不同政治光譜的政黨都會關注中產階級的擔憂，而不僅是口頭上說說而已）。我們可以看到，中產階級不論在稅收政策還是貿易政策上都沒有得到好的待遇。雖然大多數經合組織國家的中產階級公民仍然獲得政府最大比例的移轉性支出，但他們也是透過繳稅而為這些政策支付大部分費用的群體。所以兩者相抵，他們並沒有因為政府干預而過得更好。

雖然稅收和移轉性支出仍然在減少經合組織國家裡的所得不平等問題，但是過去幾十年以來，這些政策對所得重分配的影響一直在穩定下降。造成該影響減弱的原因是因為政府的移轉性支出變少了。尤其在失業保險方面，大多數經合組織國家都在緊縮資格規則、減少福利，並縮短失業補助金的支付期限。此外，個人所得稅和社會福利投資的下降，也逐漸剝奪了政府的重分配角色。

上述這種情況從吉尼係數（Gini coefficient）來看尤其明顯。吉尼係數是經濟學家用來衡量稅前和稅後收入分配以及移轉性支出的工具。係數範圍為「〇」到「一」。[13]當吉尼係數為「一」時，表示所得收入極度不平等，即一個人（或家庭）擁有全部的國民所得。而吉尼係數為「〇」則表示完全平等，即國民所得由經濟中的所有成員平等分享。當今，無論是衡量稅後所得分配的吉尼係數，還是僅衡量薪資所得分配的吉尼係數都不斷穩定上升。[14]

大多數宣稱自己關心平等和所得分配的政府，都希望降低吉尼係數（尤其是當政府的貿易政策在經濟中同時創造贏家和輸家的情況下）。但諸如英國和美國的政府卻不關心這樣的情況（在經合組織國家中，這兩個國家薪資收入的吉尼係數漲幅是數一數二大的）。加拿大政府同樣也是漠不關心，雖然說他們宣稱保護國內的中產階級是其主要目標之一。

加拿大人偏好認為他們的稅制和社會福利體系，比起更加自由放任的南部鄰居要來得更加進步。但事實上他們可能會驚訝地發現，加拿大政府在阻止收入不平等的惡化這方面做得非常少。例如，最富裕加拿大人的稅後所得甚至比稅前所得還要來得更高。在一九九四年至二〇一六年之間，加拿大前百分之二十最富裕的家庭，其稅後平均所得的成長速度大於稅前平均所得的成長速度（百分四十四對比百分之三十八）。[15]沒錯，加拿大的稅制政策讓收入不平等更加惡化，不過加拿大並非唯一如此的國家。

累進稅率制（在此制度中，最富有的納稅人依照比例繳納最多的稅款）之所以不再像以前一樣能製造出所得重分配的效果，存在幾個原因。首先，過去大多數經合組織國家的累進所得稅制要比現在好得多。過去我們曾經有很高的最高邊際稅率和許多不同等級的高所得稅率。例如，美國目前的最高邊際稅率是百分之三十七，但在一九五〇年代共和黨艾森豪總統的執政時期，最高邊際稅率則高達百分之九十一。此外，過去政府制訂了高所得稅率的許多不同等級，這能確保當你愈富有時，你的所得稅率就愈高。但如今，百分之三十七的最高邊際稅率對於年收入超過六十萬美元的家庭來說卻是一體適用。[17]而對許多美國的百萬富翁來說，這樣的稅金根本不算什麼。

稅收制度無法對所得進行重分配的第二個原因則是，資本利得以及股利對高收入納稅人的重要性日益上升。過去十年裡，股市出現了創紀錄的漲勢。在大多數經合組織國家，資本利得的稅率只有最高邊際稅率的一半，也比勞動收入的稅率低上許多。在美國，對持有超過兩年的資產所徵收的最高資本利得稅是百分之二十，這大約是最高邊際稅率的一半。而在加拿大，實際執行的資本利得稅也大約只是其他收入之最高邊際稅率的一半。因此我們可以說，為了生活而工作的人正在補貼那些用資本賺錢的人。

更甚者，在衡量市場不平等或稅後所得不平等的吉尼係數中，還有無法捕捉到的事情。那就是全球最富有的家庭所持有的數兆美元境外資產。這些家庭不僅逃避了財富監測，更重要的是，他們還逃避了稅收。

巴拿馬與天堂文件

依靠資本利得和股利所得的優惠稅制，是高所得者逃避累進稅制的一種方式。但是對我們社會中最富有的人來說，還有一種更誘人的方式：把他們的財富移轉到對投資所得不課稅的地方（或甚至對任何收入都不課稅的地方）。對於世界上的富豪們來說，這樣的地方簡直就是天堂。

當世界上最富有的群體將他們的財富移轉到境外避稅天堂時，就能避免為自己的巨額所得繳稅。在過去從億萬富翁到獨裁者再到毒梟，每個人都會將錢存放在蘇黎世或日內瓦，並讓那些錢賺取可觀的投資回報。那裡不會有人問任何問題，更重要的是，也不會有人向外國的稅務機關揭露你的境外帳戶。

如今，世界上有一整個地圖的國家提供與瑞士相同的服務（而且這些國家還享受著更好的氣候）。巴哈馬（Bahamas）、貝里斯（Belize）、百慕達（Bermuda）、英屬維京群島（British Virgin Islands）、開曼群島（Cayman Islands）和巴拿馬（Panama）等熱帶天堂都在這個地圖中榜上有名。在許多情況下，帳戶的實際所有權隱藏在個人控股公司（或空殼公司）、信託以及基金會的背後，這一切完全不透明。

將財富移轉到境外，扭曲了收入不平等的情況。因為這種做法集中在很小的人口比例上。超過一半的境外帳戶是由世界上前百分之〇點〇一最富有的群體所持有。如果用吉尼係數來衡量這些帳戶，那麼全球所得分配向超級富豪傾斜的程度將比現在看起來的還要嚴重許多。更重要的是，財富移轉到境外這件事本身就對不平等造成了很大的影響。

隱藏在人們視線之外的這些境外財富一直難以被準確估計。但後來駭客們從兩家專門處理此類帳戶的律師事務所中找到了一些機密檔案，就是所謂的「巴拿馬文件」（Panama Papers）。這些檔案包含來自莫薩克．馮賽卡律師事務所（Mossack Fonseca）的約一千一百萬份電腦檔案。其中詳細記錄超過十二萬個境外帳戶，而帳戶所有人還包括一些引人注目的名字，譬如中國國家主席習近平的姐夫鄧家貴。[18]另外一千三百四十萬份被洩漏的機密電子檔，則是駭客入侵位於百慕達的毅柏律師事務所（Appleby）

所獲取的電腦檔。所有這些檔案後來被媒體稱為「巴拿馬文件」或「天堂文件」（Paradise Papers）。這些檔提供了一個前所未有的觀點，讓人們得以了解世界上最富有的個人和家庭之避稅規模。

那麼到底有多少財富被存在這些地方了呢？美國國家經濟研究局（National Bureau of Economic Research）挖掘了大量駭客竊取的資料，他們發現境外藏匿的資金比經濟學家之前所估計的還要多很多。研究局估計，二〇〇七年不透明的境外帳戶持有超過五兆美元，相當於全球ＧＤＰ的百分之十。[19]據二〇一五年的最新估計顯示，藏匿的境外資產達到八點七兆美元，占全球家庭財富的百分之十一點七，這代表世界各國政府失去了一千七百億美元的稅收。[20]

隨著全球財富日益集中到極少數人的手中，境外逃稅的行為也在增加。正如同全球化下的商品自由流動使得企業能在不同國家的薪資價格之間進行套利一樣，資本的自由流動也使得富人能在不同國家的稅率之間進行套利。因此，降低稅率又是一場全球化樂見其成的逐底競爭。

境外帳戶不僅掩蓋了不平等，而且還將稅收負擔轉嫁到那些相比之下沒有太多能力承擔的人身上，從而加劇了不平等的現象。此外，超級富豪利用巨額財富獲得投資收入卻不繳稅，這將導致嚴重的財政後果。例如，加拿大稅務局（Canada Revenue Agency）估計，加拿大富人每年從境外帳戶的資金中獲得大約兩千四百零五億美元的投資收入，同時逃避了高達三十億美元的聯邦稅收。而這三十億美元的稅收損失，卻將由不幸的加拿大納稅人來彌補。而更大的一筆稅收損失（估計約兩百二十億美元），則來自那些境外逃稅的企業。[21]

對億萬富翁有利的，也對蘋果（Apple）與谷歌（Google）有利

顯然，並不是只有世界上前百分之〇點〇一最富有的人會透過境外帳戶來逃稅——事實上，一些世界上最大的公司也在使用同樣的策略。然而，與許多將財富隱藏在海外帳戶的人不同，企業這麼做是合法的。這些企業往往把他們賺到的錢送到寒冷的北大西洋（或者至少在那裡登記做帳），而不是把現金存放在加勒比海的天堂。

乍看之下，都柏林可能不會讓你留下企業之都的印象。但如果你知道在那裡所登記

的利潤數字，我們也不會怪你以為這是在談論紐約或倫敦。然而如同前述，你只需要看看愛爾蘭的公司稅率，就能知道為什麼那裡到處都擠滿了登記的公司。愛爾蘭百分之十二點五的公司稅率，大約是其他多數歐盟國家稅率的三分之一。此外，愛爾蘭的智慧財產權稅率則是特別低的百分之六點五，這也引起了幾家科技巨頭的興趣。畢竟如果你是一家跨國公司，在許多不同國家都有收入來源，那麼不難想像你會在哪個國家的稅務系統中申報這些收入。

科技巨頭蘋果和谷歌公司是眾多跨國公司中的佼佼者。他們為了利用愛爾蘭誘人的低企業稅，便在那裡進行公司登記。於是蘋果公司將歐洲業務的大部分收入都移轉到愛爾蘭的子公司，從而節省了一百三十億歐元（約一百四十三億美元）的稅收。這也導致歐盟中的其他國家譴責愛爾蘭竊取了他們的稅收。

在歐洲，谷歌公司也用類似的方式節省了一百六十億歐元（約一百七十六億美元）營收所需要繳納的稅金。透過將公司營收登記在像愛爾蘭、荷蘭和百慕達等低稅率國家，並利用「雙層愛爾蘭」（Double Irish）或「荷蘭三明治」（Dutch sandwich）等避稅計畫，谷歌公司節省了三十七億美元的稅金。假使谷歌必須在營收所在國家申報收入的話，它就會不得不支付這筆費用。[22]

如果你是兩家公司的股東，那麼這些事對你來說都是好消息。那些節省下來的數十億美元稅收，都直接反映在公司的財報以及你所持有股票的股價上。但如果你碰巧是任何一個歐盟國家的納稅人，而蘋果和谷歌公司選擇不在當地申報營收，那麼猜猜看誰要為這些稅收缺口買單呢？

蘋果和谷歌並沒有做任何非法的事——就這方面而言，其他在愛爾蘭、荷蘭或百慕達等地報稅的企業也都沒有犯法。指導做出這些決策的公司高階主管們只是在做他們領了薪水該做的事，也就是將公司必須支付的稅金降到最低，從而讓稅後利潤最大化。如果你能藉由將營收移轉到稅率最低的國家來實現這一點，那麼這也是股東們希望你做的事。以蘋果公司為例，提姆．庫克（Tim Cook）在擔任營運長的期間，曾在美國參議院小組委員會以及和歐盟監管機構前積極為公司的會計行為辯護。後來在創辦人史蒂夫．賈伯斯（Steve Jobs）去世後，他被升職為執行長。如果我是蘋果公司的股東，我肯定也會投他一票。

而且，企業不僅會移轉他們申報的營收以達到更好的節稅方式。企業也會將資產所有權（譬如Nike的彎勾商標、Uber的應用程式，還是臉書（Facebook）的資料庫和平臺技術）轉移到海外子公司。這讓許多世界上最大的公司能夠避免全球利潤所衍生的稅金。例如，臉書公司的使用者資料庫以及使用其平臺技術的權利（總價值高達數十億美元）都是透過開曼群島的公司進行交易的。

早在二〇一五年經合組織就曾保守估計，當企業將智慧財產權等無形資產轉移到避稅天堂時，每年會導致世界各國政府高達兩億五千萬美元的稅收損失。[23]據統計，荷蘭、愛爾蘭和百慕達是跨國公司最喜歡申報其全球收入的三個目的地，占二〇一六年美國跨國公司所有海外收入的百分之三十五。

當數兆美元的個人財富或企業收入透過境外帳戶來避稅時，國家的稅收就會出現巨大的缺口。你覺得最後會是誰來填補這個缺口呢？沒錯，彌補企業稅收不足的責任落在個人所得稅的納稅人身上。我們說的可不是那些把錢藏匿在海外避稅天堂的納稅人。我們說的可是你呢！蘋果或谷歌的工作不在於確保他們營運地點的國家會對他們在那裡的營收課稅。這是跨國公司營業所在地之政府的工作——而這些政府本應照顧納稅人的利益。所以如果世界各地的納稅人不想再因為企業避稅而不得不自行填補國內稅收的巨大缺口，那麼這些規則就需要被改變。

當然，這也就是當年抗議者走上西雅圖街頭的原因——阻止像是狄龍這樣的人制訂損人利己的規則。而事實證明，這些規則一旦被制定了，就很難改變——但也不是不可能。川普上任之後做的第一件事就是扼殺不透明的「跨太平洋夥伴關係協定」——該協定是由巴拉克．歐巴馬（Barack Obama）總統談判、希拉蕊強烈支持。川普撕毀了該協定，因為它讓美國勞工處於不利的地位。然而，他並沒有因為阻礙全球投資階層的利益而受到批評（這種貿易和投資協定都是為此類群體服務）。相反地，川普被指責的原因是因為他試圖反對世界上那些以為靠自由貿易才能脫貧的窮人。

第五章——更普遍的全球收入平等（只針對富人）

「為了一個消滅貧窮的世界而努力」：這是世界銀行的座右銘，也是布雷頓森林計畫（Bretton Woods plan）中的一個重要部分（該計畫的目的是在第二次世界大戰後重塑全球經濟）。世界銀行的行長一直是美國人，而其成員都是世界上最大的經濟體。世界銀行又可分為國際復興開發銀行（International Bank for Reconstruction and Development）和國際開發協會（International Development Association）。「開發」顯然對世界銀行來說非常重要。

大多數人都贊成這樣的信念。對於那些關心全球收入平等的人來說，透過國際貿易流動讓富國的收入重新分配給窮國，聽起來是一個備受歡迎且早該出現的過程。此外，大多數倡導全球化的人士也至少會對此議題表示關心。

自從大約兩百五十年前的工業革命以來，世界財富愈來愈集中在少數發達的工業經濟體（主要是集中在北美和西歐）。作為第一批實現工業化的國家，他們獲得了似乎無法超越的領先優勢。在當今組成七大工業國組織的國家在全球國民所得中所占的比例從十九世紀初的約百分之二十飆升到二十世紀晚期的約百分之五十[1]。然而在過去的二十年裡，七大工業國組織在全球國民所得中所占的比例一直在下降，而且下降得非常快速。

財富的突然逆轉，反映的是中國和印度等國家透過新興經濟體的力量讓數億人擺脫貧困。隨著這些國家的所得迅速增長，國與國之間的收入差距開始縮小，這是兩個世紀多以來的第一次。[2]終於，人們渴望已久的全球平等目標似乎唾手可得。

然而，如果你是玻利維亞的農民，或是剛果民主共和國裡開採鈷和其他金屬礦物的約四萬名童工中的一員，你大概不會注意到上述全球國民所得漸趨平等的現象。畢竟他們的生活如同往常般艱難。而且事實證明，類似他們處境的同伴還不少。已開發國家人民和開發中國家人民之間所得差距的縮小，是由於少數國家的所得成長引人注目。但大多數開發中國家則被摒除在這樣的進步之外。

誠然，中國和印度這兩個大型開發中國家的經濟成長令人印象深刻，兩國人口合計超過二十億，約占世界人口的百分之三十。因此，在衡量國際上所得差異的全球統計資料中，他們的重要性顯而易見。除了這兩個龐然大國以外，其他在開發中國家所得成長最快的國家也大多是亞洲國家（包括韓國、臺灣、印尼和土耳其）。去除這幾個大贏家，世界上最富有國家和最貧窮國家之間的差距仍然與以往一樣巨大。

改變貿易規則導致工廠工作機會的大規模流動

在所得差距與已開發國家相比大幅縮小的國家中（例如中國和印度），這個差距縮小之趨勢的主要原因，是因為製造業和就業機會大規模移轉到他們的經濟體中。從工業革命以來，高薪的製造業工作通常集中在七大工業國經濟體。這就是他們一開始會如此富有的原因。但如今，這些國家已不再是世界工廠的所在地。在過去幾十年的時間裡，我們目睹了其中一種歷史上最大規模的工業遷徙。製造業以前所未有的規模向中國等一些開發中國家移動。正如同我們所看到的，世界貿易規則的巨大改變促進了這種移動。這些貿易規則的改變，切斷了過去商品生產和最終銷售目的地之間的臍帶。

當然，正是中國的低薪勞動力最終讓該國成為世界上大多數工廠的理想所在。然而中國一直擁有這樣的優勢。事實上，過去中國的薪資比現在還要便宜許多。但在當時，利用這種勞動力卻無法達成現在的結果。

讓我們假設你在一九七〇年代經營一家美國公司。那時，你無法直接把工廠搬到中國，然後用非常廉價的中國薪資來取代你付給美國工人的薪資——至少如果你想把製造的產品賣回美國的話，你無法這麼做。如果你這麼做了、如果你試圖將你在中國低薪資工廠所生產的產品出口到北美或歐洲市場，那麼你將面臨巨額的關稅，或甚至是完全的配額制。而且同時中國的所得非常低，所以無論你在當地生產什麼，都不會有國內市場。因此雖然將生產移轉到中國能提供給你巨大的薪資成本利益，但一旦考慮到關稅或配額，就真的沒有任何經濟理由去那裡生產。

但隨著關貿總協定以及接替它的世貿組織引領了好幾輪的貿易自由化談判，一切都改變了。世界各地的關稅壁壘都因此坍塌，而當壁壘倒下的時候，你實際上就可以將工廠遷往海外——或甚至更好的辦法是安排當地的某個人來幫你生產商品，然後把商品裝上一艘開往洛杉磯或鹿特丹的大型貨輪。現在，北美和西歐富裕市場的關稅如此之低，所以只要勞動力便宜到足以抵消運費，你幾乎可以在世界上任何地方生產商品。

於是製造業的工作機會遷走了。這些工作機會跑到哪裡，所得成長就會跟到哪裡。

最初與已開發國家工人的薪資相比，中國新工廠的薪資可能會被視為只有血汗工廠的標準（至少在工廠搬遷到那裡之前）。但當時這些血汗工廠的薪資標準仍然是中國經濟中其他薪資標準的數倍。所以中國迅速實現了城市化，數以百萬計的農民離開農地到工廠的廠房工作，而工廠就像成熟的稻稈一樣四處拔地而起。隨著時間進展，這些新興產業工人的收入迅速成長，也創造出新的市場。因為工人開始能夠負擔原本只對更加富裕的海外市場所出口的商品。

蘋果公司就是一個很好的例子。這家美國最大的科技公司最初在二〇〇七年[3]前往中國組裝 iPhone。自從那時候開始，中國逐漸成為蘋果最重要的智慧型手機市場之一。到了二〇一九年第一季，中國市場占蘋果公司的總營收將近五分之一。

當然，在中國等新興國家的工業中出現不斷成長的就業機會，也導致了負面的效果：七大工業國經濟體和大部分其他經合組織國家的工業薪資不斷下降，工廠也不斷被廢棄。到了二〇一四年，七大工業國的工廠就業人數降至開發中國家的四分之一。在過去二十年裡頭，整個經合組織的製造業就業率則下降了百分之二十以上。[4]

然而最終的結果是，大部分的工廠就業機會都移轉到了同一個國家：中國。當已開發國家的工廠就業占整體勞動力比例從一九七〇年的大約四分之一下降到今日的百分之十多一點時，中國的工廠就業占整體勞動力比例則上升了相對的量。有趣的是，在所有其他開發中國家裡，製造業目前在整體勞動力中所占的比例與近五十年前大致相同。[5]

那麼，中國的中產階級因此擁有更多閒暇和更多可支配所得，或是實現民主治理的夢想了嗎？

國家內部的收入不平等加劇

雖然已開發國家和開發中國家之間的國際收入差距開始縮小（至少對於中國來說是這樣），但個別國家內部的收入貧富差距卻在擴大。這又是全球化逐底競爭的一個實例。

在過去二十年中，大多數國家的吉尼係數或多或少都在上升。這表示各收入階層的不平等程度都在加劇。在經合組織成員國中，美國和英國國民收入不平等的成長幅度最高。但與中國的情況相比，這兩國的成長也不算什麼。

儘管中國的城市勞動力迅速壯大，中產階級快速崛起，也因此該階級的收入成長率令人印象深刻，但是中國的吉尼係數在一九九〇年至二〇一五年之間大幅上升了百分之四十，從零點三五上升到了零點五〇。這讓中國成為世界上收入分配最不平等的國家之一。[6]對於一個官方上仍然是共產主義的國家來說，這並不是什麼值得驕傲的事。

雖然資本主義國家和共產主義國家在收入分配方面的意識形態截然不同，但若我們仔細一看，就會發現在這兩種經濟制度中收入表現最好的卻是一樣的群體——前百分之一的富人。今天對他們來說是最好的時代。全球前百分之一的富豪階層（大約有七千萬人）囊括了自一九八八年以來全球收入成長的近五分之一。[7]而且比起從前，他們在全球財富成長中所占的資產比例高得離譜。據二〇一七年的統計資料估計，全球最富有的百分之一人口獲得該年度全球新增財富的百分之八十二，這個數字令人震驚。[8]

中國尤其為這種富豪統治階層做出不少貢獻。隨著中國經濟從農業轉向世界工廠的工業，每年都因此創造出更多的億萬富翁。根據富比士雜誌的年度全球億萬富翁名單，中國現在有三百二十四位這樣的富翁，僅次於美國的六百零七位。[9]所以，全球的新增財富絕大部分都掌握在極少數國家的極少數人手中。

反作用力

有時候我們會發現事情發展的方式很有趣。合理化全球化現象的部分理由，是說我們需要讓像中國這樣的開發中國家更接近西方的自由民主國家。然而現在的情況似乎是，加拿大和美國正在開始變得更像中國，至少在收入分配和高度集中的富豪階層方面是這樣。

當然在美國，其實並不能說收入和財富是集中在前百分之一最富有的人手中。因為就連這個百分位數也太大了，所以無法反映當今美國社會財富集中的程度。百分之一群體中還有很小一部分的超級富豪——也就是前百分之零點一最富有的人。他們的收入比例從一九七八年占全國家庭總收入的百分之七，成長到現在的百分之二十二，總共多了三倍之多。[10]這也難怪比爾・蓋茲（Bill Gates）和華倫・巴菲特（Warren Buffett）會如此慷慨地使用他們的錢。如今，他們和其他億萬富翁都有很多可以捐贈的資產。

這些年來，全球化帶來了收入分配的第三種趨勢——在經濟學家所稱的「要素收入」（factor income）（如勞動、資本和土地等生產要素所帶來的收入）分配上，從薪資全面移轉到了企業利潤。造成這樣移轉的罪魁禍首就是伴隨經濟全球化而來的貿易流動。例如，布魯金斯學會（Brookings Institution）的一項研究發現，勞動力在美國國民所得中所占比例之所以下降（已經降至數十年來的最低水準），主要是因為勞動密集型產業被外包到中國等廉價勞動力市場。[11]所以，一九八〇年代和一九九〇年代那些提倡全球化和自由貿易的人說對了一件事：他們的政策的確創造了大量的財富，只是幾乎所有的錢，都只流向一小部分的人手中。

當然如果你擁有很多股票，你就不會有所怨言。現在我們之所以能在全世界都看到如此創紀錄的股票漲勢，主要就是因為企業利潤從來沒有這麼好過。如今在幾乎所有經合組織經濟體的國民所得中，企業利潤占比都處於戰後的最高水準。然而這件事情的主要代價，就是國民所得流向薪資的比例不斷穩定下降。[12]

家庭收入不平等的加劇以及要素收入從薪資到企業利潤的移轉，並非是兩個不相關的趨勢。雖然乍看之下可能是這樣，但事實上這兩者就像連體嬰一樣在尾部緊緊相連。

利潤的所有權高度集中在收入最高的群體手中，這些人會獲得利潤所支付和創造的大部分股利和資本利得。因此不意外的是，最富有階層的財富成長，以及要素收入從員工薪資到企業利潤的重分配，這兩者總是齊頭並進。這就是為什麼你的國家變得更富有，但你卻變得更窮困：薪資可能不會成長，但投資報酬肯定會成長。

但股市上漲的浪潮不是會讓所有人都獲益嗎？你可能會認為在標準普爾五〇〇指數這場史上持續時間最長的漲勢中，愈來愈多的人會持有股票。但事實卻正好相反。在上次經濟衰退時期之前，百分之六十五的美國家庭持有股票，而今天這個比例僅略高於百分之五十。相反地，股票所有權則愈來愈集中在富人手中。據高盛的估計，美國前百分之一最富有的家庭所持有的股票，遠遠超過其他百分之九十九的人口。[13]更確切地說，前百分之一最富有的人持有美國全部家庭所持有股票數量的一半，而前百分之十最富有的人則持有超過百分之八十的公開上市股票。[14]因此當股市表現得愈好時，富人的獲益也就愈多。

儘管全球化導致了開發中國家和已開發國家收入不平等的惡化，但是這樣的分配不平等所引發的日益增長之民粹主義運動，卻主要是發生在已開發國家當中。原因似乎很明顯。在像中國這樣的國家裡，不平等加劇的同時，每個人的收入也幾乎都在增加。而在經合組織國家裡，不平等加劇的同時，大多數人的收入卻是停滯不前。中國和印度中產階級的爆炸式成長，與大多數經合組織國家裡中產階級的下降同時在發生，其中最顯著下降的就是美國。

此外，經合組織國家經濟成長的放緩與中國和印度的經濟繁榮也是相對應的。畢竟經合組織國家被掏空的工業，就是中國龐大全球供應鏈的反面。因此不足為奇的是，全球化的成果在經合組織國家中受到的質疑最多。這一點在世界上最大的經濟體美國國內尤其明顯。

草根階級對全球化主流意識形態的猛然抵制，既震驚了經濟學家，也震驚了美國政治家。一開始，經濟學家主張已開發國家與開發中國家的貿易規模太小，不會抑制七大工業國經濟體中製造業勞工的薪資水準，或導致製造業就業人數銳減。這樣的看法是經濟學家的本能，因為大多數經濟學家基本上都是自由貿易的支持者。相反地，對於美國和其他七大工業國經濟體之工業工作機會的流失，他們指責的對象是技術創新所帶來的勞動力節省現象。

很多經濟學家仍然這麼想。當今普遍的經濟學觀點認為，自動化是製造業失去所有這些工作機會的罪魁禍首，而機器人和人工智慧最終將取代人類的勞動。但至少到目前為止，廣泛的自動化科技並沒有阻礙各國經濟體創造破紀錄的新工作機會。今天的工廠也不可能解僱全世界數百萬的勞工。只是這些工廠已經不在以前的已開發國家了。而且那些勞工的薪資也遠遠比不上從前了。

隨著全球供應鏈的成長，貿易量也迅速成長。於是經濟學家愈來愈難以否認，將大量工作外包給低薪資國家，對七大工業國經濟體的工廠就業和薪資方面產生了深遠的負面影響。就連一些最偉大的全球化提倡者也開始冷靜地重新思考這個問題，這些人包括《紐約時報》專欄作家、諾貝爾獎得主保羅・克魯曼（Paul Krugman），以及美國前財政部長、歐巴馬的經濟顧問勞倫斯・薩默斯（Lawrence Summers）。[15]當一個產業受到從廉價勞動力市場進口商品的影響愈大，美國勞工的就業率和薪資下降的幅度就愈大。一項研究估計，在一九九九年至二〇一一年之間，中國商品對美國市場的進口滲透不斷增加，這導致美國勞工失去了兩百萬至兩百四十萬個工作機會，其中大多數是位於競爭激烈的國內製造業以及其上游供應商。

這種對美國勞工薪資的負面影響，迅速轉化為愈來愈多家庭在收入上的成長停滯。與依靠資本利得和股利作為收入來源的最富有階層不同，北美的大多數家庭是依靠薪資收入來支付帳單。隨著薪資成長變得愈來愈難以實現（至少對中低收入勞工來說是這樣），愈來愈多家庭發現自己被遠遠地拋下了。他們被拋下的距離是如此遙遠，以至於完全消失在大多數美國建制派政治人物的視線中。

但現在，隨著財富光譜變得愈來愈兩極化。這些被拋下的族群突然又回到了人們的視線之中。

新的斂財大亨

十九世紀末，美國經濟被一小群壟斷者所控制。歷史上他們被稱為「斂財大亨」（robber barons）。該團體中比較著名的成員有康內留斯・範德比（Cornelius Vanderbilt）、約翰・洛克菲勒（John Rockefeller）和查理斯・梅隆（Charles Mellon）。當時，這些人都藉由經常被認為是不擇手段和殘酷無情的商業策略，為他們的企業在美國經濟中取得了特權壟斷地位。斂財大亨對美國商業的統治，以及他們在這個過程中所獲得的巨額個人財富，最終導致了一八九〇年休曼反托拉斯法（Sherman Antitrust Act）的制定。該法案最終在一九一一年瓦解了洛克菲勒的標準石油公司（Standard Oil）。歷史警告我們，當市場的壟斷控制落在少數人手中時（而他們也因此會獲得巨額財富），就會有另外一些人過得很糟。

一些評論家指出，當今科技巨頭的執行長們——例如蘋果公司的提姆．庫克、臉書公司的馬克．祖克伯（Mark Zuckerberg）以及亞馬遜公司的傑夫．貝佐斯等人，都是我們這個時代的斂財大亨。[17]當今他們的制服——牛仔褲和T恤，雖然可能無法類比洛克菲勒和他的同伴們那些讓人覺得「有錢」的穿著（三件式西裝和大禮帽），但是科技巨頭們的巨大財富讓他們十九世紀的前輩們也相形見絀。[18]

而當今這些執行長所管理的公司，就像標準石油在二十世紀初期一樣，完全支配著市場。例如，谷歌公司控制著百分之九十二的全球搜尋引擎市場。這個數字比標準石油公司當初壟斷市場的比例更高。在標準石油公司被迫解散之前，在美國控制著超過百分之九十的煉油產能。此外，擁有二十多億用戶的臉書公司同樣支配了社群媒體網路。

所有這些執行長都很擅長他們的工作。其中他們最擅長的就是操弄公共治理，而且他們執行的方式是二十世紀初全球石油工業都只能幻想，但卻無法付諸實行的一種操弄。在大多數這些執行長所居住的美國，他們支持的是民主黨的建制派——也就是歐巴馬總統執政八年的那一派。他們在氣候變遷、種族不寬容、性別平等以及所有其他美國自由派熱門議題上都直言不諱。但同時，這些為了證明他們的自由派誠意所付出的努力，也幫助保護了他們的群體利益，讓他們避免面臨他們最擔憂的事：政府對壟斷企業的監管。而正是這些壟斷，讓他們成為了億萬富翁。

第六章——非包容性成長的新經濟

一九六六年九月一日，加拿大成為世界上第三個享受彩色電視播送的國家。第二個是日本。第一個則是美國。美國的第一個彩色電視節目是一九五三年十一月二十二日播送的高露潔喜劇時間（Colgate Comedy Hour）。而在一九六六年的那一天，加拿大人可以在彩色電視上看到卡加利牛仔節（Calgary Stampede）中的野馬狂奔（當年早些時候還曾有過一次試播——一場多倫多楓葉隊和蒙特婁加拿大人隊的國家冰球聯盟季後賽）。

問題是，當時幾乎沒有人能看到那些狂奔的野馬。因為那時只有百分之一的加拿大人擁有彩色電視——一台價格超過八百五十美元。以今天的幣值計算則超過六千美元。所以對大多數人來說，彩色電視實在太貴了（此外你還需要另外花兩百美元買一個新的天線）。購買一台電視曾經是一件不容易的事，所以當電視壞掉的時候，人們會去修理它。另外過去偷電視的事情還時有所聞，但現在電視已經不值得被偷了。撇開黑色星期五的折扣混戰不談，電視機的價格自從推出以來已經下降了百分九十六。[1]如果你喜歡看電視的話，這是個天大的好消息。畢竟價格下跌對消費者來說是件好事。然而，除非勞工的薪資讓價格下降，否則大多數商品的價格不會自行下降。

薪資停滯對經濟成長來說可能聽起來真的很糟，但卻也不完全是一件壞事。假如真的是件壞事，那麼我們的經濟早在幾十年前就停止成長了。幸運的是，薪資停滯（無論是在英國、澳大利亞、日本或北美）會帶來一些好的經濟回報。雖然這些回報的確沒有得到公平分配，但它們對我們當今經濟成長的方式來說卻至關重要。

到目前為止，薪資停滯為經濟帶來最重要的好處就是抑制通貨膨脹。如果在沒有油價衝擊時薪資也不成長，就難以發生通貨膨脹。儘管產業界一直在談論自動化和人工智慧，但是在製造大多數產品時，勞動力仍然是最重要的成本。如果國內的薪資成長停滯不足以抑制通貨膨脹，那麼我們還可以考慮進口廉價商品以取代高價的國內商品（更不用說外包一些商業服務了）。全球化提供了一股無情的逆流，通貨膨脹不得不在其中逆流而上。所以即使在最好的情況下，價格也只是在原地踏步。

通貨膨脹曾經是西方經濟體的主要死敵，但現在卻幾乎完全消失了。中央銀行的行長們通常把這樣的勝利歸功於自己，聲稱他們謹慎且熟練的貨幣管理已經戰勝了通貨膨脹的威脅。然而實際上，他們的角色其實沒那麼重要。貿易談判代表是當今低通膨環境的真正設計者。他們雖然很少獲得讚賞，但是他們本人以及他們所談判的貿易條約在抑制通貨膨脹方面扮演了最重要的角色。

低通膨提升了購買力和借貸能力

向低薪資國家移動的大規模生產遷徙，大大降低了絕大多數產品的生產成本（譬如彩色電視）。因為全球化，所以曾經在國內生產的東西現在都從遙遠的低薪資市場以更便宜的價格進口。在這個過程中，通貨膨脹被掩蓋了。但這並不是全球化的全部。全球化還提升了世界各地消費者的購買力。尤其是像在北美這樣的地方，廉價進口商品大規模取代了國內生產的商品。

然而諷刺的是，許多西方勞工利用提升的購買力來購物，卻在這個過程中讓自己失去了工作。沃爾瑪的停車場裡總是擠滿了人，而那些人曾經生產過他們現在想買的東西。但現在這些廉價商品則來自遙遠的低薪資供應鏈。如果這些商品是來自許多購物者曾經工作過的工廠，那麼沃爾瑪就無法用今天我們看到的價格來販售。

低通膨不僅能放大你的薪資；它也會放大你的借貸能力。你能借到多少錢，大多時候取決於錢的成本。而抑制通膨的措施就是目前低借貸利率的直接原因。值得一提的是，同樣的低利率也大大幫助了二〇〇八年世界金融危機和經濟大衰退之後的經濟復甦與擴張。

在大多數經合組織經濟體中，利率一直處於（或接近）史上最低水準。而在一些歐盟國家，債券殖利率中的長期利率實際上已變為負值——這就是所謂「量化寬鬆」（quantitative easing）的結果，也就是某個中央銀行（譬如歐洲中央銀行）購買太多政府的債券，導致當地的利率降至零以下。這樣的低利率毫無疑問地有助於減輕薪資停滯對家庭支出所帶來的打擊，而家庭支出正是我們經濟中最重要的一部分。

首先，低利率鼓勵消費者把幾乎所有賺來的錢都花掉。然後隨著利率下降，儲蓄率也隨之下降。在戰後時期，過去二十年的儲蓄率明顯低於前面的幾十年。[2]在一些國家中（譬如加拿大），家庭儲蓄率（家庭儲蓄占稅後收入的百分比）已經降至近六十年來的低點。[3]畢竟如果你賺不到任何利息，那麼為什麼還要存錢呢？

儲蓄的減少至少在一定程度上彌補了薪資成長不足所造成的消費支出短缺。消費需求通常是推動經濟成長的動力，因為在大多數經合組織經濟體中，大約百分之六十的GDP都來自於個人消費。[4]如今，雖然薪資成長率遠低於歷史標準，但大多數人也不再存錢了——除了強制的退休金儲蓄（但現在有退休金儲蓄計畫的勞工也愈來愈少）。反之，每個人都把自己賺的錢花光了。甚至有一些人花的錢超過賺的錢，因此逐漸累積愈來愈多的家庭債務。但也沒什麼不行，畢竟以目前的借貸利率來看，持有債務的成本很低。

中產階級是負債最多的群體。儘管他們的錢比過去來得少，但是這個收入群體仍然在努力維持生活水準。收入的停滯不前造成支付帳單變得更加困難。在經合組織成員國中，日益成長的居住支出以及其他生活必需品支出，已導致超過五分之一中下階層家庭的支出大於收入——這是一條不斷擴大債務負擔的不歸路。[5]而低收入家庭也面臨同樣的問題。債務負擔的差異最終反映在獲取債務的管道。中產階級仍然能從金融機構借款，而低收入勞工的信用程度（或甚至缺乏信用）則讓他們無法這麼做。或者我們可以說，中產階級擁有更多條能吊死自己的繩子。

雖然有些家庭會借錢買車，甚至借錢支付每月的帳單，但是到目前為止家庭貸款的最大原因就是買房。北美的房屋抵押貸款利率正處於幾十年來的最低水準，這代表在一筆普通的房屋抵押貸款中每月可以節省數百美元。現在加拿大的平均房價是四十五點五萬元。而如果今天的利率回到一九八一年的水準（也就是百分之十八點四五），而你付了總價百分之二十的頭期款，那麼每月的房屋貸款繳款金額就是五千五百五十八元。這個數字沒有多少加拿大人能負擔得起。但以目前的利率來說，房屋貸款市場變得更大，也因此更容易取得貸款。

因此，不意外的是房地產市場一直是經濟中貸款槓桿率最高的產業——也因此成為在低借貸利率的抽獎中最大的贏家。而屋主是主要的受益者。這些獲益甚至惠及建築工人。事實上，建築工人是在現今經濟中唯一能看到就業成長的勞動族群。畢竟與工廠工人不同的地方在於，建築產業不必與世界另一端的木工和泥工競爭薪資。

歷史上，自有房屋是典型中產階級生活方式的基礎。但當今的情況卻不一樣了。經合組織國家中房價上漲的幅度是中產階級收入成長幅度的好幾倍，畢竟中產階級的收入大都上停滯不前。在一九八〇年代中期，一個有兩個孩子的典型中等收入家庭若想買一間房子，只要存不到七年的收入就夠了。但現在則需要十幾年的時間。同時，一九九〇年代的居住支出只占大多數中產階級家庭收入的四分之一，但現在這個比例則上升到了三分之一。[6]

但雖然房屋貸款利率比過去低很多，要獲得房屋貸款的資格卻變得更加困難。隨著次級房屋貸款泡沫的破滅，人們現在無法在收入很少或者沒有收入的情況下再獲得貸款了。如今，是否有資格申請房屋貸款主要取決於你的收入。但就像我們在上一章看到的，對於大多數已開發國家的中產階級公民來說，收入並沒有成長。如果你是一個中低收入的家庭，你的收入可能不再符合房貸資格。在這種情況下，買房對你來說就不再是一個選擇。

迎合富人的消費能力

如果你仔細觀察，你會發現到處都有收入兩極化的跡象。在當今的零售業中，這一點隨處可見。隨著財富和收入愈來愈集中在富人手中，消費者的消費能力也愈來愈強。逐漸地，富人的消費習慣推動了消費需求。畢竟這兩者就是相輔相成。現在，美國收入最高前百分之五的人幾乎占據了所有消費支出的百分之四十，他們就是你會想在你開的商店裡遇到的顧客。[7]

這裡的重點不僅僅是富人在消費支出中所占的比例比以前任何時候都還要高。對於零售商來說，真正的重點在於富人所買的東西。因為富裕消費者所購買的商品和服務，與貧窮消費者或甚至中產階級消費者相比所購買的東西截然不同。如果你是一家零售商或者一家為零售商融資的銀行，你就會注意到這件事。

無論你談論的是購物、住宿或吃飯，日益加劇的收入兩極化正在劇烈改變市場上商品和服務的種類。當今高端群體的收入有很大的成長，其結果就是這個狹隘人口階層的消費能力不斷蓬勃發展。另外底層收入的人口也在成長（愈來愈多家庭加入了這個階層），所以被擠壓的是中產階級購物者。首先，中產階級的人數愈來愈少。再來，那些剩下的中產階級也沒有多少錢可以花用。所以他們的購物習慣改變了。

以百貨公司為例。諾德斯特龍（Nordstrom）等高端連鎖百貨的銷售表現不錯，但西爾斯（Sears）和傑西潘尼（JCPenney）等以傳統中產階級為目標客戶的百貨卻在苦苦掙扎。事實上，擁有一百二十五年歷史也曾經是美國最大零售商的西爾斯百貨，不斷關閉分店的數年後終於在二〇一八年宣布破產。近期股價跌破一美元的傑西潘尼百貨似乎也即將步入後塵。

但在這個兩極化日益嚴重的零售市場中，不一定要迎合富人的消費能力才能獲得商業上的成功。零售商也可以透過迎合快速成長的窮人族群而獲得成功。隨著收入不斷減少，不斷下降的中產階級已經轉向以節儉為目標的商店——譬如在北美大量湧現的一元商店和九九分錢商店。隨著美國中產階級的繼續萎縮，像「家庭一元」（Family Dollar）這樣的連鎖商店在過去十年裡營收成長了百分之六十以上，且在全美已經有超過八千家分店，雖然它現在也面臨來自其他折扣連鎖店的壓力。[8]

過去，這些商店只針對非常貧窮的人。然而現在，他們的大門向那些曾經在西爾斯或傑西潘尼百貨購物的中產階級敞開了。也難怪中產階級現在會去的銷售通路與以前大不相同了。目前有超過四千萬名美國人接受某種形式的食物援助，這幾乎是十年前的兩倍。[9]

貧窮和富裕消費者之間日益擴大的消費差距不僅僅是美國特有的現象。同樣的兩極化情況在加拿大也很明顯。加拿大收入分布的情況已經朝著與美國相同的方向發展。那些傳統上賣給加拿大中等收入消費者的商店〔譬如加拿大塔吉特超市（Target Canada）、佩特塞特拉（Petcetera）、思捷（Esprit）和完美服裝（Tip Top Tailors）等公司〕已經在國內大量歇業。但那些以富人或窮人為目標的零售商則蓬勃發展。在低成本的市場中，加拿大蒙特婁的「達樂馬」（Dollarama）商店與美國「家庭美元」商店相比，也已經取得同樣的成功。另外像好市多（Costco）和勝利者（Winners）這樣的折扣商店也在蓬勃發展中。另一方面在同樣蓬勃發展的奢侈品市場，普拉達（Prada）、迪奧（Dior）、傑尼亞（Ermenegildo Zegna）和薩克斯第五大道（Saks Fifth Avenue）等公司都跨越了邊境，進入加拿大的零售市場。

成長的意義不再與過去一樣了

回顧過去十年的經濟擴張，可以肯定的是，你不再需要增加薪資來推動經濟成長。富人的購買力，加上不斷成長的窮人階級購買力，都將推動消費需求。儘管後者對產品的需求與曾經更加富裕的中產階級的需求截然不同。事實證明，低通膨在購買力和借貸能力上所帶來的好處，是推動經濟活動的重要因素。

但同時對大多數人來說，經濟成長的意義不再像過去那樣了。GDP成長在過去是有包容性的；但現在它卻變得愈來愈排外。經濟的成長仍然代表人均GDP的成長，但大部分的成長都是由一小部分的人獲取。總而言之，平均收入在增加，但愈來愈少人能賺到平均收入。所以如果我們只看平均的話，就會忽略不斷攀升的吉尼係數和幾世代的人都未曾見過的兩極化收入。如今，人均GDP幾乎無法告訴我們經濟體系中的大多數人過得怎麼樣。

在經合組織國家內部，前百分之十收入最高的群體，其收入成長速度是收入中位數群體的三倍之多。在一些更極端的情況下，譬如美國，在過去三十年裡，前百分之一收入最高的人口則獲得了美國經濟中全部收入成長的約一半。在這個過程中，這些人的收入比例從百分之十一成長到百分之二十以上，幾乎翻倍。[10]

當今的經濟成長可能不再依賴薪資成長的支援，但這種情況所導致的必然結果就是，經濟成長並不等同於大多數薪資階層生活水準的提升。GDP成長曾經與任何其他用來衡量我們經濟福祉的指標一樣好。GDP的強勁成長曾經代表著快速成長的經濟會產生大量的高薪工作，而那些就業機會的創造會提高每個人的收入。

如今，大部分時候GDP的成長代表著經濟系統中產生了大量的低薪工作。儘管政治人物們仍然將GDP的強勁成長數字視為榮譽勳章，但對經合組織國家中愈來愈多的勞工來說，「經濟成長」已經僅僅成為一種抽象概念。GDP成長速度是否為百分之一或百分之三，對他們來說並不重要，就像全國失業率是否保持在百分之三或百分之六，對他們來說也不重要。無論是GDP成長所帶來的傳統好處，還是幾十年以來低失業率所帶來的獲益，都不會化為實質薪資成長讓他們受惠。

如果你是一位年紀較大的勞工，那麼即使在今日的低通膨率底下，你的實質薪資也已經幾十年沒漲過了。每天早晨醒來，你想的大概都是今天會不會收到通知，說你工作的工廠要關閉並遷往國外某個廉價的勞動力市場。又如果你是千禧世代或Z世代的勞工，那麼你很可能會在蓬勃發展的零工經濟中為了維持生計而忙於做幾份最低薪資的工作。靠著這些脆弱的收入來源，你可能還要努力償還在大學念書時，為了畢業後能過上好生活所欠下的學生貸款。

從通貨膨脹的消亡到勞工薪資成長的消亡，從收入兩極化到其對零售業的影響，從某類型工作機會的創造到那些不再有工作機會的工作類型——當今經濟中我們以為理所當然的很多事情，都是由全球化和世界貿易格局的變化所塑造而成的。但是，以這種方式理解問題也會讓我們意識到，如果支配我們經濟運作的基本規則突然被撕毀，然後被一套新的規則取代時，我們的處境可以產生多大的變化。當然，我指的是那些將會捍衛被犧牲者利益的新規則。

第七章——全球化和數位革命

如果你曾經在法國或義大利觀光時急需上廁所，那麼你可能會發現自己置身於經濟學家稱之為「科技性失業」的古代歷史篇章之中。

「公共廁所」在義大利語中是「vespasiano」；在法語中則是「vespasienne」。公共廁所是古羅馬的由提圖斯．弗拉維．維斯帕先（Titus Flavius Vespasianus）〔又被稱為維斯帕先皇帝（Emperor Vespasian）〕所發明的。當時他致力推行的建設計畫或許可以被歸類為凱因斯主義的一種。那些以他名字命名的公廁，就是他當時建設計畫中的一個好例子。此外，他最雄心勃勃的公共建設計畫也以他的名字來命名：弗拉維圓形劇場（Flavian Amphitheatre），也就是今日所稱的羅馬競技場（Roman Colosseum）。儘管經歷了時間的摧殘（包括兩千年之間的戰爭、地震和野蠻人入侵），羅馬競技場仍然屹立不搖。這是一項令人印象深刻的建築和工程壯舉，然而，羅馬人與他們的先進科技之間其實存在著矛盾的關係。

和我們一樣，羅馬人也曾經擔心過他們的勞動力。當時他們清楚地意識到，引進奴隸會造成羅馬勞工的失業問題以及政治上的緊張。而他們看待科技進步的方式也與我們相同：「一位工程師提出要用一種簡單的機械裝置、適度的花費，把一些柱子拖到神殿去。」歷史學家蘇維托尼烏斯（Suetonius）如此告訴我們。「但維斯帕先皇帝拒絕他的提案，說道：『我必須保證勞工階級能賺到足夠的錢買食物。』」當時維斯帕先就意識到，科技發展在解決問題的時候，同時也製造了很多問題。科技可能會讓某些人的生活變得更輕鬆，但也會讓其他人失去了工作。[1]

我們往往認為歷史就是一個科技不斷進步的故事。但在與科技發展平行的歷史中，也存在一些被忽視或壓抑的發明，只因這些發明可能會對就業產生負面的影響。你可能還記得讀過關於盧德主義者（Luddites）的文章。他們早在工業革命早期時就在英國名聲遠播。他們是一群擔心自己的工作將被自動化取代的工人，於是拿起大鐵錘去破壞即將取代他們的機器。「盧德主義者」這個詞現在仍然被用來描述那些抵制進步和科技變遷的人。然而人們時常忘記，不只是像犧牲品般的勞工有時會一意孤行。畢竟雖然盧德主義者為任何抵制科技進步的人帶來了糟糕的名聲，但在更早的數百年前，伊莉莎白女王一世（Queen Elizabeth I）也曾拒絕讓設計針織機的發明者獲得專利，理由是這項發明會導致失業。[2]統治者總是擔心讓他們的臣民失業，因為這可能導致危險。在二十世紀的某些時候，人們則擔心地鐵售票機和混凝土攪拌機會取代交通和建築產業的工作。

這裡的問題是，這些擔憂被證明是合理的嗎？隨著人們大肆宣傳人工智慧時代的來臨，對未來科技性失業的擔憂從未像現在一般流行。經合組織的一項研究聲稱，已開發國家將近一半的工作都容易遭受未來某種自動化科技的影響。[3]麥肯錫全球研究所（McKinsey Global Institute）則警告道，未來十年內自動化科技可能會導致美國經濟中多達七千三百萬個工作機會消失。[4]

如今美國經濟創造了破紀錄的工作機會。儘管如此，這種對自動化的擔憂仍然強烈影響著世界上大部分的商界社群，以及該社群慷慨贊助的智庫。甚至經濟學家會把自動化科技當作當今薪資情況以及中產階級遭遇的一種解釋（或是一種合理化的理由）。專家們認為，數位革命才是整個經合組織勞動問題的真正根本原因。所以，關注貿易政策或全球供應鏈的遷徙都會錯誤解讀問題。

當然，支持這個觀點的人很容易會忽略數位革命和全球貿易新秩序之間的一些關鍵連結。若我們仔細觀察就會發現，那些蓬勃發展的數位產業不僅受到全球供應鏈的影響，而且還嚴重依賴全球供應鏈。事實上，為了適應當今高度整合的全球化經濟體制，幾乎沒有哪個產業比電子業付出了更多的努力。數位革命的故事就是關於全球化的故事。

當你追根究底的探問之後，你會發現正在改變經濟、並在此過程中顛覆許多傳統產業的數位技術，並不是什麼無形的力量。事實上，數位技術必須體現在機器設備之中，而這些設備與工業革命時期的蒸汽機和紡織機等設備並沒有太大的不同。或許數位訊號能以光速在大氣中傳播，但是這些訊號必須透過特定設備來發送和接收。而這些設備則是由大量的銅線、鋁合金、鋰電池以及微量的金、鈀和稀土所構成，並包覆在玻璃之中。所以這些電子設備的價格，就是消費者要進入數位世界的必要門檻。

如果沒有智慧型手機、iPad 或筆記型電腦，我們就無法使用讓我們在網路世界中活動（包括在世界的另一端購物、預訂酒店或旅館，或者在 Uber 或 Lyft 上叫車）的那些奇妙且新穎的應用程式。這些電子產品的成本對其使用者來說至關重要——同時也對商店店員、旅行社業務和計程車司機等勞工來說非常重要，因為這些人的工作被數位應用程式所提供的服務打亂了。現在整個經濟體系的運作都依賴於手機的價格。當這些電子設備愈便宜，就有愈多的人可以使用設備上的應用程式，也因此對現有產業造成的破壞性就愈大。而就是這樣的關鍵成本門檻，將全球化和數位革命串連在一起。

電子血汗工廠

雖然智慧型手機的使用通常會取代勞動力，但是生產這些手機以及其他電子設備（譬如平板電腦）仍然需要大量的勞動力。而我們卻很少聽到電子產業的這個面向。人們對製造智慧型手機所需的勞動力了解不多，這是因為智慧型手機是在遙遠的地方進行製造和組裝，而那裡的勞動力成本只是我們這裡的一小部分。全球化允許我們對勞動力價格套利——這正是智慧型手機在世界各地由廉價勞動力組裝和製造的原因。

如果你停下來想想組裝一支智慧型手機需要耗費多少勞動力，那麼你就會意識到，這會比最初想像的還要來得多很多。首先，包含安卓（Android）軟體技術的晶片組必須手動安裝到手機殼中。其次，晶片組必須手動連接周邊設備，再連接到數位顯示器、相機和喇叭。一旦完成這些步驟後，設備還必須手動密封。整個生產過程中唯一自動化的部分是讓機器將手機背板蓋在主機外殼上。然後，在最終重新密封整台手機之前，智慧型手機必須在生產線上反覆拿取幾次，才能將相機鏡頭正確安裝在手機外殼上。

此外，手機的實際組裝只是整個生產過程中的一半而已。另一半則是在工廠中測試手機，而這個過程同樣是勞力密集型的工作。組裝好的手機必須先使用外部電源進行手動測試，然後再使用手機自身的電源進行測試。所以，智慧型手機雖然可能會顛覆過去的商業模式，但製造手機的方式（工人們在很長的生產線上辛苦工作）仍然毫無疑問是老派的。

智慧型手機和 iPad 等產品可能是在美國矽谷所設計，但它們肯定不是在矽谷所生產製造。隨著時間的進展，像蘋果這樣的智慧型手機主要製造商已經完全退出了其製造業務。相反地，他們是依靠遍布全球的供應鏈來製造和組裝手機設備。看不見就不會關心——至少對蘋果的客戶來說就是這樣。在全球供應鏈方面，這家總部位於加州的電子公司是公認的產業領導者，其股票市值高達一兆美元。如今，對蘋果公司的旗艦智慧型手機而言，幾乎所有零組件的製造和組裝都是在海外進行。

蘋果公司的執行長（不論是創辦人賈伯斯還是現任的庫克）都曾為該公司的外包生產行為辯護，聲稱這不再是為了獲得中國的廉價勞動力。反之，他們辯稱公司之所以需要離岸供應鏈，是因為中國能提供靈活而高技術的勞動力。

很難知道庫克對「低薪」的定義，但一點八五美元的時薪似乎符合低薪的標準。[5]這個數字是監測中國勞工工作條件的非營利組織「中國勞工觀察」（China Labor Watch）滲透了蘋果在中國的主要供應商之一和碩聯合科技集團（Pegatron Group）後所發現的。中國勞工觀察組織對蘋果公司全球供應鏈的看法，與蘋果公司總部（位於加州庫比蒂諾）所描述的截然不同。

和碩集團在上海的大型工廠聘僱了多達十萬名工人，生產數百萬支蘋果公司最新款的 iPhone。中國勞工觀察組織發現，和碩的員工經常被要求連續工作十八天不能休假。賈伯斯和庫克提到的那些靈活而高技術的工人經常於輪班時在生產線上睡著，而輪班時間平均在十二到十六個小時之間。[6]

蘋果的競爭對手三星（Samsung）在使用廉價勞動力方面也大同小異。這家全球最大的智慧型手機製造商最初是在韓國生產手機。但韓國的薪資太高，無法保持競爭力，因此公司將部分生產外包到了越南。越南現在生產三星一半以上的手機。相比之下，韓國只生產百分之八的手機。[7]

智慧型手機製造商不斷在追求廉價勞動力，而越南並不是這些公司所嚮往的唯一生產地。最新的智慧型手機生產國是印度，因為該國為製造商提供的勞動力甚至比中國、韓國或越南都來得更便宜。小米、華為、聯想／摩托羅拉（Lenovo/Motorola）等中國科技公司都在印度建立了製造工廠。印度還吸引了很多其他公司。三星是印度最大的智慧型手機製造商，而LG、微軟（Microsoft）、華碩（ASUS）和福邦科技（Micromax）等公司也在印度建立了生產基地。

中國企業的利潤不僅是來自於壓低組裝線上生產工人的薪資。雖然矽谷的薪資持續停滯不前，但是如果你是在高科技產業工作，你仍然會寧願待在加州而不是前往太平洋彼岸的中國。在中國蓬勃發展的高科技產業中，勞工被期望做到所謂的「九九六」工作制——也就是每週工作六天，從早上九點工作到晚上九點。每週七十二小時的工作時間已經成為該國科技產業的標準。許多中國高科技產業的億萬富翁都極力為此制度辯護，理由是這是中國科技產業保持國際競爭力的唯一方法。

阿里巴巴公司的億萬富翁創辦人馬雲（Jack Ma）不僅為這種做法進行了辯護，還將此稱為一種幸運的眷顧[8]（沒有人去問過阿里巴巴公司的近七萬名員工對自己如此「幸運」有何感受）。另一位在高科技產業起家致富的中國億萬富翁劉強東（Richard Liu）則將抱怨這種做法的員工稱為「懶鬼」，並聲稱如果員工不遵守「九九六」工作制，他的公司京東（JD.com）就無法保持商業上的成功。[9]

這種做法最初與華為公司有關。華為一直是國際公認且最成功的中國高科技公司。華為要求員工必須長時間工作。而科技產業普遍將該制度視為一種重要的商業優勢，因為這讓華為能夠以低於愛立信公司（Ericsson）等競爭對手的價格來競爭。

全球化的割喉經濟自始至終都影響著消費者科技的生命週期。一支普通的智慧型手機含有多達八種稀土材料（事實上稀土並不那麼稀有。它們比起黃金和白銀等貴金屬要來得更常見，但是通常很難達到具有商業價值的濃度以供開採）。除了稀土元素以外，普通的智慧型手機還含有鋰和鈷。而用於製造智慧型手機鋰離子充電電池的鈷，有百分之六十來自剛果民主共和國。據估計，那裡有四萬名童工在被委婉稱為「手工礦場」（artisanal mines）的地方尋找鈷。[10]鈷原料一旦被開採出來，就會在越南的工廠裡精煉並組裝成智慧手機零組件。這些零組件隨後被送到中國的組裝工廠，生產出最新款的蘋果和華為手機。

在製造完成之後，手機會被運往世界各地，然後註定在大約兩年後成為垃圾。諷刺的是，數位革命拯救了數百萬棵樹木。雖然許多公司都會以環保的理由要求將你的紙本帳單換成電子帳單，而經濟數位化也的確減少了紙張的使用，但是這也造成了堆積如山的電子垃圾。聯合國大學（United Nations University）的一項研究發現，在二〇一六年世界產生了至少四點三三億噸的電子垃圾。[11]截至目前為止，電子垃圾是世界上成長最快速的垃圾種類，其成長速度是塑膠垃圾的兩倍。

全球智慧型手機使用者的人數就是電子垃圾不斷成長的強大驅力（二〇一八年，智慧型手機的全球銷售量超過十五億支[12]）。但讓這些電子垃圾成長得更快速的原因，則是因為大多數的生產設備（包括製造這些手機的工人）都是消耗品。不斷下降的價格以及強化的科技（以及過時的設計）持續鼓勵消費者升級他們的產品。其結果就是全球數以億計智慧型手機的庫存也在穩步成長。

許多過時的手機最終回到了生產它們的同一個國家。這當然並非巧合。這是當今電子產業中緊密結合的供應鏈其良性循環的一部分。就如同所有的全球供應鏈一般，這些產業的基礎都奠基於同樣的因素——廉價勞動力。

巴塞爾行動網路（The Basel Action Network）（這個非政府組織致力於打擊從已開發國家出口到開發中國家的有毒廢棄物）估計，在美國高達百分之五十至百分之八十回收的電子垃圾會被送上貨輪，送到中國汕頭地區的貴嶼等地，或是送到在印度的德里（Delhi）和班加羅爾（Bangalore）。[13]而送到這些地方之後所發生的事，與大多數人想到回收工廠時所想的不同。在那裡，廢棄的智慧型手機會被手工粉碎，以提取其中所包含的貴重金屬和其他有價值的金屬：為了回收鎘，電池會被砸碎；而電路板則在露天的鉛溶液中煮沸，以獲取其中的金銀薄片。

貴嶼長期以來一直享有世界上最大電子垃圾場的「殊榮」。該地區有成千上萬的工廠在拆除電子設備，並從中提取有價值的材料，例如鉛、銅和金。該產業聘僱了成千上萬年齡各異的員工，每年拆除超過一百六十萬磅的電子產品，包括手機、電腦和家用電子電器。平均而言工人每天只能賺到一點五美元，且需每天工作十六個小時。[14]如果說生產電子設備的背後是廉價勞動力，那麼在回收電子設備的背後則是更廉價的勞動力。

有趣的是，中國的億萬富翁似乎會同意西雅圖抗議者的觀點。該觀點認為，全球化的回報將會落在逐底競爭的勝利者。

廉價勞動力驅動了數位經濟

為了方便以下的討論，讓我們假設蘋果公司沒有把智慧型手機的生產外包給和碩集團這樣的海外公司，而是決定在加州自行組裝手機。

如果蘋果公司必須支付在地組裝工人每小時十二美元（加州的基本工資），而不是支付外國工人每小時不到兩美元的話，那麼該公司的智慧型手機就不可能用同樣的價格出售。據估計如此一來，在美國零售價格通常在一千美元左右的蘋果頂級款智慧型手機，其售價必須漲至兩倍。但如果蘋果頂級款智慧型手機現在的售價是兩千美元，可以肯定的是購買手機以及使用手機上能夠下載的那些應用程式的人會減少很多。所以，應用程式經濟（app economy）和其他所有產業一樣都依賴於全球化。這個適用於蘋果的情況，也適用於所有其他智慧型手機製造商。

蘋果聲稱，如果其競爭對手繼續取得廉價而豐富的全球勞動力，那麼他們就無法承擔將智慧型手機和電腦回流至美國生產的成本。的確這樣的說法是對的。但是如果因為美國對中國出口的電子產品徵收懲罰性關稅，導致整個產業被迫回流美國時，會發生什麼情況呢？一開始，企業可能會將產線轉移到其他低薪資國家，以逃避美國的關稅，就像他們在面對持續的美中貿易戰時已經在做的那樣。但如果關稅背後的目的是將產線帶回美國國內，那麼這些國家最終也將成為美國的目標。所以突然之間，美國勞工的競爭環境將會變得公平。如果智慧型手機製造商仍然堅持聘僱血汗工廠的勞動力，那麼廉價勞動力能提供的薪資優勢大部分都將被關稅所吞噬。但如果他們選擇在自己銷售的地方生產手機，那麼公司的薪資帳單就會飆升，智慧型手機或類似設備的價格也將一併飆升。而同時，用手機預訂計程車、房間或晚餐的人將會愈來愈少。

經濟的數位化並不能解釋全球化對西方薪資階級和中產階級所造成的影響。數位化只是全球化的另一種偽裝。新型數位科技之所以會顛覆傳統行業，正是因為它們用更低的價格向消費者提供了類似的服務。但最終能讓這些科技具有價格競爭力的原因還是廉價勞動力——那些因貿易規則而可以在世界上任何地方取得的勞動力。

第八章——決鬥中的巨人：中美貿易戰

數位革命之所以會發生，有很大的程度上要歸功於全球化供應鏈的萎縮。但並非只有身在電子產業裡的人才能從全球化得利。你只要問哈雷戴維森（Harley-Davidson）就知道了。

回到一九二〇年代，當時美國機車的最大銷售國之一是日本。雖然哈雷會出口到英國，但英國築起了關稅壁壘，保護一次世界大戰之後正在重建的企業。所以，美國人必須尋找別的國家來拓展他們的全球銷售市場。哈雷在美國的競爭對手印地安重機（Indian Motorcycle）在過去數年來持續販賣重型機車到日本，所以哈雷認為這是個明顯的發展機會。

這個計畫一開始發展得很好，但一九二九年股市崩盤後，日本市場便開始步向終點。日圓兌美元的匯率下跌，使哈雷對日本機車騎士來說變得太過昂貴。

這時一位英國企業家想出了解決此問題的方法，那就是在日本取得現地生產機車的執照。在阿弗雷德・柴爾德（Alfred Child）的斡旋下，哈雷戴維森與日本公司三共會社簽下合約，前者提供藍圖與科技，後者支付權利金。這些權利金幫助哈雷戴維森順利度過美國經濟大蕭條，當時他們在密爾沃基市的工廠只是其中以滿載產能運轉的工廠之一。而日本在一九三五年開始生產被稱做「陸王」的日本哈雷。

把時間快轉到一百年後，狀況看起來詭異地相似。在二〇一八年，由於川普就歐盟出口的鋁和鋼徵收關稅，歐盟報復性地提高了哈雷戴維森的關稅，從百分之六提高到百分之三十一。[1]歐盟做出此舉的同時，機車製造業正著眼亞洲市場。他們已經在印度設有工廠了﹝另一間工廠位於巴西的瑪瑙斯自由貿易區（Free Economic Zone of Manaus）﹞，並宣布要在泰國再設立一間。僱用外國勞工製造機車遠比美國勞力便宜得多。

但這時出現了一個引人注目的難題：他們和錢江機車公司的合作關係。該公司是吉利控股集團的子公司，而吉利控股集團在上一次的經濟衰退期過後向福特汽車買下了富豪汽車（Volvo），與戴姆勒公司（Daimler）在中國合資經營賓士汽車（Mercedes-Benz）。錢江公司的機車年產量是一百五十萬輛，約是哈雷的六倍，所以問題不在規模。兩間公司為亞洲市場共同開發了具有成本競爭優勢的較小型機車。[2]和經典款哈雷機車比起來，這輛三百三十八C.C.的「超小型哈雷」小得幾乎有些可笑，但它們的數量將會變得極多。哈雷預期國際年銷售量將會增加百分之五十。[3]

這樣的發展當然也有負面影響。增加國際銷售量與產量代表的是你將要刪減國內營運的支出。事實上哈雷如今正在這麼做。哈雷在美國的銷售量一直在穩定下滑，近日才關閉了密蘇里州的工廠。這就是為什麼狀況和一九三〇年代時很像。哈雷公司找到了利用全球市場賺錢的方法，但公司卻不再需要美國勞工的服務。加入了經濟合作暨發展組織的國家中，許多公司都因此從開發中國家進口商品，但這股吸引力同時也使得這些公司無法將商品出口到那些國家。

想當然耳，隨之而來的其中一個後果就是裁員。但從整體經濟的角度來看，出口潛力下降將會成為貿易逆差。換句話說，富有的國家進口的商品多於出口的商品，而這些國家的消耗性勞工（而非他們的老闆）則必須以失去工作作為代價。這種現象在美國是最顯而易見的。

美國貿易的計分卡顯得前所未有的糟糕。美國的貿易逆差不斷創下最糟紀錄，目前為止逆差最高的是和中國的雙邊貿易差額，二〇一八年的美中逆差高達四千億美元。[4]而且二〇一八年的狀況並非一次性事件，因為川普總統一直很渴望提醒選民此事。過去十多年來，美國和中國的每年貿易逆差平均超過三千億美元，總計以來是驚人的三兆美元。數次政黨執政輪替並沒有改變這種狀況，沒有人打算處理這件事。

這些政權多半會聽從那些握有權勢的經濟顧問所說的話。那些大師通常會告訴總統，貿易逆差不是華盛頓特區需要擔心的事——再說，白宮和國會事實上也無法處理。試圖修正貿易逆差只會使國家經濟狀況誤入歧途，因為造成逆差的其實是兩國之間差異極大的儲蓄率，再加上其他總體經濟上的原因。因此，美國不能用強加關稅等貿易行動來控制逆差。

顧問接著會說，貿易逆差反應的是中國家庭在拿到收入後儲蓄的錢太多，花掉的錢太少。如果中國家庭花掉的收入比例和美國的同水準家庭相當的話，他們的經濟結構將會吸引比今天更多的進口貨品，而中國對美國的巨大貿易順差也會因此下降。經濟顧問接著還會信心滿滿地預測，隨著時間推進，中國經濟將會出口得愈來愈少，消費得愈來愈多。在那之前，美國必須耐心等待。

從數學上來說，這種論點聽起來很可靠。存錢的人愈少，花錢的人就愈多——無論在中國或是全球任何國家，這個零和命題都能成立。而且中美兩國的儲蓄率差異的確很大，不容置喙。中國是全球儲蓄率最高的國家之一，大約落在百分之三十，美國在二〇一八年的儲蓄率是百分之八，大約是中國的四分之一。[5]

就算中國家庭真的把謹慎心態拋諸腦後，開始像個喝醉的水手一樣大肆揮霍，他們購買的也不一定是美製貨品。雖然美國的確可能會賣更多油或黃豆給中國，但中國家庭在儲蓄率下降後能購買的其他貨品或許再也不會是美國製造的了。而少數由美國製造的貨品依然必須面對極高的中國關稅。

經濟顧問也會提醒白宮，不要太過擔心失業，以及通常會隨失業而來的巨大貿易逆差。他們認為那些工作消失後，將會有附加價值更高的新工作取代。舉例來說，美國工程師不再組裝汽車或生產汽車組件，轉而開始設計未來的自動駕駛與電動車，從事此類具有高附加價值的工作。因此，正如大衛・李嘉圖在兩個世紀之前所假設的比較優勢理論，每個人都會變得更好。

歐巴馬總統基本上相信了那個經過謹慎三角測量的說法（布希總統與克林頓總統也不例外），但川普總統半點也不信。川普在過去數十年來一直認為中國在剝削美國公司與勞工——如今他終於處於能夠改變此狀況的位置了。他當然不會眼睜睜看著美國勞工繼續失去工作，呆站在原地等待中國的儲蓄率下降。他也不打算重新訓練那些被解僱的汽車製造業勞工（多數的教育程度不超過高中），讓他們成為工程師或程式設計師。他決心要幫住他們保住如今在生產線上的工作——也就是他們一直以來最適合的工作。他認為要做到這一點，最好的方法並不是拿這些人的飯碗當作賭注和世貿組織協商，使中國得以像是處理汽車進口一樣把關稅增加成美國的十倍。不，若想保住汽車業的工作，甚至保住全美國的工廠勞工的工作，最好的方法是用直接且強硬的態度，去找把這些工作奪走的國家談判。

海湖莊園的正午時分

二〇一七年四月，川普直接與中國進行了高層雙邊會談。他直接找上了最高領導人，和習近平主席談話。這個方法不但避開了世貿組織的官僚體系與其「以規則為基礎的貿易系統」，也讓川普有機會能展現他在曼哈頓地產開發商時磨練出來，而後又大肆宣傳的大師級談判技巧。在川普位於佛州棕櫚灘的豪華海湖莊園（Mar-a-Lago）中，兩個人一對一的討論要如何減少美國對中國的巨大貿易逆差。

雖然交易談判的實際細節必定很複雜，不過從原則上來說，降低貿易不平衡這個目標很直觀。回到最基礎的層面上來說，只有兩種方法能減少美國對中國的貿易逆差：一是中國增加他們向美國買的貨品量，二是美國減少他們向中國買的貨品量。川普向習近平提議了第一個方法，不過他也威脅若有需要使用第二個方法的話，他將會大幅提高對中國的關稅。

儘管貿易逆差的金額極高，但川普在金融方面對中國的不滿並不只逆差這一件事。正如過去其他數任美國總統，川普也提醒了習近平，中國正在從美國公司偷取價值數十億美元的智慧財產，沒過多久就出現了仿製哈雷戴維森的亞洲工廠。根據川普總統下令執行，並由美國貿易代表萊特希澤執行的七個月研究指出，中國公司每年都偷取了兩千五百億至六千億美元的美國智慧財產——若以較高的預估金額來看，遠比每年的貿易逆差還要更多。[6]不過，川普和歷任美國總統不同，他已經準備好要採取行動了。他解決這個問題的方法，是協商新的中美貿易協定。

雖然多數美國企業，尤其是那些與中國供應鏈綁在一起的企業，都反對增加中國商品進口關稅，但幾乎所有企業都支持川普制止中國公司竊取他們的科技。任何外國公司想要進入中國這個世界第二大經濟體時，都必須符合中國政府制訂的極嚴格條件，正是這些規定使中國公司得以竊取科技。事實上，這是中國政府管理國家經濟的特徵之一。中國的規定迫使外國公司必須和中國合夥人進行合資，並把科技無償轉移給中國合夥人。對外國公司來說，這已經變成他們在中國做生意時必須付出的代價。本質上來說，中國公司可以在兩個方面運用低薪這個籌碼——其一是藉此奪走消耗性勞工的工作，其二是奪走西方公司的科技。正如要減少貿易逆差，川普也誓言要制止這個偷取智慧財產的竊賊。

開戰

姑且不論這兩位領導人立刻表現出來的微妙互動，川普和習近平並沒有就新貿易協定達成共識。川普言行如一，在二〇一七至二〇一八年下達最後通牒並簽署了一連串行政命令，在中國出口至美國的商品中，對價值兩千五百億美元的部分商品收取關稅——大約是中國每年出口至美國的一半商品。價值五百億美元的中國科技產品——包括航太產品、汽車、通訊商品和自動機械——都被收取百分之二十五的極高關稅。其他價值兩千億美元的中國進口貨品則被收取了百分之十的關稅。

川普開出的第一砲是美國對亞洲敵對國家採取過規模最大的貿易措施。事實上，這是美國有史以來採取過規模最大的貿易措施，僅次於一九三〇年的《斯姆特－霍利關稅法案》。川普總統威脅說，如果第一階段的關稅調整無法帶來讓人滿意的新貿易協定的話，未來他還會有更進一步的行動。他把目標放在中國進口的另外兩千六百七十億美元貨品，基本上等於是對中國賣進美國市場的所有東西課徵關稅，接著他說他將會把先前課徵的關稅再增加一倍。[7]

中國當然不會傻站在原地，毫不反擊地接受這些關稅。中國的回應是對美國出口的一千一百億美元貨品課徵關稅。中國進一步說明他們還會採取其他「實質性的」手段對付美國產品。[8]在中國這種非市場經濟的國家中，政府掌控極高的經濟權力，所謂的實質性手段包括禁止中國消費者或企業從特定國家購買特定貨品。你不能販賣沒人要買的貨品。

就連自命不凡的川普政權也無法做出比北京當局更強硬的回應。在機車產業代表哈雷戴維森說他們將要把生產流程轉移到海外，避開歐盟的報復性關稅後，唐納・川普在推特發文說美國人應該要抵制哈雷戴維森，而美國有線電視新聞網（Cable News Network，簡稱CNN）對川普的回應是推廣哈雷機車。[9]但當習近平主席使用政府控制的網路告訴中國消費者和企業，不要購買特定產品——例如美國黃豆——時，中國人紛紛照做，美國種植黃豆的農民在一夜之間失去了最大的客戶。

美國預定要在二〇一九年實施近似《斯姆特－霍利關稅法案》的升級貿易戰，於是兩位總統決定在二〇一八年於阿根廷舉辦的二十國集團高峰會期間私下共進晚餐。他們在晚餐時達成協議要暫時休戰。川普同意把提高美國關稅（至百分之二十五）的時間往後延，也會延後他對中國出口的其他兩千六百七十億美元貨品課稅的計畫。不過，在他們協商出新的貿易協定之前，川普會繼續維持原本對中國出口的兩千億美元貨品課徵的百分之十關稅，以及對另外五百億美元的高科技貨品課徵的百分之二十五關稅。習近平回覆說，中國會重新開始購買美國的黃豆與油。此外，他還答應會取消中國對美製車輛額外課徵的百分之二十五關稅。[10]

並不是所有美國企業都樂見川普向中國發動貿易戰的決心。對許多公司而言，中國不只是他們在全球供應鏈中的低成本零件來源，也是非常重要的商品終端市場。

以美國中西部種植黃豆的農民為例，他們在突然之間失去了世界上最大的黃豆市場——而黃豆又是美國價值最高的農業出口商品之一。一般而言，中國市場中三分之一的黃豆都是向美國農民購買的。二〇一七年，美國黃豆農民賣了價值超過一百二十億美元的穀物到中國。但在美國開始課徵新關稅後，北京當局把報復目標放在美國黃豆上，使得中國在二〇一八年十一月購買的黃豆數量下跌至零。由於賣不出去的黃豆存量不斷累積，導致美國的黃豆價格驟跌，隨之下跌的還有美國農民的收入（美國提供了一百五十億美元的聯邦補助款補助黃豆農民，減緩了這波衝擊——川普宣稱這些錢來自美國向中國進口貨品課徵的新關稅）。

儘管如此，川普總統依然堅持中國與美國之間的貿易流量太過不平衡，美國絕不能打輸這場關稅戰。長遠來看，他說的沒錯。在二〇一八年，中國出口到美國的貨品（五千〇六十億美元）是美國出口到中國的貨品（一千兩百〇三億美元）的四倍。[11]因此，如果兩國展開以牙還牙的關稅戰爭，在中國把能夠報復性增加關稅的商品都用盡時，美國依然有許多中國出口商品可以施加關稅。如果關稅最後實在太高，導致世界兩大經濟體要完全阻斷雙邊貿易的話，中國的國際收支逆差有可能會超過四千億美元。除此之外，停止出口對中國造成的影響將會遠大於美國，因為中國出口貨品在中國GDP所占的比例是美國出口貨品占美國GDP的兩倍。[12]

從目前的狀況看來，川普說「美國正在贏下這場貿易戰」似乎是對的。只要比較兩國在貿易戰開打後的所作所為就能知道了。美國的失業率達到了半世紀以來最低的數字，聯邦準備理事會不顧川普的不滿，在二〇一八年間為了抑制經濟成長將利率調升了四次，到了二〇一九年川普直接下令降息。而在太平洋的另一端，中國在二〇一九年的經濟成長下跌至二十九年來的新低，疲軟的出口業正是罪魁禍首。根據中國國家統計局指出，中國經濟將會持續面臨下行壓力，許多人認為中國的經濟成長率遠低於政府規定的最低年成長率百分之六。[13]

前一年的低成長率使中國人民銀行（中國央行）在一年內五度下調銀行的存款準備金金額，釋出一千一百六十億美元的新貸款資金，希望能推動疲軟的經濟成長。但在這些政策的推動下，中國消費者依然不斷縮減支出。二〇一八年，全球最大的汽車銷售市場在過去將近二十年以來首次出現下跌，手機市場也出現了同樣狀況。由於美國關稅措施大幅刪減了貿易量，以二〇一九年前四個月的統計數字看來，中國出口至美國的貨品量與上一年相比下跌了百分之九點七。[14]

根據彭博經濟研究的估算，中國出口至美國的數千種貨品從二〇一八年七月開始受到關稅衝擊，在二〇一九年第一季的出口量與上一年相比下跌了百分之二十六。[15]隨著愈來愈多公司把製造廠移出中國，中國有許多進口貨品都被臺灣、南韓和越南的進口貨品取代。

提高賭注

部分經濟市場並不樂見全球最大的兩個經濟體進行貿易戰，破壞全球供應鏈有可能會威脅到世界各地跨國公司的銷售量和利潤。更糟的是，中國經濟發展的減緩有可能是全球經濟的隱憂，原因在於過去十年來中國單槍匹馬地帶來了三分之一的全球GDP成長。[16]

二〇一九年初，許多市場都期望一個廣為流傳的謠言能成真：謠言稱中國提議若美國願意降低關稅，他們將會在未來五年內額外購買一兆三千五百億美元的美國貨品。撇開其他層面不談，光是這個交換條件本身就能大幅減少美國對中國的交易逆差，畢竟這個金額約是過去五年內中國從美國進口貨品金額的三倍。謠傳這個新貿易協定中的商品甚至包含了美國原油、液化天然氣、農產品和汽車。

但在二〇一九年五月，據稱由於中國違反了先前協商過程中答應華盛頓的承諾，導致此協定破裂。川普總統立刻以擴大貿易戰作為回應：先前他已經對中國進口的兩千億美元貨物課徵了百分之十的關稅，二〇一九年五月他把關稅加倍，增加到嚴重影響貿易的百分之二十五。[17]此外，他威脅要把把關稅擴及到其他價值三千億美元的中國貨品，也就是對中國出口到美國的所有貨品都課徵百分之二十五的關稅。

中國立刻以提高關稅作為反擊，同樣對美國進口的六百億美元貨品課徵百分之二十五的關稅。但到了這個時候，在美國進口至中國的一千兩百億貨品中，已經有一千一百億貨品被課徵了關稅，未來中國將失去反擊空間。另一方面，川普政權則還有價值三千億美元的中國貨品可以課徵關稅，而川普總統說，若兩國不簽署新貿易協定，他勢必會對這些貨品課稅。

二〇一九年六月，川普總統再次和習近平主席在日本大阪二十國集團高峰會私下會面。正如他們在阿根廷的那次會面，兩位領導人在見過面後宣布暫時休止正不斷升溫的貿易戰，恢復貿易談判。川普總統暫時解除了他對谷歌等美國公司的華為禁令，但維持他禁止中國科技巨頭提供5G設備給美國電信公司的禁令。這一次中國同樣沒有提出有意義的貿易讓步。

二〇一九年八月，由於重啟的貿易協商幾乎毫無進展，川普宣布要在二〇一九年末對中國出口到美國的其餘三千億美元貨品課徵關稅，換句話說，所有進入美國市場的中國出口貨品都會被課稅。九月時，川普政權對價值一千兩百五十億美元的中國貨品課徵百分之十五關稅，其中包括鞋靴、飾品與蘋果手錶，並宣布他們計畫要在十月中對另外一千六百億的商品課徵同樣關稅，包括了筆記型電腦和手機。

面對川普的攻擊，中國政權除了提高他們對美國農產品的關稅之外，還刻意允許人民幣兌美元跌破七比一的心理防線，達到十一年來的新低點。較低的人民幣匯率能降低美國市場中的中國出口貨品價格，藉此減緩川普新實施的關稅規定帶來的衝擊。

但這麼做也使中國經濟付出了代價。首先，人民幣不只對美元貶值——中國使人民幣對美元的匯率下降時，人民幣對日圓、英鎊、歐元和多數其他貨幣的匯率也會下降。這將使所有進口貨品的價格上升，對於中國那些向來以喜愛歐洲奢侈品聞名的富有消費者來說，這可不是什麼好消息。照理來說，匯率貶值應該會對製造業有幫助，但事實上卻是好壞參半，因為他們使用的進口原物料價格也跟著上升了。此外，匯率貶值也會導致更多非法資本外流，這是因為中國的有錢人不想把財產放在國內穩定貶值，他們想要把錢存放到海外。最後，貶值政策也破壞了北京當局過去謹慎進行的計畫：把人民幣培植成足以在世界金融市場與美元競爭的國際貨幣。

美國原本計畫要在二〇一九年十二月十五日對中國製造的智慧型手機、筆記型電腦、玩具和衣服課徵百分之二十五的關稅，但在美國即將執行此計畫之前，兩國之間宣布達成了第一階段貿易協定，這至少讓兩國之間不斷升級的貿易戰暫時停火了。[18]中國同意要在未來兩年額外從美國進口兩千億美元以上的貨品。聽到這個消息，各國市場（尤其是科技股）一片歡欣鼓舞，但兩國並沒有訂出時間表指出何時要協商更全面的第二階段協議。與此同時，價值兩千五百億美元的中國進口貨品依然要被課徵百分之二十五的美國關稅，而另外一千兩百億美元的中國進口貨品則會被課徵較少的百分七點五關稅。兩國之間的實際貿易差額不再只由市場推動，關稅與未來的雙邊貿易協定也會造成影響，促使中國購買美製貨品與服務，並將世貿組織的規章置之度外。由於美國即將在二〇二〇年進行大選，相關預測都認為中國將會延後與美國的重大貿易協定，因為不久後中國就不用再和唐納．川普交涉了。北京當局採取拖延戰術也是情理之中，畢竟過去從沒有任何美國總統像川普一樣用這麼激烈的態度挑戰中國對美國的經濟關係。

但拖延也是有風險的。其中一個最大的風險，是川普就像同樣面對彈劾的比爾．柯林頓一樣，有可能再次獲選總統。但就算他沒有選上，他所發動的關稅戰爭也已經替繼任總統改變了整個遊戲規則。川普用了三年的時間加劇美中之間的貿易摩擦，因此包括在二〇一六年投票反對川普的人在內，多數美國人都已經意識到在兩國貿易中，中國是獲利較多的一方，而中美之間的貿易必須要變得更平衡。

除了美國選民改變觀點之外，更重要的是企業期望已經出現了改變，至少在全球交易系統中是如此。新關稅維持得愈久，就愈有可能會變成這兩個世界最大的經濟體在雙邊貿易關係中的新常態。全球供應鏈中的有愈來愈多公司認知到他們必須適應正迅速改變的全球貿易環境。雖然一開始多數國家都把美中貿易戰視為短期的偏差事件，但如今愈來愈少國家認為中美雙邊貿易會在世貿組織的看顧下回到川普時期之前的狀態。他們預計如今的關稅——或者未來變得更高的關稅——將會成為新常態。這些國家的因應措施是縮短供應鏈，確保自己位於區域化貿易區塊中，藉此避免遇上不斷上升的關稅壁壘。這也就代表了製造業移出中國。

追溯雷根的星戰計畫

從許多方面來看，川普總統向中國發動這場全面貿易戰的決定都讓人聯想到在蘇聯依然是美國主要對手的一九八〇年代，雷根向蘇聯發動了軍備競賽（或許川普其實是受到雷根的啟發）。[19]雷根的戰略防禦計畫（Strategic Defense Initiative）在當時常被稱作星戰計畫，該計畫正如川普利用關稅對付中國一樣，針對蘇聯發動了經濟戰。

事實上，一九八〇年代還沒有發展出星戰計畫系統所需要的技術（至今也還沒有此技術），但該計畫對蘇聯施加了巨大壓力，使他們在經濟狀況已嚴重停滯時不斷耗費龐大資金發展軍備。此計畫在五年內推動了蘇聯的經濟崩盤，使蘇聯解體。

習近平主席並沒有像米哈伊爾·戈巴契夫（Mikhail Gorbachev）一樣，在錯誤的時間點進行自由主義改革，使經濟危機加劇，最後導致偉大的蘇維埃王國在一夕之間解體。俄國突然解除了國家對經濟的控制，因而在一九九一年至一九九八年失去了將近百分之三十的ＧＤＰ，隨之而來的便是蘇聯瓦解。[20]如今俄國人對戈巴契夫的滿意度遠低於約瑟夫·史達林（Joseph Stalin）。[21]但我很確定習近平腦海中也曾想過這兩者之間的關聯，中央政治局的其他成員就更不用說了。

如果軍備支出和經濟之間的關聯令你覺得難以置信，那麼我們可以回過頭來檢視一九五二年的美國。

第九章——關稅人

美國的鋼製造業曾在美國製造產業的蓬勃發展之下於全球市場中稱霸，這件事距今其實沒那麼久遠。在一九五〇年代，美國煉鋼廠製造的鋼占了世界總額的一半。歐洲與亞洲當時正在重建經過二次大戰摧殘的國土，城市與快速道路四處蔓延，經濟蓬勃發展。

此外，北韓襲擊了南邊的鄰居，逐漸擴大國際共產黨的擴張範圍，將美國、加拿大與大不列顛引入戰場，中國很快就會加入其中。和平需要許多鋼，但發動戰爭需要更多鋼，於是美國煉鋼廠提高了生產量。但對美國政府來說，並不是隨手轉轉鋼產量的旋鈕，就能控制全國的鼓風爐開始大量運作。鋼的花費愈多，通膨也就愈急遽上升，因此政府插手控制了鋼價。各家製鋼公司已經賺進了破紀錄的利潤，他們反對杜魯門政府提出的價格控制與配額控制。隨著愈來愈多鋼備用於軍備製造，他們能賣給高利潤的民生製造業的鋼就愈來愈少。

而工會則反對在產業中實施的「反通貨膨脹的薪水控制」，他們的雇主宣稱，如果產品的價格受到政府控制的話，煉鋼廠必須保持償債能力，因此必須控制薪水。最後製鋼業勞工、煉鋼公司與政府這三方僵持不下數個月，致使戰爭融資與國家經濟面臨崩潰邊緣。

一九五二年四月，彈藥供應量低到杜魯門意識到，只要短暫罷工就會破壞韓國的力量平衡，使經濟狀況陷入停滯，甚至中止核子武器計畫。因此，當四月三日的談判失敗，工會宣布他們會在隔天罷工後，杜魯門毫不遲疑地採取行動。他發布了第一〇三四〇號行政命令，以國家安全為由將整個製鋼產業收歸國有。

二十七分鐘後，製鋼產業的律師們申請了限制令。美國鋼鐵公司（U.S. Steel）與其他美國製鋼公司面對的是兩個選擇，一是把主權交到政府手上，二是應付罷工，他們冒著風險選擇了美國鋼鐵工人聯合會，在法庭反對杜魯門的國家命令。隔天早上，美國各地的報紙都出現了捍衛製鋼公司的滿版報紙廣告。杜魯門被拿來和希特勒做比較，開始有人呼籲要彈劾他，並提出議案要藉由拒絕撥款來制止他奪取鋼製公司。但是最後終結了國有化可能性的是法院。在數週的討論後，最高法院決議憲法賦予總統的權力並不允許他將煉鐵廠國有化。政府在當天把煉鐵廠交還給企業，而製鋼業勞工在日落之前再次罷工。這些公司已經展現過他們的實力了，現在輪到工會了。

製造業在兩天後開始裁員，又過兩天後，消費商品需要使用的鋼製品陷入短缺。兩週後，製造戰車、卡車、火箭與砲彈的工廠紛紛關閉或縮短營運時間。汽車工業在沒多久後關閉。部分工會會員為了讓重要企業能繼續運作而回到工作崗位。儲備物資逐漸減少，最後半點不剩。五十萬名勞工被裁員，貨運火車閒置在原地，農產品則因為原本用來製作罐裝蔬果的鋼鐵被拿去做更緊急的用途而逐漸腐爛（事實上錫罐只占了百分之一至二的錫產量）。

為了打破僵局，杜魯門準備要再次將鋼鐵產業國有化，這次他用的是選擇服役法案（Selective Services Act）的第十八項。雖然這一次他在法理上站得住腳，但這個舉動卻受到了兩極的評論。煉鋼廠將會收歸政府所有，接著為了保持煉鋼廠的營運，鋼業勞工將會被徵召入伍。杜魯門闡明了自己的想法，找了代表鋼業勞工的協商者與工會成員進入白宮的一間房間，告訴他們協商成功之前別走出這裡。雖然這場危機拖延了一年多，但協議卻在數小時內就談好了。

最後，工會幾乎達到了他們奮鬥的所有目標。但罷工對經濟影響甚鉅。那些熔爐又過了數週才重新燃起火焰，開始運作，運送出新的鋼製品。此時失業人數已達到一百五十萬人，損失金額超過四十億美元（價值大約是如今的三百八十億美元）。杜魯門說鋼鐵產業對國家來說至關重要，事實證明他沒有說錯。[1]

希望鋼業勞工當時有好好享受勝利的滋味——因為他們的好景不常。美國鋼業在一九七三年達到高峰（大概是在開發中國家的實際薪資逐漸穩定的時候）。從那時開始，鋼業勞工的人數就變得愈來愈少。在一九五〇年代，約有六十五萬名鋼業勞工。根據美國鋼鐵學會的資料，如今鋼業勞工剩下十四萬人。鋼業與鋁業就像美國的其他製造業一樣，自從廉價進口產品取代了國內生產產品之後，產業規模就出現穩定下降，曾是高薪工作的美國藍領工作也隨之減少。[2]

如果你想了解美國製造業衰退的最典型範例，製鋼產業絕對位於（冗長的）衰退清單之首。美國曾是全世界最大的鋼製品產國，如今變成了最大的鋼製品進口國，進口的產品幾乎是生產量的四倍。與此同時，中國的製鋼產業只花了十年，就把他們在一九八一年只是美國煉鋼廠零頭的產量，增加到與美國相同。從那時候開始，中國的鋼產量成長了百分之八百。中國如今是遙遙領先其他國家的製鋼大國，產量占了全世界的一半。中國一個月的鋼生產量是美國一年的鋼生產量。[3]

美國鋼業或許已經衰退數十年了，但全世界的製鋼產業並沒有忽略美國的貢獻。根據全球產業的推估，製鋼產業的全球產量大約比需求量高出了百分之二十到二十五。當全球產量比全球市場的需求還要高出太多時，主要的製鋼業者開始試著把他們的產品傾銷到外國的市場中。中國的鋼產量是超出最多的，因此也最常被指責把鋼製品賣到國外。「傾銷」是商業用語，指的是把商品賣到國外時的價格低於國內價格。在某些案例中，出口市場的價格不但比國內價格低，甚至比**成本**還要低。正常來說，這麼做會使企業倒閉。但若你像許多中國製鋼業者一樣得到了國家補貼，你可以用低於成本的價格販賣產品，使收支正好能維持工廠繼續生產更多鋼製品。

美國的製鋁產業也沒有比鋼業好上太多。十年前國內運轉的製鋁熔爐數量超過二十三座以上。如今只剩下五座。美國的國內鋁產量下降到三分之一，而經濟製造業使用的鋁中，約有九成來自進口。[4]這使得美國的鋁業勞工從十年前的四萬人變成了如今的兩萬八千人。

不意外的，中國的鋁品產量也是遙遙領先的世界第一，和鋼製品產量一樣大約占了世界產量的一半。中國的鋁品大多都有國家補助，產量大幅成長的同時，也使鋁產量暴增，導致全球價格下跌。這對沒有獲得國家補助的美國產業與消耗性勞工造成了致命的影響，這些勞工正是鋁的價格下跌時最先受到衝擊的人。

第二三二條款：川普的祕密武器

一九六二年，早期全球主義支持者克拉倫斯．狄龍小心翼翼雕琢出了《貿易擴張法案》，如今我們只要把此法案的複本上面的灰塵拍乾淨，就能找到埋藏其中的第二三二條款——這是一條晦澀難解的條款，裡面以國家安全作為理由允許關稅或其他形式貿易保護。在第二三二條款的規定下，如果特定產業的進口滲透程度達到了一定標準，使政府判定威脅到國家安全時，總統有裁量權可以課徵他認為適當的關稅。二〇一八年三月十八日，川普總統運用第二三二條款賦予他的總統權力，簽署了兩條行政命令，對所有進口鋼品課徵百分之二十五的關稅，所有進口鋁品課徵百分之十的關稅。[5]

川普不是第一個制訂鋼品關稅或配額的總統，但他或許不會是最後一個。一九六八年，美國強迫日本與歐洲的製鋼業者簽署自願限制協定，限制他們在未來三年運送至美國的鋼品。尼克森總統在一九七〇年代曾對鋼品課稅，二〇〇二年小布希也曾這麼做。事實上，身為自由貿易支持者的歐巴馬總統是近代唯一一個沒有為製鋼產業提供任何貿易保護措施的總統。許多製鋼產業都位於民主黨與共和黨垂涎三尺的搖擺州賓州。

不過川普是第一任自稱為「關稅人」（Tariff Man）的美國總統。過去絕對沒有任何一位美國總統會自封這種稱號，至少戰後時期以來是如此。也少有經濟學家支持這種稱號。換句話說，這無疑是他親自付諸努力才獲得的稱號。在二〇一八年十月至二〇一九年三月之間，關稅收入大漲了百分之九十，這是因為川普政權宣布的貿易措施額外帶來了近兩百四十億美元的關稅收入。[6]而中國的進口商品絕不是唯一的目標。當川普把手伸進百寶袋，找出了祕密武器來保護受困的製鋼產業與製鋁產業的美國勞工時，歐盟和美國的北美自貿協定盟友加拿大與墨西哥很快就痛苦地意識到，美國關稅目標並不只是中國進口的貨品而已。

有鑑於目前鋼產量和鋁產量最大的國家是中國，你可能會自然而然地認為，在美國對鋼品課徵百分之二十五的關稅，並對鋁品課徵百分之十的關稅之後，中國會是最大的目標。但事實並非如此。雖然白宮時常指控中國把金屬原料與相關製品傾銷到美國，但根據二〇一七年的數據顯示，中國只占了美國進口鋼品的百分之二，進口鋁品的百分之八。儘管川普政權指出，中國透過其他國家轉口貿易金屬，但依照美國商業部的調查來看，他們無法判定有多少中國鋼品與鋁品是轉口進入美國市場的。實際上絕大部分的鋼和鋁都是從其他國家進口的。

最大輸家不是中國，而是加拿大

只要追查多數美國鋼品以及鋁品（特別是鋁品）的來源，我們很快就會發現一件奇妙的事：這些關稅的真正目標是位於美國北方的友好鄰居——次要目標額是位於歐盟的盟友。換句話說，這是美國對上朋友和戰略同盟的貿易戰，而非美國對上其政治敵手與世界強權競爭對手的貿易戰，如此看來，用國家安全作為制訂關稅的理由似乎有點不太對勁。

雖然美國的關稅政策沒有直指加拿大，但加拿大其實在美國市場中是這兩種金屬的最大供應商，所以加拿大出口商品受到的影響幾乎可以說是最嚴重的。在二〇一七年，加拿大運送了價值五十一億美元的鋼品到美國，占了美國進口鋼品的六分之一。加拿大的鋁在美國的鋁品市場中占了更大的比例。在二〇一七年，加拿大運送了價值七十四億美元的鋁，超過了美國進口鋁品的三分之一，也超過了加拿大八成的鋁總產量。魁北克省和卑詩省都幸運地擁有豐富又廉價的水力發電，許多像他們這樣的加拿大省分都打造了支撐起美國市場的大型鋁製品工業。由於美國與加拿大距離近、運輸費用低，因此在與全球其他各國競爭美國市場時，加拿大具有顯著的優勢。

在美國進口鋼品方面，跟在加拿大之後的便是巴西、南韓、墨西哥和俄國。歐盟也是主要供應者之一，德國、法國和義大利的製鋼產業都非常興盛。鋼品與鋁品的關稅對美國的北美自貿協定盟友墨西哥造成了顯著衝擊，但若拿來和加拿大受到的影響相比，墨西哥立刻黯然失色。墨西哥出口到美國市場的鋼品價值二十五億美元（約為加拿大的一半），鋁品則價值五億（不到加拿大出口的十分之一）。

一開始，加拿大和墨西哥獲得了鋼品與鋁品關稅的豁免權，當時兩國正在和川普政權重新協商北美自貿協定。但當這兩國拒絕了華盛頓特區提出的條件後，美國在二〇一八年七月一日開始對加拿大與墨西哥課徵關稅。這使得美國鋼業勞工陷入了艱難的處境。

加拿大送到美國的除了超過半數的鋼品之外，還有當時美國鋼鐵工人聯合會的主席雷歐・傑拉德（Leo Gerard），此工會的成員遍及美加兩國。傑拉德代表的是美國與加拿大的製鋼業勞工，因此這次的關稅措施使他陷入了為難的處境。雖然傑拉德稱許川普為了保護美國鋼業而採取行動，但他同時也希望能讓加拿大在美國新實施的鋼品關稅中獲得豁免權，他說那些傾銷到美國的廉價鋼品並非源自加拿大，而且加拿大鋼業與美國鋼業之間的整合程度極高，彼此已經是互相依存的狀態了。不過白宮對他的請願置若罔聞，政府尋求的是使他國為了降低關稅而提供貿易減讓。在談及加拿大時尤其如此，畢竟加拿大出口到美國市場的鋼與鋁比全球的其他國家都還要多。

因此我們也能理解，在美國的所有貿易伙伴都在怒斥川普的行為是顯而易見的保護主義時，沒有任何一個國家比加拿大更憤怒。加拿大是損失最多的國家，他們的貿易官員認為鋁和鋼都在北美自貿協定的規定之內，因此他們應該獲得關稅豁免。但是在美國總統的敦促下，美國貿易談判代表萊特希澤堅持不同意。他說鋁和鋼的關稅是獨立的議題，就算他們將來成功重新協商北美自貿協定，也會另外用獨立的另類產業協議來處理鋁和鋼的問題——正如華盛頓和渥太華為軟木簽訂的獨立協議。唯有如此，華盛頓才會鬆綁他們對加拿大鋼品與鋁品進口課徵的關稅。

最讓加拿大政府惱怒的是美國用「國家安全」來合理化他們對加拿大鋼品和鋁品課徵的關稅。加拿大的代表說，加拿大和美國彼此信任，是北美航空司令部（North American Aerospace Defense Command）中關係穩固的盟友，也是親近的好鄰居。白宮用國家安全威脅當作理由實在令人無法採信。

加拿大的說法的確有道理，但卻是錯的道理。杜魯門總統在一九五〇年代將鋼業國有化時，他有理由相信過久的鋼業勞工罷工會造成實際的國家安全威脅，在美韓衝突的高峰時期削弱戰爭融資。不過這一次川普及其政權內部的人都不認為加拿大的鋼品和鋁品——或者是從歐盟進口的貨品——會對國家全造成真正的威脅。川普政權想保護的並不是國家安全。而是美國鋼業與鋁業的勞工。在加拿大政府捏造出正義的怒火與憤慨時，談判桌上的每個人其實都很清楚事實是怎麼回事。

萊特希澤和川普政權真正在追求的，是藉由他們對進口鋼品與鋁品徵收的關稅作為籌碼，和他國協商配額協議，決定主要供應者能出口多少鋼品與鋁品到美國市場來。美國的舉動逆轉了世界貿易規則，重新回到了各國依賴絕對配額而非關稅來限制有多少進口商品進入市場的年代。

在過去數十年間，世貿組織（與其前身關貿總協定）一直在努力使各國不再使用貿易配額來限制進口商品滲透進市場。起初，世界貿易體追求的是配額的「關稅化」——也就是將明確規範進口額度上限的配額轉變成等量的關稅，讓市場力量有更大的控制權能決定真正的進口額度。如今在川普執政下，關稅取代了底線踩得很硬的他國進口貨品配額。如果原本用關稅取代配額會使進口商品較容易取代國內工作，那麼之後用配額取代關稅，應該就能把這些工作帶回來。

新實施的美國關稅使南韓立刻同意限制出口到美國的鋼品與鋁品的配額，謠傳這個配額是原本的三分之一。作為交換，南韓的製造廠可以獲得豁免，無須支付第二三二條款的關稅。阿根廷、澳洲和巴西也同意了出口配額，因而獲得了美國關稅的豁免權。

然而，並不是每個國家都願意投降。一開始，憤憤不平的加拿大和墨西哥宣布在美國依然對鋼品與鋁品徵收關稅的狀況下，他們是不會簽署新貿易協定的。兩國後來重新考慮了他們的態度，簽署了新協定，不過他們兩國都說除非關稅下調，否則他們不會認可這項協定。除加拿大和墨西哥外，歐盟也不同意限制他們出口到美國的鋼品與鋁品。

由於所有被美國關稅衝擊的國家都對美國具有較高的產業貿易順差，因此他們不能以施加報復性關稅作為回應。進入這些國家市場的美國鋼品或鋁品數量不足，就算施加關稅也無法補償美國關稅對他們的金屬出口品造成的影響。因此，他們對各種類型的其他美國進口品也徵收關稅，如此才能讓報復性關稅抵銷美國關稅造成的衝擊。

以歐盟為例，他們對多種美國貨品課徵關稅，從波本酒、機車到農產品等，這些美國出口品的總價值超過三十二億美元。而加拿大不但對鋼品與鋁品的進口貨品徵收報復性關稅，也對其他七十一類的工業品與消費品收稅，共有約一百六十億美元的美國出口品被課稅。墨西哥則對美國的農產品與其他出口品徵收關稅。

根據報導指出，為了獲得美國關稅豁免權，加拿大和墨西哥基本上都準備好要接受額度限制了，不過他們願意這麼做的前提是額度限制能讓他們出口的貨品高於如今的出口量。到了最後，他們的倔強態度獲得了回報。在關稅制度實施將近一年後，川普開始擴大對中國的貿易戰，華盛頓特區決定結束加拿大和墨西哥的僵局，在二〇一九年五月同意下調對這兩個國家徵收的關稅。[7]

渥太華與墨西哥市都歡天喜地，而加拿大政府與墨西哥政府也很自豪他們沒有向川普的配額要求妥協。但事實上這兩國政府並沒有如他們宣稱的那樣獲得決定性勝利。雖然他們無須像南韓與巴西等其他國家一樣在和美國交易時遵守數字明確的配額限制，但新協議遠遠沒有讓美國、加拿大和墨西哥之間恢復原本自由且不受管理的鋁品與鋼品貿易流動。

新協議中有一扇「暗門」。只要加拿大或墨西哥的出口品數量出現急遽上升，美國就有權可以重新開始徵收關稅。而負責決定何謂急遽上升的則是反覆無常的川普政權。雖然加拿大和墨西哥可以在美國重新徵收關稅時進行反擊，但協議特別指明如今狀況就和以前不同了，他們只能針對美國的鋼品或鋁品課徵報復性關稅，不能像之前一樣對各種其他商品課稅。這個協定的問題在於，這種以牙還牙的報復只有在雙方能徵收關稅的商品價值相等時才有效，而中國早就已經發現這一點了。

美國與歐盟的戰爭前線

美國對加拿大與墨西哥的鋼品與鋁品所徵收的關稅下降，因此北美的貿易戰停了火，至少暫時如此。但橫越大西洋的貿易戰還在繼續升溫。歐盟不但依然要承受鋼品與鋁品被課徵關稅造成的衝擊，川普還威脅要對來自歐盟的八十億美元進口貨品徵收百分之一百的關稅——美國宣稱這個數字正好符合歐盟補貼給他們的飛機製造商空中巴士（Airbus）的補助金額。[8]二〇一九年四月，美國貿易代表萊特希澤指出歐盟有價值七十億美元的進口貨品可以徵關稅，他們將會在不久後的七月再課徵其他四十億貨品的關稅。

值得注意的是，這場貿易論戰早在川普上任前就開始了。華盛頓特區和歐盟在過去十五年來都因為航空製造業的補貼而糾紛不斷，雙方都聲稱另一方違反了貿易協定，大量補貼航空製造業——受補貼的是全世界最大的兩家航空製造公司，波音和空中巴士。

雖然美國已經對鋼品和鋁品徵收關稅了，但白宮的火砲瞄準鏡中還潛伏著另一個更大的目標。美國商務部在總統的要求下進行研究，發現進口車輛的數量已經多到威脅國家安全，可以使用《貿易擴張法案》的第二三二條款。川普總統威脅要對歐盟與亞洲的進口車徵收百分之二十五的關稅——這是原本稅率的十倍。[9]二〇一九年五月，川普決定把此關稅措施延後一百八十天，希望能從合作夥伴那裡贏得有利的貿易協定。根據預測，他將會把此關稅措施再往後延六個月，以期能使美國本土的外國車製造商獲得更高額的投資。

是誰在支付關稅？又是誰從中獲利？

毫無疑問的，關稅為美國國庫浥注了數十億美元的收入。但真正的問題在於，是誰付了這些錢。技術上來說，應該是美國註冊公司把商品進口到美國時，為美國消費者支付了關稅。這一點很好懂，但問題在於，最終真正付出經濟成本的對象是誰並沒有那麼黑白分明的答案。

美國企業不喜歡川普的關稅，因為關稅威脅到了他們的利潤供給鏈。公司一直以來都在公開抵制關稅，他們說最後被迫支付高額代價的會是消費者——而不是中國或其他外國出口商。舉例來說，耐吉和其他一百多間製鞋公司都提出警告，他們說關稅將會使美國人每年多支付高達七十億美元的購鞋費用。美國最大的零售商沃爾瑪也發出同樣警告，表示商品的價格將會提高。甚至有人說鋁品關稅很快就會使美國人要花更多錢購買罐裝啤酒。重型工業設備製造商卡特彼勒（Caterpillar）和牽引機公司強鹿（John Deere）都指出，他們將會因為關稅而增加一億美元的年支出，這將迫使他們大幅提高商品價格。從支持自由貿易的彼得森國際經濟研究所（Peterson Institute for International Economics）一直到紐約聯邦準備理事會紛紛發表各種研究，推估消費者將會因為關稅而被迫多支付數十億美元。

他們沒有告訴你的是：如果每個人都把商品價格調高的話，為什麼沒有反應在通貨膨脹上呢？並不是因為關稅造成的價格提升沒有足夠的時間反應在通貨膨脹上。中國的關稅是在二〇一八年實施的。針對鋼品與鋁品的關稅已經持續將近一年了，被課稅的包括美國這兩種金屬最大的供應商加拿大和好幾個依然不和美國合作的國家，歐盟也包括在內。然而在川普執政的第三年，消費物價的通膨狀況依然良好，多數時間都低於聯邦準備理事會設定的目標百分之二。這麼說來，如果二位數的關稅真的像企業所宣稱，使美國消費者因為更高的價格而支付了數十億美元的話，為什麼價格升高沒有影響到美國消費者物價通膨指數呢？

或許這是因為真正支付關稅的並非美國消費者。雖然從商業新聞來看，這句話的可能性微乎其微，但顯而易見的，這能解釋為什麼關稅上升時通膨指數會保持原樣。

若你是美國企業，而你的中國供應鏈受到百分之二十五關稅的衝擊的話，你有三個選擇。第一，你可以提高產品的最終售價，把關稅的支出轉嫁給客戶，多數業者都說他們正在被迫這麼做，各種針對消費者支出的研究資料也都做出了如此假設。但企業很少提到，事實上你也有別的選擇。你的第二個選擇是讓關稅吃掉你的利潤，或者強迫你的中國供應商降低賣價來補償你付出的關稅，讓他們吃掉自己的利潤。如此一來，就算公司要支付關稅，美國消費者支付的價格也不會改變。接著還有第三個選項，這也是愈來愈多公司在討論的事：把你的供應鏈轉移到不會被課稅的地方，避開像中國這一類國家的進口商品。當企業選擇了這個選項，越南和印度等國家就是最大贏家。中國可能不會像川普所說的一樣真的為關稅付出金錢，但中國經濟將會以其他方式支付代價。

從蘋果、谷歌到戴爾等公司都已經對美國貿易措施做出了反應，把製造廠移出他們曾經最喜歡的國家。谷歌已經把主機板製造廠移至臺灣，也把 Nest 溫度控制器和伺服器硬體硬體的製造廠移出中國。惠普（Hewlett-Packard）計畫要把個人電腦的零件生產轉移到東南亞。知名的蘋果手機臺灣組裝廠鴻海也在考慮把生產線移出中國，擔心中美逐漸增溫的緊張情勢會危害到他們往美國市場的商品運輸。謠傳蘋果考慮要將百分之三十的產能從中國轉移到東南亞，而日本任天堂也宣布他們將會把電玩主機的製造廠從中國轉移到越南。

同樣的，全球最大的腳踏車製造商捷安特也把部分生產線移出中國，如今從臺灣的工廠供應美國市場的貨品，藉此避免付關稅給川普。[11]三星電子正在逐漸把供應鏈從中國轉移到鄰國越南。這間韓國電子業巨頭在二〇一八年五月關閉位於深圳的生產線，又在十二月接著關閉了天津的工廠，並計畫要把惠州的iPhone生產線也跟著關閉。

在以上範例中，支付關稅的都不是消費者。支付關稅的是失去了投資、生產線和工作的中國經濟。

當然了，你也可以主張把生產線從中國移到越南或印度不會為美國勞工創造他們急需的、薪水優渥的中產階級工作。但並不是只有越南和印度這兩個國家的製造業工作出現了增長。

讓我們回頭去看歐巴馬總統執政的最後幾個月，歐巴馬說美國不可能再重新出現製造業的工作了。[12]的確，在歐巴馬政權對世貿組織所謂以規則為基礎的貿易系統唯命是從的狀況下，確實不可能。但川普執政兩年後，製造業的員工數量增加了幾乎五十萬。二〇一八年，製造業中新增二十六萬四百個職位，自從一九八八年以來，製造業中的新進勞工數量從來沒有這麼多過。從總就業數的百分比來看，製造業在一九八四年以來第一次出現了成長。[13]

關稅絕對為美國製鋼公司帶來了利潤，這些公司如今在面對激烈的進口競爭（有時根本是傾銷）時有了保護傘，關稅本身和以關稅作為籌碼獲得的配額保護了這些公司。有了保護傘抵擋國外的競爭，美國最大的製鋼公司紐柯（Nucor）在二〇一八年賺進了創紀錄的營收，其競爭對手美國鋼鐵公司的營收則翻了三倍。製鋼業因此開始建造新工廠。紐柯計畫要在佛州中部設立一個造價兩億四千萬美元的煉鋼廠，將會創造兩百五十個工作，而美國鋼鐵公司則在伊利諾州的格拉尼特城再次開始投入生產，重新僱用了先前解僱的五百名員工。

關稅對曾陷入困境的美國鋁業也帶來了相同的影響。自從政府開始徵收關稅後，鋁業的產量、資金與雇員數再次上升。上游的生產公司世紀製鋁（Century Aluminum）、巨型七金屬（Magnitude 7 Metals）和美國鋁業公司（Alcoa）紛紛重新啟動工廠或增加產量，為鋁業中增加了超過一千個工作機會。下游企業（鋁製品製造商）的雇員人數則翻了一倍。舉例來說，布雷迪工業（Braidy Industries）近期宣布將會花十三億美元在肯塔基州亞士蘭建造一間新煉鋁廠，創造出五百五十個平均年薪六萬五美元的製造業工作機會，遠勝過在亞馬遜的倉庫或沃爾瑪商店中工作。[14]

創造更多中產階級工作也就是創造薪資成長的機會。雖然薪資復甦將會遠遠落在製造業工作復甦的後方，但現在已經有一些充滿希望的徵兆出現了。在二〇一九年十一月，標準美國勞工的平均時薪在過去的十六個月中成長了百分之三以上，這是近十年來最高的連續穩定成長率。[15]此外，再把低於百分之二的通膨率也算入其中，如今美國勞工眼前看到的是許久未見的景象——真正的薪資成長。

有鑑於關稅保護還會維持好一段時間，如今的薪資發展前景是前所未有的樂觀。美國鋼業勞工如今可以和雇主談更高的薪水了。新的交易協議使政策鐘擺回到了有利於國內製造商的那一邊，只要再過不久，美國鋼鐵工人聯合會的會員必定會想辦法分到一片愈變愈大的工業派餅。他們或許無法像一九五二年一樣使經濟衝高到失靈的地步，但這是數十年以來他們首次不再那麼像是犧牲品。

第十章——也許對美國工人有利的事，對通用汽車並不有利

安大略省的奧沙瓦市或許沒有太多遊客，但到這裡旅遊的人通常都會去參觀園林地產（Parkwood Estate）。園林地產是由達琳與皮爾森建築公司所設計的，該公司向來以設計優雅的公共建築聞名，最具指標性的作品是加拿大國會的高塔。這棟複雜風格建築最值得吹噓的就是遼闊的花園與一九一五年建設時極盡奢華的裝飾。保留至今的園林地產是加拿大人民的驕傲，遊客可以藉此一窺在汽車時代剛起步時，製造輕便馬車與小型雪橇的運輸工具製造商有多富裕（喜愛電影的讀者或許會發現，X戰警系列中賽維爾天賦青年學校的外觀正是園林地產）。

我們如今回顧會發現，汽車與全球化是一起成長的。事實上，如果沒有建造了園林地

產的加拿大人山謬・麥克勞林（Samuel McLaughlin）的話，通用汽車（General Motors）這間全球企業如今或許也不會存在於世上。

麥克勞林的父親羅伯特是加拿大最大的運輸工具製造商之一。如今我們通常都會以為馬車是工業時代之前遺留至今的殘餘物品，但這種說法將會使我們太過小看羅伯特・麥克勞林。一八九八年，他每年生產的馬車數量是兩萬五千輛，到了一九一五年，他每十分鐘就能生產一輛馬車。[1]

不過他在二十世紀初的知名事蹟遠不只領先的馬車製造技術。一九〇八年，山謬・麥克勞林和同為馬車製造商的美國朋友威廉・杜蘭特（William Durant）一起創業。杜蘭特就像麥克勞林一樣，致力於將馬車產業變成汽車產業。加拿大人花了大筆財富打造了麥克勞林汽車公司（McLaughlin Motor Car Company），杜蘭特則買下了營業不善的新創公司別克（Buick）。麥克勞林在遇到傳動系統的採購問題時，和杜蘭特簽訂了十五年的合約，要別克供應傳動系統。麥克勞林拿到了他所需要的零件，別克則獲得了維持營運的現金流。這兩間公司很快就開始互換股票，形成了「麥克勞林－別克」公司。這就是通用汽車的前身。

如今的汽車公司熱愛全球化，但羅伯特·麥克勞林堅決反與美國進行自由貿易，這是當時的首相勞瑞爾（Wilfrid Laurier）提出的想法，而美加之間的自由貿易一直到勞瑞爾卸任後都還在進行。在麥克勞林的時代，加拿大還是大英帝國的一部分，因此麥克勞林可把馬車和汽車出口到零關稅的大英國協。他們也的確由此管道把右駕的車賣到英國、澳洲、南非和印度——這些市場都對美國進口商品設立了保護機制。到了一九二三年，加拿大的汽車產業是世界第二大。麥克勞林在關稅方面**和**全球市場都握有最棒的資源。

不過，在二次世界大戰後，加拿大加入了「美元區」，不祥徵兆便逐漸出現了。大不列顛開始用高關稅保護正在重建的汽車產業，導致山謬·麥克勞林在大英國協的國家交易時突然必須和美國汽車製造商一樣支付關稅。在一九四二年，工廠製造了最後一輛麥克勞林－別克。在這之後就只有別克了。[2]

而杜蘭特的事業則陷入嚴峻的處境。他把凱迪拉克（Cadillac）、奧斯摩比（Oldsmobile）、後來被稱做龐蒂克（Pontiac）的公司與其他幾間零件與烤漆供應商併入公司中，建立了通用汽車。但他欠下的債務太多，以致於在一九一〇年被公司解聘。

不過他並沒有因此氣餒，他和瑞士賽車手路易斯・雪佛蘭（Louis Chevrolet）合夥建立了一間敵對公司——這間公司很快就被通用汽車併購了。到了一九一六年，杜蘭特在他和麥克勞林一起成立的公司中再次掌握大權。他奪回權力時想必氣勢萬鈞。到了一九二六年，公司再次解僱了杜蘭特。他在安大略省多倫多市剛成立的利塞德鎮上，找了一間工廠一起成立杜蘭特汽車公司（Durant Motors）。但他這一次沒有像前兩次成立通用汽車和雪佛蘭一樣獲得成功。他因為一九二九年的華爾街崩盤而傾家蕩產，宣告破產後靠著山謬・麥克勞林提供的退休金維持生計。

麥克勞林汽車公司早就不復存在，園林地產也成了知名的歷史景點。就結果來看，就算是杜蘭特和他的好兄弟麥克勞林這一類的企業大亨也是犧牲品。但主管們聲稱，他們創造的公司並不是犧牲品。將近一百年過後，通用汽車被認為是大到不會倒閉的企業，而過去提倡競爭與效率的公司經營者們則卑躬屈膝地請求加拿大政府與美國政府提供數十億元的貸款。雖然這間大型汽車業的工廠已經在向這兩個國家領取補助款了，但國界兩端的工廠依然一間接著一間關閉。杜蘭特和麥克勞林在奧沙瓦市與底特律的工廠曾為全球最大的汽車公司效勞，如今這些工廠慢慢變成了空殼。雖然杜蘭特最後的下場已經很糟糕了，但曾為通用汽車工作的人最後將會落得更悽慘的結局。

北美州汽車業是一個微型縮影，能讓我們看清如今的全球貿易系統是好或是不好——好或不好其實只取決於你站的位置是否有利。沒有任何企業能比汽車業更清楚地描繪出全球化如何創造出贏家與輸家。

加美汽車協定

一直到一九六五年之前，北美州汽車業都是在三個國家內分別營運的。墨西哥的汽車市場就和其他拉丁美洲國家一樣，受到關稅的高度保護，也就是說如果你想要在墨西哥賣車的話，你最好直接在那裡製車。加拿大市場也受到高額關稅的限制，對早已被通用汽車吞併的麥克勞林汽車公司來說更是如此。高關稅代表公司要將跨國貿易量減到最低。

加拿大市場的汽車銷售額並不高，但為了讓加拿大消費者在買車時覺得至少有車款可以選擇，在加拿大營運的美國汽車製造商不得不開啟非常短的生產線。這種限制使加拿大的分工廠無法達到美國工廠在服務美國市場時獲得的經濟規模，美國工廠的經濟規模大約是加拿大的十倍。和同樣大小的美國工廠比起來，加拿大汽車工廠的生產力只有百分之六十到六十五。[3]這種差異帶來的結果，就是加拿大的製造成本高出許多，導致加拿大汽車買家必須支付較高的金額，同時他們能夠選擇的車款又比美國少很多。

在一九六五年美國與加拿大簽下了歷史性的汽車協定（Auto Pact）後，一切都變了。汽車協定讓加拿大消費者可以免稅買到美國製造的車輛，作為交換，美國必須保證位於加拿大的美國車廠所生產的汽車數量，必須至少等於他們在美國銷售的汽車數量。「產量等於銷售量」是促成這項協議的基礎等價交換。

加拿大邊界的重重關稅阻礙消失了，美國汽車製造商可以任意將美製車輛賣到加拿大，再也不需要在國境以北設立效率低下的生產工廠。美國汽車製造商不再為了他們賣進加拿大市場的各種車款而建造又短又沒有經濟效益的生產線，而是利用加拿大工廠大量生產少數幾種特定車款，在國界兩端販售。重新規劃後，加拿大工廠達到前所未有的經濟規模，這是過去只供應國內的破碎小型市場無法達到的成就。

此協定對所有參與者都有益。加拿大汽車買家可以用前所未有的好價格買到更多車款。通用汽車、福特和克萊斯勒（Chrysler）則可以改建效率不佳的加拿大工廠，替更大範圍的市場生產車輛。這對汽車業勞工說也有好處——他們獲得了更多工作。

儘管汽車協定對兩國來說都很成功，但它並不是自由貿易協定。這是一項**管制**貿易協定（managed trade agreement），基礎條件是美國公司在加拿大賣了多少車，就必須在加拿大生產多少車——美國在協定期間順利達成了此條件。加拿大之所以能透過此協定確保國內汽車製造業不會衰退，是因為價格低廉的美製車輛不斷進口至國內。

事實上，沒有任何條文規範美國汽車製造業不得把生產線移入加拿大，使製造量超過加拿大的販售數量，有些公司的確是這麼做的。汽車協定的防衛條款確保的是加拿大的最低生產量，而非美國的生產量。但加拿大其實並沒有經濟誘因能吸引美國車廠把生產線大量轉移過去，這就是為什麼長久以來此協定對國界兩邊的國家來說都運作得很好。

把生產線設立在加拿大的確有一些優點。加拿大具有公共健保制度，因此像通用汽車這樣的公司在加拿大設立公司時，就無須像在美國時一樣為花大錢建立公司健保計畫。此外，加拿大幣的價值通常比美元低百分之二十，這也是吸引製造商到加拿大設廠的誘因之一。不過加拿大汽車工會把這些優勢都抵銷掉了，和美國工會相比，加拿大汽車工會通常會為工會成員協商更高的薪水——事實上他們會以公共健保和較廉價貨幣帶來的經濟優勢作為高薪的理由。把種種因素考慮在內，在國界兩邊製造車輛的成本其實相差無幾。

北美洲汽車銷量出現了前所未有的漲幅，兩國的汽車製造量也連帶出現大幅增長。一九八七年，加拿大－美國自由貿易協定取代了汽車協定。這時加拿大和美國的汽車產業之間已有了高度整合，常有其中一國的工廠供應零件給另一國工廠組裝的狀況。等北美自貿協定出現後，國界兩邊的消耗性勞工都會開始懷念過去的這段日子。

北美自貿協定：改變競爭環境

讓我們先回到一九五三年，當時艾森豪總統任命通用汽車前任的執行長暨總裁查爾斯．威爾遜（Charles Erwin Wilson）擔任國防部長。但威爾遜卻因為和前公司之間的關係引起了爭議。有鑑於通用汽車和美國簽有大量國防合約，因此有評論家懷疑他能否在倫理上確實分辨對通用汽車有益的事物與對國家有益的事物。在面對參議院軍事委員會的批准聽證會時，威爾森對此批評的回應是：「在過去數年來，我一直認為對我國有益的事物就對通用汽車有益，反之亦然。」[4]

他說的話不無道理，對關鍵產業有益的事物的確也會對國家有益，畢竟企業會支付稅金並僱用人民。但問題在於威爾遜並不能真正代表通用汽車。他的身分是通用汽車的董事會成員。更重要的是，他依然持有該公司價值兩百五十億美元的股票，換算成如今的價值就是一千九百萬美元。[5]而勞工從這間汽車製造商拿到的並非投資收入，而是薪水，從他們的角度來看，對國家好的事物和對公司好的事物看起來有很大的不同。

北美自貿協定完美地描繪出了兩者之間的差異。在北美自貿協定產生影響之前，對汽車製造業勞工有益的，也會對加拿大與美國有益。但之後的狀況卻完全反了過來。在墨西哥被含括進北美自由貿易區之後，狀況出現了劇烈變化，此政策再也無法同時為公司與國家帶來好處。雙贏的局面從此消失無蹤。

一夕之間，勞工薪水遠低於美國與加拿大的墨西哥也成為了貿易協定的一員，同樣可以在買賣車輛與零件時免付關稅。墨西哥的汽車製造業便利且薪水低廉，促使了供應鏈重新選址，對美國來說，墨西哥的薪水比加拿大便宜，地理位置又比亞洲的境外勞工市場更近。如果你是汽車公司的主管，你會發現這種誘惑難以抵抗。一九九四年，墨西哥汽車業相對較小，每年生產一百一十萬輛車——幾乎全都賣進高度保護的國內市場中。當時加拿大的生產量是墨西哥的兩倍（兩百三十萬輛），美國的產量是一千兩百一十萬輛，大約是十倍。[6]

在北美自貿協定實施二十多年後，汽車製造業已改頭換面。儘管北美的汽車銷量出現了巨幅成長，但美國與加拿大的產量在過去二十多年來幾乎沒有成長。不過墨西哥的產量則增加了**四倍**，超過了四百萬量。在北美汽車的各國製造比率中，墨西哥從原本極低的百分之七翻了三倍，超過了百分之二十。在這段期間，美國的汽車產量從百分之七十八下降到百分之六十七，加拿大也下降到大約百分之十三。[7]從兩千年開始，幾乎所有增加的北美汽車產量都來自墨西哥，跨越格蘭河的汽車業工廠和設備每年都在增加。

隨著生產地點改變，企業貿易流也跟著產生變化。在北美自貿協定的影響下，墨西哥對美國的汽車與零件貿易順差已超過四倍。在美墨貿易中，汽車與零件占比實在太高，以致於墨西哥對美國的汽車與零件貿易順差超過了兩國的整體貿易順差（也就是說在其他貿易產品，尤其是農產品上，墨西哥對美國其實呈現逆差）。同樣地，墨西哥對加拿大的汽車與零件順差增加了四倍。8

對美國與加拿大來說，相較於他們對墨西哥驟增的汽車業貿易逆差，美加之間的汽車與零件貿易平衡基本上維持在北美自貿協定產生影響之前的狀態。兩國能大致維持貿易平衡的原因在於汽車業的結構。在加拿大開心享受組裝汽車帶來的貿易順差的同時，汽車零件會導致貿易逆差。這兩種貿易流模式彼此連結在一起，因此得以互相抵銷。加拿大向美國出口愈多車輛，同時也就必須從南邊國界進口愈多零件來組裝那些汽車。因此，在加拿大對美國的汽車貿易順差成長的同時，汽車零件的貿易逆差也會跟著成長。

由此可知為什麼美國和加拿大在汽車與零件產業都對墨西哥呈現了驟增的巨大貿易逆差。只要沿著虛線走，找到汽車業投資的地點，我們就能馬上看清兩國之間的貿易流。幾乎所有汽車業的新資金都流入了墨西哥。若你想知道為什麼新工廠都建在這裡而非底特律或奧沙瓦市的話，只要比較這三個城市的工資率你就會懂了。雖然美國與加拿大的薪水支出算起來大概相同，但墨西哥的汽車製造業薪資大約是美國和加拿大車業勞工的八分之一那麼低。

事實上，墨西哥的薪水支出不但遠低於美國和加拿大，而且還是全世界汽車製造業薪水最低的國家之一。中國的汽車產業因為勞資爭議而調高了工資率，但墨西哥的汽車產業卻成功避開了勞資爭議。中國汽車業的工資率在二〇〇九年超過墨西哥，此後兩國間的薪資差距便穩定地愈拉愈大，如今墨西哥汽車業的時薪已經是中國的一半了。[9]

那麼為什麼墨西哥的汽車製造業明明急速發展了這麼長時間，薪資卻依然這麼低呢？這都要感謝他們的工會。

墨西哥的保護工會

在墨西哥汽車產業中，幾乎所有員工都是工會會員，有將近九成墨西哥員工所工作的公司中至少有二十五名員工。但加入墨西哥工會與加入美國或加拿大工會是截然不同的兩回事。多數墨西哥汽車業勞工加入的工會又被稱作「幽靈工會」或「保護工會」。而這個工會保護的並不是工會會員。

照理來說，工會應該要代表勞工去和公司交涉，但墨西哥的保護工會真正保護的卻是公司的利益，他們確保雇主不受罷工影響，也確保不會有勞工要求更好的薪資或福利。這種作為與勞資集體議價完全相反。工會不但把勞工排除在正常的協商程序之外，而且也從來不會在訂定協議時徵詢勞工的同意。勞工只會在事後收到工會的通知，告訴他們之後會拿到多少薪水——而且工會還覺得勞工應該覺得滿意。

汽車業的公司會為了工會提供的服務支付高額佣金給工會領導人作為回報。他們拿到的錢多到勞工們可以像美國的工作權州（right-to-work state）一樣，不需支付工會費用。免工費會用也是件好事。畢竟從各方面來說，他們並不真的加入了任何一個工會，他們加入的是一場企業騙局。想要成立獨立工會的勞工通常會被開除。

雖然極其罕見，但偶爾還是會有勞工起身反抗。二〇一〇年，在普埃布拉州一間屬於美國跨國企業江森自控（Johnson Controls）的汽車零件工廠中，勞工們挺身而出，對抗由公司控制的保護工會，加入了礦業與金屬業勞工聯盟——這是個真正的勞工組織。他們立刻贏得了百分之七的巨大薪水漲幅，薪水之外的福利也有了長足進步，但最後他們卻付出了極大的代價。公司就此關閉了這間工廠。

這件事不足為奇。墨西哥的勞工協議對象只限於工廠，而非公司本身。因此，就算某間工廠的勞工終於打破了保護工會施加的桎梏，公司也可以直接關閉那間工廠，重開一間新的。

技術上來說，北美自貿協定的確有要求三個國家遵守國際勞工組織（International Labour Organization，簡稱ＩＬＯ）的標準。不過，在ＩＬＯ因為保護工會而指責墨西哥時，政府否認了這些工會的存在。墨西哥前總統潘尼亞・聶托（Enrique Peña Nieto）在邀請外國投資者時，常會讚揚墨西哥的勞工總是處於奇蹟似的和平狀態。想當然耳，這些勞工的和平狀態並非奇蹟，而是墨西哥這個國家由來已久的結構所導致的。

保護工會來自於墨西哥政治系統的核心。這個國家最大的工會是墨西哥勞工聯盟（Confederación de Trabajadores de México），是一九三〇年代時作為革命制度黨（Institutional Revolutionary Party）的一部分創立的。成為工會的成員代表你會自動成為革命制度黨的成員。因此，鄰近選舉時，工會中的老大們就能獲得藍領勞工的票。

革命制度黨透過這種方法統治墨西哥數十年之久。政府（無論抱持何種政治主張）、企業和裙帶工會繼續打著「增進墨西哥的全球競爭力」的旗幟，彼此緊密合作，拉低企業的勞工支出。從汽車與零件產業就能看得出來，這套模式運作得非常順利。

雖然墨西哥的汽車業勞工賺進的薪水遠遠比不上美國和加拿大勞工，但在基本日薪五美元的墨西哥，汽車製造商依然被視為肥差。[10]有些墨西哥汽車業勞工甚至住在門禁社區中，這種社區在墨西哥中產階級中很受歡迎，這是因為當地警察的誇張貪腐行徑與貪腐造成的安全問題。儘管如此，墨西哥汽車業勞工的薪水已經數十年不曾成長了，至今薪資水準依然遠遠落後於不斷攀高的生產力。

對雇主來說，找一間保護工會來拉低薪水支出並不只是一種選擇——而是在墨西哥投資新車廠的必要條件。沒有人會在找到工會之前投資。BMW決定要在聖路易斯波托西市投資十億美元建造一座需要五百名員工的新組裝工廠時，他們做的第一件事就是找墨西哥勞工聯盟的工會，協商出一份新合約。BMW談成了一筆很棒的交易。這間德國跨國公司同意在這間工廠支付的起薪是每小時一點一美元，最高薪則是每小時二點五三美元。[11]對BMW以及其他來到墨西哥生產車輛的公司來說，在真正投入墨西哥產業界之前，確定薪水是很重要的一件事。BMW在開始建設廠房的兩年之前就先簽好了薪資合約。

墨西哥新當選的總統羅培茲．歐布拉多（Andrés Manuel López Obrador）不同於重商的前總統潘尼亞．聶托，羅培茲出生於勞工階級。在二〇一九年與美國和加拿大簽訂的貿易協定中，他迅速同意立法，讓墨西哥勞工有權成立真正的工會，和雇主進行實質的勞資集體談判。[12]羅培茲之所以能選上，靠的就是提高薪資與捍衛勞工權益的競選承諾，未來我們可以持續關注羅培茲政府要如何應對目前危如累卵的處境。擺脫裙帶工會並以真正的工會取而代之是一大進步，將會推動墨西哥汽車業勞工延遲已久的薪水成長。但如果政府承諾的勞工改革最後太過成功的話，最先受到損害的將會是墨西哥汽車業目前的根基。

通用汽車和麥格納汽車零件製造商等企業可不是因為墨西哥的氣候宜人才在此設廠的。他們南下至此的規模之所以會愈來愈大，正是因為墨西哥的廉價勞動力能讓他們獲益。雖然如今墨西哥與美加兩國的薪水差距極大，但隨著差距愈來愈小，墨西哥對新廠房與新工作的吸引力也會愈來愈微弱。

提升附加價值鏈

汽車生產並不是在一夜之間轉移到墨西哥的。羅斯・佩羅在一九九〇年代早期提醒美國人注意的巨大吸食聲在當時還只是一陣微弱的耳語。在北美自貿協定剛開始實施時，汽車製造商只把最卑微的工作和汽車供應鏈中附加價值最低的零件外包給墨西哥那些毫無技巧的低薪員工。若低薪勞工只能帶來低生產量，那對利潤並沒有太大的幫助。但隨著時間過去，墨西哥勞工以穩定的速度一階一階爬上了附加價值的梯子。墨西哥工廠與美國或加拿大工廠之間的生產力差距迅速縮減。如今就算是要製造出最複雜的零件——例如引擎或變速箱——也都難不倒墨西哥工廠。汽車業的生產力不斷上升，薪水停滯不前，使得每單位勞動支出穩定下降，讓製造商有愈來愈高的邊際利潤。

如果你是通用汽車或麥格納汽車的股東，那麼你絕對會很樂意看到公司獲得高邊際利潤。若你是投資人，你當然希望公司把能盡可能把生產線轉移到墨西哥。當你可以用四美元或更低的勞工時薪生產相同品質的產品時，何必支付二十元或三十元的時薪呢？由於北美自貿協定使汽車與零件公司無須支付高額的懲罰性關稅，就能把美國或加拿大高薪工廠中的生產線轉移到墨西哥的低薪工廠中，所以公司可以用勞工時薪來進行直接的計算。在北美自貿協定的允許下，墨西哥與其他北美勞工之間的巨大薪資差異推動了汽車與零件公司採取行動。這對北美洲汽車產業的利潤帶來了決定性的影響——對美國與加拿大的勞工產生的影響更為巨大。

汽車與零件公司把工廠轉移到墨西哥的規模之大，是一九九二年簽下北美自貿協定時幾乎沒人預料到的（羅斯．佩羅除外），美國與加拿大有將近五十萬名勞工失去了原本的高薪工作。中國於二〇〇一年加入世貿組織後，大量製造業工作流向了中國，更加劇了美國工作的消失。因此，在川普總統這一類的人談起貿易逆差時，他們真正在說的其實是**就業逆差**。

就各家汽車公司本身來說，他們並沒有做錯事。事實正好相反——站在股東的立場，這些公司做的事是對的。他們遵照北美自貿協定的貿易規範，在受到墨西哥與美加兩國的薪資差異時，順水推舟地下了決策。畢竟管理階層的責任並不是保護美國或加拿大的高薪汽車製造業工作。管理階層的責任是為股東賺錢，而他們也的確在如今的環境下選擇了最適當的賺錢方式。

美國與加拿大汽車業的就業數在二十年前到達高峰——當時的生產力也位於高峰。在那之後，兩國的汽車業勞動力都縮減了四分之一以上，美國減少了將近四十萬份汽車業工作，加拿大則是五萬份。與此同時，墨西哥汽車業的就業數則成長了四倍，超過九十萬份工作，這大約是整個加拿大剩餘的汽車業勞動力的七倍。13

但值得探究的是，如果你詢問汽車業的管理階層，為什麼美國和加拿大的工作會消失，他們會告訴你，這和工廠的轉移毫無關係。他們會說，問題在於他們的機械。

怪在機器人身上

被問及美國與加拿大的工作為何消失時，汽車業的預設反應就是責怪機械化。多數北美商業媒體和全球化辯護者通常也會告訴你同一套故事，他們說七大工業國經濟體會失去這麼多製造業工作，最主要的原因在於節省勞動力的科技進步，例如無處不在的數位化、機器人技術和如今的人工智慧。他們指出，貿易協定對這些工作的消失只有極小的影響，就算美國用關稅加強保護國內產業，這些製造業的工作也一樣會消失。如果你忽略貿易協定對生產線位置重設有何影響的話，或許你會願意相信他們的說法。但忽略這種影響，就等於要你忽略失去工作對你如今的失業狀態造成的影響。

在如今高度自動化的組裝工廠中，雇員空間確實比不上兩年前建造的工廠那麼高，但無論哪一種工廠都一樣是如今主要的就業來源。在川普的敦促下，福特取消了原本要在墨西哥建造的組裝工廠[14]，原本那間工廠將會僱用三千多人，之後工廠周遭還會建造許多間零件工廠，額外僱用數千人。

汽車業就像其他的製造業一樣，一直在往自動化的方向發展，但這並不是這麼多工作離開了美國和加拿大的主因。雖然科技變化大幅減少了生產一輛車所需要的工人數量，但真正決定汽車業雇員人數的決定性因素無疑是實際生產車子與其零件的地點，而非自動化的程度。

如果你想要知道實際生產的地點在哪裡，讓我在此提供一條線索：過去十年來，每一個新建造的北美組裝工廠都位於墨西哥。在二〇一〇至二〇一五年間，墨西哥的汽車與零件產業獲得了高到嚇人的兩百四十億美元新資金，其中也包括了至少八間新組裝工廠。相較之下，加拿大汽車業只吸引了五分之一的資金，沒有半間新組裝工廠。墨西哥汽車業光是在二〇一四年吸引的投資量，就超過了加拿大汽車業過去六年來吸引的投資量。[15]

在墨西哥建造的新組裝工廠的自動化程度不會低於美國或加拿大的新組裝工廠。畢竟福特公司和通用汽車在墨西哥建立新廠房時，他們不會用廉價的墨西哥勞力取代機器人。這些高度自動化工廠之間的唯一區別，在於墨西哥勞工的時薪低於四美元，而美國或加拿大勞工的時薪則是二十至三十美元。

這對墨西哥經濟來說顯然是個有益的新狀態，對於像通用汽車一樣岌岌可危的公司來說（若非二〇〇九年美國與加拿大的納稅人為通用汽車支付了高額紓困金，這間公司或許早就已經倒閉了），也確實能提高邊際利潤。[16]不過，我們無法確定威爾遜所說的「對通用汽車有益的事物就對國家有益」是否能成立。

我們**可以**確定的是，對通用汽車有益的事物也對他們的競爭者與供應商有益。福斯、奧迪、賓士、日產、豐田、福特、飛雅特克萊斯勒、BMW和馬自達全都已經或正在墨西哥建築生產工廠。對汽車公司有益的事物也同樣對他們的零件供應商有益，而供應商轉移到墨西哥的製造廠房甚至比汽車公司還要多。

二〇一六年，汽車業的光明前景中出現了黑色的暴風雨雲，當時總統參選人川普和桑德斯都把目標放在北美自貿協定上，兩人尤其著重於此貿易協定對美國汽車業的工作數量下降有何影響。一夕之間，各家美國汽車公司都必須因為自己追求利潤最大化的行為而遭受猛烈的政治砲火攻擊。位於墨西哥的日本汽車公司和德國汽車公司也同樣在一夕之間發現到，如果這兩名候選人順利贏得了黨內提名，美國很快就會開始對愈蓋愈多的墨西哥工廠產出的車輛課徵關稅。

福特是第一間注意到美國政壇已經出現燎原野火的公司。他們原本計畫要把一間組裝工廠移到汽車業正逐漸萌芽的墨西哥聖路易斯波托西市，但這個決定變成了川普陣營在競選時的抨擊對象。川普警告福特，若他選上總統後，福特還是把工廠轉移到墨西哥的話，他會對福特出口到美國市場的車徵收百分之二十五的關稅。謹慎為勇敢之本，福特汽車公司在受到制止後取消了在墨西哥設置十六億美元的工廠，決定花七億美元更換一間密西根州舊組裝工廠的設備，福特因此額外僱用了七百名美國汽車業勞工。現在回顧起來，其實我們不難理解為麼美國汽車業勞工全都把票投給了川普。

川普就任總統後半點時間也沒浪費，立刻宣布終止北美自貿協定，並邀請加拿大與墨西哥共同協商他在競選時承諾美國汽車業勞工的貿易協定。川普想要的並不是多簽署一個類似北美自貿協定的自由貿易協定，這種協定只會鼓勵公司繼續把生產線外移到低薪的墨西哥。他的目標比較像是加拿大與美國當初簽訂的汽車協定——能帶來產量保證的管制貿易協定。不過這一次協定保護的生產國將會是美國而非加拿大。

在北美自貿協定取代汽車協定多年後，世貿組織於二〇〇〇年做出最終裁定[17]，認為汽車協定保障加拿大汽車生產量違反了世貿組織原則，不過，川普政權不怎麼在意世界貿易警察世貿組織對新貿易政策的想法。就算他們的新貿易協定要遵守規則，他們遵守的也會是《公平互惠貿易法案》，而不是世貿組織的規則。

但美國貿易代表萊特希澤在協商汽車業貿易時的目標——也就是把高薪的製造業工作帶回美國——和美國汽車與零件產業想要的事物出現了抵觸。美國汽車產業和加拿大汽車零件公司都說，只要政府試圖強迫汽車製造回到美國或加拿大，勢必會導致成本提高，因此北美消費者買車時付的錢也會增加。

他們的論點確實很正確。北美自貿協定有很大一部分的吸引力在於，這個協定不但可以為美國汽車與零件製造商帶來更高的利潤，還能讓美國消費者用更低廉的價格買車。儘管如此，這個論點並不是汽車業獨家發明出來的。所有過去曾在美國生產，如今轉而利用全球供應鏈中的廉價境外勞工製造的進口產品，全都可以套用這個觀點。

不過在汽車業中，把生產地點從低薪的墨西哥工廠轉移到美國（或加拿大）時，對標價造成的影響不會像其他商品那麼嚴重。為什麼呢？因為影響最終銷售價格的並不只有實際上製造一輛車的成本。差得遠了。

每當你看到彬彬有禮的馬修．麥康納出現在廣告上，駕駛一輛奢華的林肯時，你要記得，請他拍廣告可不是免費的。還有，放送這個廣告的電視台也收取了高額報酬。至於那些成功把車子賣給你的親切銷售員呢？她提供的服務當然也不是免費的。汽車代理商提供的耀眼展示間、買車附贈的保固和協助你辦理貸款的融資部門也都不是免費的。把上述所提支出全都加總起來，再加上廣告、販賣、行銷、財務費用和額外的經銷商費用，大約會占你的車子最終標價的四到五成。[18]這些成本的支出地點都是販賣車子的國家，和生產車子的國家無關，因此就算工廠地點改變也不會對這些金額產生影響。

但餘下的五到六成成本呢？如果製造商把汽車與零件的生產地點從墨西哥移回美國（或加拿大），其中一個絕對會改變的東西就是他們的邊際利潤。依據每輛車的市場需求對價格變動的敏感度，汽車製造商可以選擇把額外的成本轉嫁到消費者身上，或選擇降低邊際利潤來補償成本。換句話說，製造商可以選擇賣比較少輛車，或者每賣一輛車都賺比較少利潤。如果可以避免的話，不會有任何公司想要做出這種選擇。墨西哥的工廠就讓他們避免了這個選擇。

當然了，汽車製造商和零件製造商都對工作機會回流毫無興趣。事實上，他們還想進行更多海外計畫。他們一點也不喜歡華盛頓特區向北美自貿協定夥伴提議的汽車貿易協定，其中一個規定是在跨越國界以免關稅價格交易車輛之前，車輛必須先通過區域含量（regional content）的標準。

以汽車業的眼光來看，雖然北美自貿協定百分之六十二點五的區域含量標準不包含觸控螢幕等電子設備（因為簽署北美自貿協定的時候觸控螢幕還沒出現，如今車輛裡常見的許多其他電子設備也是如此），但這個標準已經很艱鉅了。因此，汽車業可以在不違反協議中的區域含量限制的狀況下，從中國或其他國家取得這些電子設備。汽車工會和其他企業評論家指出，北美自貿協定的區域含量規則省略了這些項目等於開了一扇後門，讓中國與其他亞洲國家製作的設備無須支付關稅就能夠偷渡進美國汽車市場。

汽車業也不怎麼樂見川普政權試圖在新貿易協定中增加避免操縱匯率的條款。如果你覺得墨西哥的薪資只有美加的八分之一還不足以誘使汽車業把生產線移到墨西哥的話，還有一個誘因是過去二十年來墨西哥比索對美元的表現。從兩千年開始，美元的匯率就從十比索對一美元一路上升，如今已經是將近二十比索對一美元了。換句話說，比索對美元的價值掉了將近一半。[19]

雖然把責任全都歸咎於墨西哥中央銀行操縱匯率似乎有點太過誇張（儘管在汽車與零件方面，墨西哥對美國和加拿大有極高的貿易順差，但墨西哥對其他國家卻是極大的貿易逆差），不過匯率貶值確實把情勢歸往更有利於墨西哥的方向。我們可以用加拿大幣為例，若加拿大幣從兩千年至今的貶值率都和比索相同，如今的匯率將會變成一加幣兌三十五美分（註：二〇二〇年一加幣大約是八十美分）。

如果加拿大幣兌美元是三十五美分的話，我可以跟你打賭，山謬．麥克勞林的老公司絕對不會這麼急著離開他們的國家。

第十一章——從自由貿易到管制貿易：美國－墨西哥－加拿大貿易協定

麥克勞林家族想出了很多好創意，但托那可樂（Tona-Cola）絕不是其中之一。山謬．麥克勞林有一個哥哥，名叫約翰。在山謬打造汽車工廠時，約翰努力讀書，成為了藥師，前往紐約州的布魯克林工作。他注意到來消費的客戶買的大多不是藥品，而是解渴的飲品。當時最新流行的是碳酸飲料，許多品牌都聲稱他們的飲品對健康有益。對顧客來說，汽水是永遠也喝不夠的。約翰注意到商店真正的收益來源是氣泡飲料而非藥片，於是在一八九〇年回到多倫多，開了一間汽水藥房。

雖然此產業的競爭十分激烈，但他的生意蒸蒸日上。到了一八九三年，他擴建了第三座工廠。一八九五年，他的商品遍及全國各地。他的工廠生產各式各樣的汽水飲料機，外殼的材料包括了桃花心木、縞瑪瑙、大理石、鎳、銅和銀等。但顧客真正想要的是充滿氣泡的飲料，而麥克勞林提供的數種產品確保了他們可以隨時解渴：海吉雅（Hygeia）、哈皮通（Hop-Tone），當然還有托那可樂（Tona-Cola）——這是當時新上市的可口可樂（Coca-Cola）的死敵。

在全球競爭中，托那可樂注定要失敗。消費者認為可口可樂的味道比較好，托那可樂很快就消失了。但麥克勞林又想出了另一個足以抵禦時間考驗，最後征服世界的飲品：他的「貝爾法斯式薑汁汽水」，也就是如今知名的加拿大薑汁汽水*。到了一九一〇年，加拿大各地都建造了加拿大薑汁汽水的工廠。

雖然約翰．麥克勞林在一九一四年逝世，麥克勞林家族也在一九二〇年把他的公司賣掉了，但他創造的品牌比他弟弟創造的品牌還要長壽。麥克勞林汽車公司已經被眾人遺忘，但加拿大薑汁汽水如今依然被銷售到世界各地，在美國、墨西哥、哥倫比亞、秘魯、日本（日本有另一種「溼」版本的薑汁汽水）以及位於中東和歐洲的幾個國家。

想當然耳，這也就代表市面上沒有美國薑汁汽水（America Dry）。這就是全球化自然而然產生的結果。在麥克勞林製造的飲品擴及全球的同時，必須有其他產品讓路給它。約翰還在布魯克林當藥師時，最受歡迎的汽水是精采賽事（Humdinger）、開心惡棍（Happy Hooligan）、岡瑟的精益求精（Gunther's Excelsior）、拳擊手的萬靈丹（Pugilists' Panacea）和日本飢渴殺手（Japanese Thirst Killer）。我很確定這些飲料都能解你的渴，但整個地球上能容納的汽水口味就只有這麼多，而你只聽過加拿大薑汁汽水卻沒聽過其他早期競爭汽水的名字，也不是沒有理由的。

適用於汽水的原則也適用於汽車。在二〇〇四年，奧斯摩比走上了日本飢渴殺手和麥克勞林－別克走過的那條路。奧斯摩比是美國最老牌的汽車製造商，在品牌成立後的這一百多年來生產了三千五百多萬輛車。但通用汽車讓奧斯摩比負責進口市場，而二十一世紀初的消費者對奧斯摩比的感覺，就像十九世紀末的消費者對托那可樂的感覺。最後一輛阿萊羅（Alero）在二〇〇四年四月駛出生產線，汽車歷史上的一章在此結束。

不過當時還沒有人知道，北美汽車製造商的狀況還可能更糟糕。而且是糟糕得多。

＊譯註：Canada Dry，臺灣一般譯為加拿大薑汁汽水，dry 用在飲品中的意思是「味道不甜」，dry 的另一個意思是「乾」，因此後面才會提到日本有「溼」版本的汽水。

事實上，那一年加拿大汽車業的狀況看起來意外的好。安大略省超越了密西根州，變成美洲大陸最大的汽車生產區。通用汽車在奧沙瓦市的旗艦工廠被選為公司裡最有效率的工廠。加拿大成為了全球前五大汽車製造國——有鑑於加拿大國內市場的有限規模，進入前五可以說是一大壯舉。汽車業成為了加拿大經濟的驕傲與喜悅泉源。

十年後，整個產業的狀況大為不同。加拿大從全球第四大汽車生產國跌落到第十。墨西哥在二〇〇八年趕上了加拿大，如今每年生產的車輛近乎加拿大的兩倍。[1]

這就是產業運作的方式：如果有人是贏家，就注定有人會變成輸家。北美自貿協定的機制就是要創造出贏家和輸家，在論及汽車公司的投資者、論及美國和加拿大的汽車勞工時尤其如此。取代此協定的新協定也是依照同樣的機制運作。只不過，對於在北美自貿協定之下變成輸家的國家而言，新協定代表的可能是好消息。

美墨加貿易協定（US-Mexico-Canada Trade Agreement，簡稱ＵＳＭＣＡ）——或加美墨貿易協定，或者墨美加貿易協定——是三國在進行了十三個月的貿易談判後決定用來取代北美自貿協定的新協定。這三國宣布協定時，你可能會注意到兩件事：第一，協定名稱依照你所居住的國家而有變化；第二，協定少了「自由」這兩個字。少數將之稱為自由貿易協定的只有杜魯道總理和他的首席貿易談判官，也就是當時的外交事務部長方慧蘭（Chrystia Freeland）。除他們之外，每個人都實事求是地稱呼這個協定：這是一個管制貿易協定，就像最後被世貿組織裁定為違反規則的加拿大－美國汽車協定。

不情願的搭檔

加拿大和墨西哥都不是特別喜歡新的貿易協定。這兩個國家並不像川普政權一樣，急著要撕碎北美自貿協定。歐巴馬政權一直對北美自貿協定的運作方式感到很滿意，渥太華政府與墨西哥政府也一樣。要是把這件事單獨交由當時的墨西哥總統，革命制度黨（事實上這是一個保守的重商政黨）的潘尼亞．聶托來決定的話，北美自貿協定想必會留存至今。加拿大總理杜魯道對此協定的感覺也相去不遠。不過，剛進入美國白宮的川普總統另有計畫。

墨西哥顯然是北美自貿協定的最大贏家。蓬勃發展的汽車產業讓墨西哥晉升為全球第七大汽車產國，同時也是全球第四大汽車出口國。更重要的是，全國上下的製造業都圍繞著汽車業發展。想當然耳，這些製造業工作機會並不是天下掉下來的：墨西哥為了獲得這些工作也付出了代價。

在北美自貿協定的規定下，墨西哥必須開放美國農業銷售農產品，這對墨西哥政府來說是不小的政治風險，因為該國還有百分之十三的勞動人口在農業工作。（在美國與加拿大，農業勞工不超過勞動力的百分之二。）超過一百萬名墨西哥農業勞工失去了工作。北美自貿協定使美國汽車業勞工變成犧牲品的同時，墨西哥農業勞工也被排除在墨西哥的經濟成長之外。但墨西哥市不認為自己的未來經濟中應該充滿酪梨——墨西哥市真正想要的是效法中國與其他亞洲國家的快速工業發展。因此，墨西哥認為只要能免關稅地將貨品賣到全球最大的經濟體中，那麼就算要犧牲農業勞工，也可以算是一個達到快速工業發展的好方法。

加拿大所處的位置就沒有墨西哥那麼明確了，至少比墨西哥微妙一點。從整體貿易來看，北美自貿協定就像先前的加拿大－美國自由貿易協定一樣，對加拿大帶來了很大的好處。有鑑於加拿大出口的貨品中足足有三分之一都進入了美國，我們可以知道美國依然是加拿大最重要的貿易伙伴。而加拿大對美國的製造商來說，依然是最大的出口市場。雖然兩國之間的總貿易量下滑到了第二位（僅次於美中貿易），但這只代表中國出口至美國的貨品出現了爆炸性成長，而非美加貿易出現了衰減。

但在北美自貿協定的運作下，加拿大汽車業勞工的薪資並沒有比美國汽車業勞工好上太多。事實上，從某些汽車業指標（例如投資面）來看，加拿大汽車業的狀況糟透了。[2]安大略省的汽車業和美國鐵鏽帶一樣，出現了極大的變化。而且對汽車業勞工來說，全都不是好的變化。

加拿大和墨西哥到底有何共通點？

從USMCA貿易協商的一開始，川普總統就指明了他最擔心的是吸走了美國汽車業工作與資金的墨西哥。這並不代表美國認為美加沒有貿易問題——舉例來說，乳品海關保護或長久以來的軟木爭議。但川普特別強調了，美加之間的問題和美墨之間的貿易問題屬於不同量級（他說他和加拿大之間的問題只須要「微調」）。

有鑑於美國和加拿大都同樣在汽車業失去了數千份高薪工作，我們可能會覺得兩國在為了汽車業制訂新協議時會抱持相同的立場。如果說對萊特希澤和川普政權的其他人而言，防止汽車業的高薪工作進入墨西哥是主要目標的話，華盛頓和渥太華理應利害一致。如果川普有義務對俄亥俄州、密西根州、印第安納州和威斯康辛州等製造業州的政治支持者負責的話，杜魯道應該也同樣要對加拿大汽車業中心安大略省的支持者負責。

或許這就是為什麼美國的協商團隊會在找墨西哥協商之前，優先找加拿大簽署一份單獨的雙邊貿易協議。但令協商團隊驚訝的是，渥太華拒絕了。杜魯道和方慧蘭把美國的提議描繪成典型的分化征服戰術，並表示他們會和墨西哥團結一致。

由此可知，在論及重要的汽車業時，華盛頓和渥太華的立場並不一致。杜魯道和方慧蘭都公開提倡勞工權益，甚至一度堅持美國汽車業勞工應該要獲得更高的保障，讓他們在工作權州也可以組織工會，儘管如此，他們似乎一點也不在意加拿大汽車工廠一一關閉，或者汽車業的工作轉移到薪水遠不及加拿大的墨西哥。杜魯道和方慧蘭真正想要的，是保護加拿大零件公司——包括全球汽車業巨頭麥格納汽車——在墨西哥發展的大型產業供應鏈。

在墨西哥製造業中，法蘭克・史卓納（Frank Stronach）創辦的加拿大汽車零件公司麥格納汽車已成為最大的私有企業。該公司在墨西哥的製造工廠至少有三十二間。近日這間公司上了新聞，因為法蘭克．史卓納的女兒貝琳達公開指出法蘭克正不斷把家族財產揮霍在賽馬等不務正業的投資上，試圖從法蘭克手中奪權，而法蘭克則起訴了貝琳達。與此同時，法蘭克的孫女莎莉娜（Selena）則控訴她的姑姑貝琳達一直維持著到世界各地旅行的揮霍生活方式。[3]

對麥格納汽車的加拿大勞工而言，他們要面對的挑戰大不相同。在安大略省伯斯鎮的格連維鑄造工廠中，有三百九十名麥格納汽車員工丟了工作，若你也是其中一員的話，你關心的想必不會是賽馬或每個月搭飛機到遙遠的異國度假。你關心的會是你和你的家庭要如何付清這一期帳單。

過去一段時間以來，麥格納汽車一直宣稱他們沒有計畫要在加拿大做進一步的投資。[4]如今麥格納汽車在墨西哥的工廠發展穩定，因此該公司在加拿大的勞工就成了犧牲品。麥格納汽車將總部設置於多倫多北方的安大略省奧羅拉鎮，但公司在墨西哥廠房僱用的員工遠超過了總部的人數。這也是很合理的，畢竟用四美元以下的時薪能在奧羅拉鎮僱用到多少人呢？四美元根本不到安大略省規定的基本工資的三分之一。

但四美元的時薪在墨西哥已經算是高薪了，甚至對麥格納汽車設置在那裡的三十多間工廠裡的技術勞工而言也是很好的薪水。[5]這些工作會存在的唯一原因，是麥格納汽車可以在北美自貿協定規定下的零關稅地把他們在墨西哥生產的零件送進美國或加拿大。麥格納汽車最不想看見的，就是美國和加拿大對那些送出墨西哥的汽車零件徵收關稅。麥格納汽車的執行長唐納・沃克（Donald Walker）提出警告，若政府想提高墨西哥的標準薪資，他們的生產線會直接離開北美州。[6]

其他諸如利納馬（Linamar）和馬丁雷亞（Martinrea）等加拿大零件公司的處境也和麥格納汽車相同：沒有任何公司樂意眼睜睜地看著他們在墨西哥生產鏈的大量產品被徵收關稅。加拿大汽車零件公司在墨西哥設立的工廠超過了一百二十間，員工人數超過四萬三千人。[7]如此看來，北美自貿協定的確對某些加拿大人有利。這些人是汽車零件公司的股東，而不是在加拿大工廠裡工作的勞工。

加拿大政府公然起身反抗貿易保護主義者與川普政權的霸凌戰術，這種舉動看似充滿英雄氣概。同時這種舉動也對投資人有利。如果你是其中一間公司的投資人，你無疑會認為加拿大保護墨西哥供應鏈是正確的作為。畢竟杜魯道和方慧蘭最終保護的正是**你**

的利益。

但如果你是其中一間公司位於加拿大工廠的勞工，你可能會開始質疑，這個國家的政府要到什麼時候才會**為你**挺身而出。你很清楚自己只是在苟延殘喘，你的工作終究會被公司位於墨西哥的供應鏈奪走，你注定會變成公司的犧牲品。

從麥格納汽車投資人和勞工之間彼此對立的立場，我們就能看出政府在和其他國家協商貿易協定時，從本質上就很難明確定義何謂國家利益。對麥格納汽車的股東有意的事物並不一定對麥格納汽車的加拿大勞工們有益。從許多方面來說，對這兩方有益的事物截然相反。政府終究必須決定在坐上談判桌時他要代表的是哪一方的利益。川普有意拿企業利益來交換更多美國本土的工作，而杜魯道和方慧蘭則選擇了保護加拿大零件公司位於墨西哥的供應鏈。這就是**為什麼**加拿大不想簽訂排除墨西哥的雙邊協議，因為此協議可能會危及到他們的供應鏈。換句話說，他們可以用支持墨西哥作為偽裝，實際上支持的是麥格納汽車。

對杜魯道和方慧蘭來說比較不幸的是，墨西哥對於如何進行貿易談話自有想法。公開表現出和加拿大團結一致的態度聽起來十分窩心，但墨西哥真正想要保住的並不是加拿大市場。對墨西哥協商團隊來說，最重要的是免關稅進入美國市場。這就是為什麼川普政權在被加拿大的指責惹火之後（在渥太華的七大工業國會議結束後，川普的貿易顧問彼得・納瓦羅（Peter Navarro）說地獄已經為杜魯道總理特別保留了一個好位置），[8]提議要和墨西哥簽訂雙邊貿易協議。墨西哥政府毫不猶豫地抓住了這個機會。想當然耳，即將離職的墨西哥總統潘尼亞・聶托和即將上任的總統羅培茲都說他們希望加拿大未來也能加入此協議。我很確定他們都是真心誠意的。但他們也同樣樂意在加拿大不加入的狀況之下和美國簽署貿易協定。

在這種狀況下，杜魯道政權沒有選擇的餘地，只能也跟著簽下協定，接受川普政權已經和墨西哥商議好的條款。川普總統甚至還威脅加拿大，若不簽署協定，美國會對加拿大的出口車徵收百分之二十至二十五的關稅。到了最後，他們商定的協議和原本三方協商的協議並沒有太大的差別。加拿大堅持新的貿易協定中要保留舊北美自貿協定中的爭端解決機制（第十一章）。[9]萊特希澤在協商初期反對這個要求，他說這種做法等於取代了美國法庭的權威。

加拿大同意適度放寬他們原本對國內乳製品的嚴格保護作為交換（他們透過地方乳

製品、蛋和家禽銷售委員會提供的協助，把重點放在安大略省與魁北克省），此外，他們必須同意美國要適度延長新藥品專利保護時限的要求——這是美國製藥業提出的關鍵要求。但在最重要的汽車產業中，加拿大同意了美國和墨西哥協商好的新規定，要在未來保護美國的汽車業工作機會。

制訂新規定，拯救美國汽車業工作

在USMCA的規定中，規範汽車業免關稅貿易的條例有三個主要改變。汽車公司並不樂見這些更動。第一個改變出自於美國的堅持，在新協定中，汽車若要免關稅跨過國界，就必須要有百分之七十五的區域含量，而非北美自貿協定規定的百分之六十二點五。[10]這個新門檻將使中國等國家更難把便宜的汽車零件送進墨西哥，從墨西哥重新進口至美國或加拿大的組裝工廠，也就是更難走後門進入美國市場。

第二個改變是——這是新貿易協定中最令人驚訝的部分——若想把變速箱和引擎這一類的高附加價值零件免關稅運進美國的話，製造這些零件的勞工必須每小時至少賺進十六美元。更具體來說，若想符合免關稅跨越國界的標準，在單一北美車輛的零件中，至少總價值四成的零件都必須是由時薪十六美元以上的勞工製造的。[11]從來沒有貿易協定規定過勞工的基本工資，因此在此之前，任何公司都可以把其中一個國家的高薪勞工替換成另一個國家的低薪勞工。事實上，利用跨國薪資差異來套利正是這種貿易協定最主要的吸引力之一。由此可見，貿易協定的目的大多在於提升全球的最高工資，而非提升區域的基本工資。

新的基本工資規定並不會威脅到任何加拿大的工作機會。事實正好相反，這個新規定反而有可能把工作帶回加拿大，同樣也可能會把工作帶回美國。但對墨西哥車廠來說，這個規定會是個大問題，他們的平均薪資只有新規定的四分之一。墨西哥政府承認，在墨西哥的汽車業中，有三成的高附加價值零件都沒有達到新規定的區域含量和薪水門檻。

第三個改變則是補充條款。補充條款之所以會被排除在主合約之外，有可能是因為部分條款公然忽視世貿組織的規定，放在主合約中會使世貿組織這個全球貿易管理機構感到難堪。其中一個條款限制了墨西哥和加拿大可以免稅把多少汽車和汽車零件出口到美國市場，正如過去汽車協定保證加拿大的生產數量一樣（別忘了，汽車協定最後被世貿組織裁定為違反規則）。

美加兩國必須同意將他們出口到美國的車輛限制在兩百六十萬輛，超過這個數量之後，美國將可以任意選擇要對進口車輛課徵的關稅。[12]附加條款也規定了從墨西哥進口的汽車零件要限制在一千零八十億美元以下，加拿大進口的則限制在三百二十四億美元以下，超過這個金額後，美國將以現行稅率課稅。

雖然汽車與零件的限制都遠高於簽訂此協議之前的數量（和華盛頓協商鋼品和鋁品貿易時的狀況相去甚遠），但USMCA確實限制了進口貨品在未來的成長可能。從汽車業這個關鍵產業來看，USMCA的確是管制貿易協定——而非允許市場決定生產量與出口量的自由貿易協定。

儘管如此，墨西哥當時的經濟部長瓜哈爾多（Guajardo Villarreal）依然站出來為新協定說話，他說依照這個出口限額，墨西哥出口到美國市場的汽車還有將近百分之四十的成長率。理論上來說，協定提供了更高的成長空間給加拿大車輛出口額度。但在三國簽署協定後，我們很快就發現對美墨兩國來說的差別在於加拿大汽車製造業幾乎無法維持現有規模，更不用說成長了，而墨西哥的汽車製造業則熱切渴望能繼續成長。因此，對加拿大來說，限制未來的汽車與零件出口量並沒有太大的影響，如今加拿大國內的汽車產業狀態是絕對不會使出口量接近出口限額的。

新協定上的墨水都還沒乾透，通用汽車就突然宣布了一個令人震驚的消息。他們將要關閉四間位於美國的廠房，其中一間是位於俄亥俄州洛茲鎮的極大型廠房——川普曾答應俄亥俄選民會提供更多汽車業工作，要他們別賣掉自己的房子。通用汽車也關掉了加拿大奧沙瓦市一間富有歷史意義、從一九五三年就開始營運的工廠。通用汽車關掉了曾生產紬珍科魯茲車款（Cruze）的洛茲鎮工廠後，美國汽車工人聯合會感到特別生氣，他們在二〇一七年中曾同意為了挽救這間工廠而同意將年薪刪減一億一千八百萬美元。[13]

除此之外，通用汽車也關閉了底特律－漢姆川克工廠，這是通用汽車在這個曾被稱作汽車城的城市中的最後一間工廠。他們在美國共裁減了三千兩百個工廠工作，在加拿大則裁減了兩千六百名員工。

通用汽車公開解釋道，他們之所以要關閉工廠，是因為公司必須重新分配資源來研發自主化自動駕駛和電動車。儘管股市都為了通用汽車關閉了高支出的工廠並計畫裁減其他白領工作而歡天喜地（宣布此消息後，通用汽車的股價上漲了百分之五），但無論是UAW或加拿大的汽車工會Unifor都絲毫感受不到欣喜，川普總統也同樣快快不樂。

將資源轉移到研發電動車或自主駕駛車聽起來像是公司在大膽投資充滿綠色科技的未來，但批評者指出，通用汽車真正想要做的事其實保守得多。他們在美國賣出的新車中，只有百分之二是電動車。通用汽車真正的計畫是減少生產近年來銷量大減的轎車，把資源重新分配到建造更耗油量更大的運動休旅車，因為近年的低油價量大幅推動了休旅車的銷量。福特汽車已經宣布要縮減小客車的產量了——至少在時薪較高的美國與加拿大工廠是如此。

川普總統很快就怒氣沖沖地指出，通用汽車根本沒有關閉任何位於墨西哥或中國的工廠。通用汽車說他們要關閉工廠，是因為這幾間工廠生產的車款都已經賣得不好了，雖然技術上來說這段敘述的確沒錯，但事實上，這是因為工廠沒有收到指令要生產如今**正在**熱賣的車款。當底特律的主管付錢要奧沙瓦市的焊接工生產如今沒人想開的車輛時，我們難道該把這些問題怪在焊接工身上嗎？

在通用汽車宣布要關閉工廠後，針對公司的批評變得愈來愈嚴重，為了扭轉輿論，通用汽車把一千三百〇五個受到影響的員工轉移到其他間美國工廠工作。接著他們又說會把關閉的洛茲鎮工廠轉賣給役馬電動車公司（Workhorse Electric），這間小公司想生產的是電動貨運卡車。[14]

但北美汽車與零件業還要面對另一個懸而未解的更大問題：美國對汽車與零件業的關稅在未來幾年會是什麼樣子？以後美國汽車市場會不會被高聳的關稅壁壘圍起來——換句話說，以後位於關稅壁壘之內會不會有極高的價值？高關稅壁壘會影響的不只是牆外企業的行為，也會影響牆內企業的舉動。在墨西哥營運的製造商將會有極高的動機真正配合新的USMCA，而不是支付目前的最惠國（most-favoured-nation，簡稱MFN）關稅。

不過你要知道，在北美自貿協定的規範下，汽車公司其實一直有漏洞可以鑽——而在新的USMCA的規定中，漏洞依然存在，至少目前為止是如此。在墨西哥營運的公司如果沒有達到北美自貿協定規定的百分之六十二點五區域含量門檻的話，他們可以選擇支付美國的MFN關稅。在MFN的規定下，輕型貨車與運動休旅車之外的車輛只要再支付百分之二點五的關稅。新協定實施後公司同樣也有這個選擇，而且新協定還增加了車輛需要滿足的條件——最明顯的就是提高區域含量的門檻與高附加價值零件的基本工資新規定——這也就代表汽車製造商如今有更高的誘因忽略貿易協定，直接支付MFN關稅。

如果你是通用汽車的執行長瑪麗．拜拉（Mary Barra）或麥格納汽車執行長沃克，你會怎麼做？你會為了配合基本工資的新規定而支付墨西哥勞工四倍的薪水，還是你會維持原本的薪水，等到把墨西哥工廠生產的車輛送進美國時，再支付微不足道的百分之二點五關稅？MFN關稅看起來是個挺不錯的選擇。

但美國對車輛進口的MFN關稅還會維持在百分之二點五嗎？如果你是汽車製造商的執行長，你可不會想要把公司的利潤當作賭注——當你營運的是把目標放在關稅法案上的歐洲或亞洲汽車公司時更是如此。在美國商務部發現美國汽車市場的進口滲透危及到國家安全後，川普總統便威脅要像當時調整鋼品與鋁品的關稅一樣，也針對汽車使用《貿易擴張法案》的第二三二條款。當時他和中國的貿易戰正進行到緊要關頭，因此他給歐洲與亞洲汽車製造商一百八十天的緩衝時間，讓他們協商出更好的貿易條件（或許可以包含配額），之後他就會開始考慮要對進口到美國市場的汽車課徵高達百分之二十五的關稅。歐盟的汽車進口關稅——歐盟的進口車大多來自亞洲和北美——是百分之十，也就是美國MFN關稅的四倍。

對歐洲汽車生產商而言，美國市場無疑是最大的出口市場，占了他們將近三成的出口營收。[15]而在美國進口車中，來自日本的車占了將近四分之一。[16]日本與歐洲都必須承擔很高的風險，當時川普總統無比明確地指出，如果日本和歐洲不想支付十倍的汽車關稅的話，他希望他們的汽車製造業能對美國進行更多投資。

不確定性本身就會帶來獎賞

人們都說企業最可怕的敵人就是不確定性——但不確定性卻可以是勞工的益友。而現今的北美汽車業絕對充滿了不確定性。

除了白宮威脅要實施的第二三二條款關稅之外，川普還有可能會在汽車工廠對墨西哥有任何舉動後受到激怒，直接忽略原本在USMCA講好的條約，單方面對墨西哥徵收新關稅。畢竟川普已經威脅過，若墨西哥再不努力中止不斷穿越邊境的移民潮，他就會直接課徵關稅了。

但是對美國汽車業勞工來說，川普政權提出威脅帶來的不確定性似乎為美國汽車業引進了更多投資與更多工作。以豐田汽車為例，他們不打算等到美國關稅的未來變得更清楚，而是馬上加強投資美國汽車業。豐田汽車原訂要在二〇一九年至二〇二二年間進行美國投資計畫，在二〇一九年三月他們宣布要在此計畫中額外增加三十億美元，共計一百三十億美元，[17]其中包括了和馬自達公司合夥在阿拉巴馬州亨次維建立一間十六億美元組裝工廠。

川普當選後，汽車製造業的員工數大約增加了四萬五千人，總數剛好超過一百萬人。雖然增加幅度不大，但這已經是汽車業在過去十多年來最高的漲幅了。[18]豐田汽車北美分部的執行長吉姆．蘭茲（Jim Lentz）在宣布公司要增加對北美工廠的投資時說道：「如果我們說我們沒有在關注貿易狀況的話，那就太虛偽了。」[19]

而且豐田汽車並不是唯一一間對美國汽車產業增加投資的公司，通用汽車也是。這間美國最大的汽車製造商曾認為關掉四間美國境內的主要生產工廠能讓他們搭上順風車，但如今情況有變。提出抱怨的人不再只有川普總統，還有UAW。汽車業者知道了坐在白宮裡的這位總統曾保證要提供更多汽車業工作，也準備要用關稅達到目標，因此開始罷工。UAW關閉了通用汽車在美國的所有廠房，甚至靠著供應鏈關閉了兩間墨西哥的工廠和一間加拿大的工廠。工會想要通用汽車承諾他們會在美國投注更多資金與產能，不要繼續在墨西哥擴增營運。

根據報導指出，為期四十天的罷工使通用汽車損失了二十億美元，於是通用汽車決定要在美國工廠投資七十七億美元的新資金，並另外在合資事業上投資十三億美元，其中包括了把俄亥俄州羅德斯通的工廠改建成電動車廠。在通用汽車承諾的七十七億投資中，有三十五億投資在底特律－漢姆川克工廠中，也就是通用汽車原本說要關閉的四間美國工廠的其中一間。公司為了關閉這四間工廠中的三間，同意要為四萬九千名UAW會員做出相對慷慨的加薪，包含了十一萬美元的簽約獎金與百分之六的加薪，雙方最後協議要將資深勞工的時薪增加到每小時三十二點三二美元。

不過通用汽車在加拿大的狀況遠沒有那麼好，對於在奧沙瓦市生產凱迪拉克XTS和雪佛蘭黑斑羚的廣大勞工來說，狀況尤其糟糕。奧沙瓦市的工廠曾是全世界最大的汽車工廠之一，每年生產的汽車超過七十三萬輛，僱用的員工超過兩萬人，但工廠在二〇一九年十二月關閉了生產線。工廠只剩下三百名員工，轉變為專門為停止生產的車款製造零件，並為自主駕駛車提供測試軌道。[20]

如今加拿大沒有了麥克勞林汽車支持國內生產，而加拿大聯邦政府除了表示失望之外，絲毫不打算對不斷消失的汽車業工作有任何作為，如此看來，加拿大汽車業的規模還會繼續縮減，衰退程度將會超過曾引領汽車業的奧沙瓦市工廠面臨的結局。雖然加拿大在十年前曾是世界第二大汽車產國，但加拿大汽車業中絕大多數的員工也都只是犧牲品。

第十二章——別讓中國接近美國的後門

原本幾乎沒有曲棍球迷聽過華為這個品牌，直到二〇一七年電信巨頭華為的標誌出現在加拿大最多人最多人觀看的電視節目上：《加拿大曲棍球之夜》（*Hockey Night in Canada*）。這對中國公司來說是非常大膽的行銷策略。不過當時華為可能並不了解，在發明了曲棍球的加拿大，這種運動如今的狀況和以前大不相同。舉例來說，在大多倫多曲棍球聯盟（Greater Toronto Hockey League）中，AAA團隊成員的初始年費是五千美元，而後最高可以達到一萬元。傳奇人物高迪・豪威（Gordie Howe）當年或許是穿著二手溜冰鞋在冰凍的小河裡學習曲棍球的，但如今的小孩若缺乏陸上體能訓練、絕佳的飲食和價值數千元的溜冰鞋，他很有可能追不上其他同儕。過去數十年來，中產階級加拿大人的實際收入都沒有成長，對這些人來說，有組織的曲棍球運動是難以企及的目標。年輕曲棍球員的全國註冊率在近十年來下降了一成。

但華為這家中國電信巨頭公司並不是因為熱愛曲棍球才對數百萬名曲棍球迷的電視螢幕下廣告的。加拿大曲棍球聯盟試圖在中國推廣曲棍球時，得到的迴響不怎麼熱烈。華為在《加拿大曲棍球之夜》下廣告的目的在於推銷公司漂亮的新智慧型手機——這支手機遠比蘋果想賣給你的還便宜得多。但華為想在加拿大做的事並不只是賣智慧型手機。事實上，賣手機甚至不是華為在加拿大電視頻道上購買最昂貴廣告的主要理由。

華為真正想要的，是與加拿大的電信公司（例如羅傑斯（Rogers）、貝爾（Bell）和特勒斯（Telus））針對無線5G網路的交換設備和其他核心硬體簽署合約，5G將會澈底改變電信通訊系統在全球的運作速度。華為很樂意花一些錢來達到目的。除了成為《加拿大曲棍球之夜》的主要贊助商之外，華為還在二〇一八年花了一億三千七百萬美元在加拿大的十間大學投資有關5G科技的新研究。華為也是多倫多國際電影展（Toronto International Film Festival）的贊助商。此外，華為還資助了許多加拿大慈善機構，例如職棒大聯盟藍鳥隊的藍鳥關懷基金會（Jays Care Foundation）。華為正努力對加拿大民眾施展魅力，希望能在加拿大人和華為這個品牌之間創造連結。如果華為想要簽下電信合約的話，他們將會需要加拿大人的支持。

在習近平主席的《中國製造二〇二五》計畫中，他希望主導電信通訊業會成為中國主導的全球關鍵科技產業之一。華為是中國的電信先驅，正在努力達成習近平主席的目標。人民解放軍的前工程兵任正非在一九八七年成立了華為公司。而後華為超越了瑞典的敵手愛立信（Ericsson），成為全世界最大的電信通訊設備供應商，在製造智慧型手機的方面則僅次於南韓巨頭三星。

那麼，為什麼像華為這種龐大的公司要把征服加拿大的小市場放在優先順位呢？加拿大屬於一個名叫「五眼聯盟」（Five Eyes）的西方民主國家聯盟——其餘四個國家是美國、英國、澳洲和紐西蘭。除了價值觀相近（以及同樣使用英語）之外，這五個國家也高度共享彼此的機密情報。其中三個國家——美國、澳洲和紐西蘭——已經因為擔心網路安全而禁止華為提供硬體給國內的5G系統。澳洲前總理滕博爾（Malcolm Turnbull）在任時禁止華為和另一間中國公司中興通訊提供5G設備，他說做出這個決定是為了避免中國在未來侵略澳洲的可能性。[1]

各國之所以會感到擔憂，是因為華為和中國政府之間的關係緊密。許多西方國家擔心華為的核心設備會為中國龐大而複雜的國家監視裝置提供後門。他們擔心中國不只會竊聽，甚至還會做出更可怕的事，例如侵入他國的核心電信通訊設備並控制主要操作系統。因此加拿大理所當然地接到了五眼聯盟的請求，要他們禁止在國內的5G系統使用華為設備。

除了美國民主黨與共和黨的國會議員提出請求外，三名加拿大的前任安全部長都公開警告杜魯道政府，如果加拿大允許華為打造新的5G電信通訊系統，國家安全將會受到嚴重危害。[2]加拿大前總理金姆・坎貝爾（Kim Campbell）曾說過她認為聯邦大選時「不適合辯論非常、非常嚴肅的議題」，杜魯道總理認同坎貝爾的說法，他說加拿大會等到二〇一九年聯邦大選結束後再做出決定。

接下來發生的事並沒有動搖加拿大輿論：當時的中國大使盧沙野公開警告渥太華，如果加拿大不允許華為參與硬體合約的投標的話，「加拿大必須承擔後果」。[3]你能想像加拿大決定不購買愛立信的電信通訊設備之後瑞典政府做出同樣的嚴正警告嗎？又或者你能想像如果諾基亞拿不到電信通訊設備合約的話，芬蘭政府警告渥太華等著面對嚴峻的後果嗎？（當然了，你可能會疑惑為什麼非得向瑞典、芬蘭或中國公司購買電信硬體不可，為什麼不直接從加拿大公司買就好了呢？這是因為像北方電訊（Northern Telecom）等全球等級的許多加拿大企業在全球電信市場中都是犧牲品，他們都被犧牲掉了。」我很確定中國大使盧沙野的訊息一定讓許多加拿大人鬆了一口氣，覺得華為和統治中國的共產黨之間半點裙帶關係都沒有，這間公司營運時絕對是獨立於中國政府掌控的。

華為表示，他們目前在一百七十個國家裡執行業務，沒有出現過任何有關於國家安全受損的意外或抱怨。除此之外，華為的高層主管也主張，和競爭者比起來，華為並沒有特別占據優勢可以像特洛伊木馬一樣，使用他們的設備竊聽或操控顧客的電信通訊系統。華為也指出，不管安裝硬體設備的是哪間公司，真正讓中國或全球任何地方的駭客能夠入侵電信系統的應該是作業軟體。華為說的或許沒錯。但你比較希望來設計與建設你的電信通訊網路是——公開上市的瑞典電子公司，還是公司規章指明了只要中國政府要求提供協助你就不能拒絕的公司呢？

到了最後，華為在比加拿大更重要的市場中面對了更大的挑戰。二〇一九年五月，在中美談判破裂後，川普總統在進行中的貿易戰中提高了賭注，他發布了行政命令，要求商務部禁止華為對美國行動電信公司進行任何銷售——如今他們不能販賣的不再只是5G網路了。[4]對華為來說更致命的，是白宮下令禁止美國公司把科技或零件賣給華為。這項禁令不只影響到這間中國公司在美國的商業貿易，也影響到華為在全球各國的競爭力。

舉例來說，谷歌宣布他們再也不會為華為的軟體或服務提供更新。手機零件生產商魯門特姆控股公司（Lumentum Holdings）也表示他們不會再提供零件給華為。晶片製造商英特爾、高通（Qualcomm）、賽靈思（Xilinx）和博通（Broadcom）都不再供應晶片給華為。雖然川普禁止美國公司販賣商品給華為會使美國供應商每年損失大約一百一十億美元，但這條禁令讓華為大受打擊，難以在競爭激烈的全球智慧型手機市場中和三星等公司競爭。

川普總統在二〇一九年六月於大阪和習近平主席見面並重啟貿易協商後，便把禁令解除了。但中國電信巨頭華為知道這只是暫時緩刑，依然對此心懷憂慮。川普闡明了，要等到貿易協定確定後，美國才會確定對華為的政策為何，若無法簽下協定的話，美國會再次執行此禁令。

那麼，《加拿大曲棍球之夜》的大型廣告和消耗性勞工有什麼關聯性呢？

兩者的關聯性可能遠大於你的想像。USMCA是三國之間的貿易協定，但其中一個條款把目標訂在第四個國家身上。第三十二條款指出若這三個國家中的其中一個和「非市場經濟國家」（non-market country）簽訂了自由貿易協定的話，三個國家都可以中止這個協定。[5]這裡所謂的非市場經濟國家指的當然就是中國。有了第三十二條款這個逃生口，美國就有能力可以請求（或強迫）USMCA伙伴們支持美國對中國發起的貿易戰。

這個條款針對的對象是加拿大而非墨西哥。杜魯道政府一直以來都以十分輕率的態度面對中國的貿易戰線，根據報導，加拿大甚至一度認為他們可以和中國簽訂貿易協定。諷刺的是，加拿大一開始之所以會想要這麼做，是因為渥太華認為美國的保護主義正逐漸增強，加拿大應該增加貿易多樣性。無論如何，這都顯示了在談及面對北京政權的態度與處理方式時，由哈波領軍的保守政府和冷戰時期的態度大相逕庭。而能夠和美國的北方鄰居暨關鍵貿易夥伴簽訂自由貿易協定一事讓中國深感興趣。在中國打造通往全球的貿易路線與相關基礎建設的過程中，加拿大可以是絕佳的第一步。雖然加拿大的市場本身並不大，但進入此市場能使中國在美國的後門獲得策略性的立足點。但如果加拿大有任何人認為美國不會介意他們的敵手攻下北美灘頭的話，那絕對是大錯特錯。

第三十二條款因此誕生。此條款將強迫加拿大在兩大強權之間作選擇。加拿大的首席談判官暨當時的外交事務部長（如今的副總理）方慧蘭指出，USMCA中禁止他們和非市場經濟國家簽訂自由貿易協定的條款沒有那麼強大，不會破壞任何美中貿易協商。不過貿易專家們對方慧蘭的說法各有不同的意見。但顯然川普總統除了第三十二條款之外，還有別的方法可以關上大門，不讓中國和USMCA的成員國簽訂任何貿易協定，他的袖子裡還藏有另一張王牌。

「阿丹，把她帶走！」*

對許多旅客來說，在溫哥華機場轉機是很常見的一件事。但在二〇一八年十二月的某個平淡的日子，在溫哥華轉機的孟晚舟卻遇到了令她驚恐萬分的意外。孟晚舟是中國電信巨頭華為公司的創辦人任正非的女兒，也是華為的財務長，她在前往墨西哥的途中於溫哥華機場轉機，加拿大政府應華盛頓的引渡請求逮捕了她。從那一刻開始，川普政權就再也不用擔心需要行使USMCA第三十二號條款來遏止中國走後門了。

孟晚舟在二〇一七年發現自己成了美國針對華為犯罪活動的調查對象，從那時開始她就一直刻意避開途經美國機場。她是公司的財務長，美國指控她曾在美國銀行當局問及有關華為和掛名公司星通技術之間的交易時說謊。星通技術公司涉嫌販賣禁運物品與科技到伊朗。若孟晚舟被引渡到美國的話，她可能會在那裡停留好一陣子。她被指控的罪名是是金融機構詐欺，此罪名的最高罰則是三十年有期徒刑。

孟晚舟顯然沒有預期到加拿大政府會為了將她引渡到美國而逮捕與扣留她。但加拿大和南邊的鄰居之間一直以來都有引渡條約——北京當局也曾在近期和加拿大的貿易討論中要求類似的法律條款。因此，在華盛頓提出要求時，杜魯道政府也做出適當回應並採取行動，在孟晚舟抵達溫哥華時逮捕她，居留在看守中心，直到她以一千萬美元交保，住進她在溫哥華市的地產中。她會在那裡等待未來被引渡或釋放。

＊譯註：這句是影集《檀島警騎》（*Hawaii Five-0*）中，主角在逮捕犯人後的著名台詞。

在面對中國預期之中的怒火時，杜魯道總理與當時的外交事務部長方慧蘭為加拿大的舉動申辯說，加拿大是一個法治國家，因此別無選擇，必須履行引渡請求。川普總統則以他一貫充滿敵意的風格加入戰局，他公開表示若孟晚舟被引渡到美國，他會在和北京談判時把這位扣留在美國的主管當作談判籌碼。[6]中國當局可不認為川普的描述聽起來像是個法治國家。有鑑於數個月後杜魯道在自己國家裡惹出的頭條新聞，他說加拿大是法治國家的描述似乎也不怎麼可信。杜魯道總理解僱了司法部長王州迪（Jody Wilson-Raybould），原因是她不願意撤銷對魁北克工程巨頭ＳＮＣ蘭萬靈公司（SNC-Lavalin）的指控（該公司被指控為了和利比亞的格達費政權簽約而賄賂政府官員）。[7]ＳＮＣ蘭萬靈的蒙特婁總部正好位於杜魯道總理在帕皮諾的選區。

北京報復性地把兩名不幸的加拿大人關進牢裡，其中一名是前外交官，另一名是加拿大商人，罪名是中國政府編造出來的間諜活動。這兩人被囚禁了四個月，而後在二〇一九年五月被正式起訴間諜罪。還有另一名因為走私毒品而被逮捕並判處十五年有期徒刑的加拿大人，政府突然決定他的刑罰要調高至死刑。加拿大媒體全都重點報導中國的報復行為，人民對於加拿大和亞洲巨獸中國協商貿易協定一事的態度也有了巨大的轉變。

渥太華先前對北京提議要簽訂引渡條款抱持著默許態度，如今看來是再也不可能了。

如果你因犯罪被起訴的話，你會想要被關在哪一國？根據報導，被拘禁的加拿大人康明凱（Michael Kovrig）和麥可．斯帕沃爾（Michael Spavor）都被關在牢房裡，裡面二十四小時開著燈，每天都要被中國國安部官員審問四小時。孟晚舟則住在她價值五百萬的溫哥華豪宅中，除了必須穿戴全球定位系統監測器之外，她可以隨心所欲地在溫哥華區移動。

多數加拿大人都覺得這並不公平。與此同時，中國的加拿大大使約翰．麥家廉（John McCallum）公開宣導要加拿大放了孟晚舟，他說孟晚舟有很好的理由不該被引渡到美國（為免審判此案的法官們沒有辦法靠著他們自己做出此結論，所以加拿大應該釋放她）。不過在加拿大最終決定引渡與否的並不是司法部，而是被分派負責此案的內閣官員。加拿大大使麥家廉繼續在已受到指責的狀況下公開為孟晚舟（與中國政府）說話，杜魯道總理最後終於聽從了多數人的意見，解除了大使的職務。

嚴峻的後果

到了最後，孟晚舟引渡案的重點變成了貿易。從這點看來，此計畫的真正架構者川普總統可以說是已經完成任務了。雖然北京和渥太華之間的嫌隙導致的商業負面影響還未發展完全，但目前看來，加拿大並沒有為了減少對美國的貿易依賴性，而與中國這個美國位於亞洲的敵對國家提高貿易量。以川普的觀點來看，更重要的是中國大概沒辦法在美國的後門取得立足點了。

渥太華終於批准了孟晚舟的引渡聽證會之後，中國開始展現自己的商業影響力。如果你是世界最大的芥花購買國，也是最大的黃豆購買國，你將對全球各地種植芥花和黃豆的農夫具有極大的影響力。加拿大的芥花農民也嚐到了先前美國黃豆農民曾嚐過的怒火。

中國將加拿大最大的芥花出口商理查森國際公司（Richardson International）從他們核可的穀物進口名單中除名，中國指出原因在於該公司的貨品受到汙染。這正好是加拿大司法部批准舉行孟晚舟引渡聽證會的同一天。這突如其來的除名使加拿大失去了中國每年二十五億美元的芥花訂單。

在理查森國際公司被除名之後，芥花的期貨價格跌到了兩年內的新低點，正如中國大刀闊斧地禁止從美國進口黃豆之後，美國黃豆農民面臨的狀況一樣。接著你突然發現，中國把另一間加拿大的大型芥花出口商維特拉（Viterra）的許可證給撤銷了。自此之後，所有加拿大供應商的合約都被無限期停用。由於芥花的主要出口市場枯竭，加拿大農民計畫要在二〇二〇年降低至少一成的芥花種植量。

在二〇一九年的大阪二十國集團峰會舉辦之前，中國逐漸增加了對加拿大的貿易報復。中國禁止了所有加拿大進口的肉品，宣稱在這些肉中找到了極微量的獸醫用藥萊克多巴胺，這是一種在北美合乎法規，但在中國不被允許的藥物，同時中國也偽造了健康檢驗文件（後來中國在非洲爆發豬流感的隔年就解除了這項禁令）。中國是加拿大豬肉的第三大出口市場，也是牛肉的第五大出口市場，在二〇一九年的頭四個月，加拿大出口了價值三億七千四百萬美元的這兩種肉品到中國。有鑑於加拿大出口到中國的農產品總價超過八十億美元，若中國有意願的話，他們還有很大的空間可以對加拿大進行更多貿易報復。[8]

若加拿大政府將孟晚舟引渡到美國，又或者最終拒絕讓華為在加拿大建立5G網路的話，中國有極大的可能會繼續採取貿易報復行為。中國很熟悉要如何藉由暫緩商業關係來強調自己的外交論點。根據報導指出，在澳洲禁止了華為提供5G網路後，中國北部的大型港口大連禁止了從澳洲進口的煤炭。中國原本和紐西蘭簽訂了自由貿易協定，但在紐西蘭禁止華為提供5G網路後，兩國間的關係逐漸惡化。

美加之間的商業連結會在許多方面出現進一步的瓦解。中國官方報導指出，自從孟晚舟被捕後，中國前往加拿大的旅行人數減少了百分之九十五。[9]根據估計，中國觀光旅遊業對加拿大經濟的貢獻大約是十六億美元。加拿大過去曾是中國政府贊助的旅行團最喜愛的地點之一，此外，中國有錢人也喜歡在加拿大投資不動產，或讓小孩到加拿大念書。

隨著中美貿易逐漸增溫的緊張情勢，中國的不動產投資客已經不再到美國置產了。房地產經紀人協會（National Association of Realtors）的報告指出，相較於前一年，中國買家在二〇一九年三月於美國購買的房子減少了百分之五十六。如今看來，他們也會用同樣的方法對付加拿大。如果你正在溫哥華販賣高級地產，這對你來說可不是什麼好消息，但如果你是第一次買屋、又正在尋找一個屬於自己的房子的話，你可能會想要感謝中國政府對逮捕孟晚舟進行的報復行動。

孟晚舟不是唯一在溫哥華市買下高檔房地產的中國人。在中國人房地產投資的世界排行榜中，溫哥華市一直穩居前六名。根據加拿大國家銀行在二〇一五年的估計，中國買家在投資的金額是一百三十億美元，占了當年總投資額的三分之一。[10]就連對許多溫哥華居民而言具象徵意義的當地滑雪場松雞山如今都落到了中國股東手上。

中國人在加拿大購買的不只有房地產。中國國營企業一直都在積極收購加拿大公司，歷史可以追溯到中國海洋石油對加拿大油砂製造商耐克森（Nexen）進行的魯莽大型收購。最近的知名案例則是二〇一七年，中國城市建設控股集團向加拿大最大的工程與建設公司之一愛康集團（Aecon Group）的股東出價十五億美元，而後加拿大政府基於國家安全理由阻止了這個併購提案。同時，加拿大的大學除了獲得了華為提供的電子工業研究資金，也從十五萬名中國學生上獲益，這些學生全都必須支付高額的國際生學費。[11]

有鑑於美加之間的關係，川普總統無須將USMCA毒劑使用在北方的貿易夥伴身上；如今中加關係進入了一九七〇年兩國確立外交關係後的最低點，因此，華為很有可能在《加拿大曲棍球之夜》的贊助合約於二〇二〇年過期之後，尋找新的播放平台廣告自家產品。

渥太華政府知道，若他們把孟晚舟引渡到美國，那麼之後大概也不用再考慮和北京當局合作了，其中也包括加拿大想在聯合國安理會獲得席位一事。中國會把二〇一九年十月獲選連任的杜魯道當作唐納．川普的走狗，這件事說來諷刺，畢竟在亂哄哄的USMCA協商過程中，川普與其官員一直都不怎麼掩飾他們對這位加拿大領導人的鄙視態度。不過若孟晚舟被引渡到美國甚至被關進監獄的話，中國將會在全世界面前丟盡臉面——這是中國在和西方死敵美國競爭世界領導權時無法承受的傷害，此外，這也會使中國在龐大的中美貿易戰時失去經濟地位。

就算中美完成了斷斷續續的協商並達成了新的大型貿易協議，也不代表孟晚舟和那些在中國被抓起來當作人質的倒楣加拿大人能有好結局。美國有可能在和中國討論第二階段綜合貿易協定時，以放棄引渡要求作為等價交換，如此一來，孟晚舟和加拿大人就可以獲釋離開。

但對於加拿大出口貨品而言，中美貿易戰可能會帶來可怕的後果。中國已經同意在接下來兩年增加兩千億美元的美國進口貨品（幾乎是原本金額的兩倍），[12]這些額外增加的貨品有可能會減損中國從其他國家進口貨品的額度。換句話說，中國順從美國的要求購買更多美製貨品時，帶來的會是貿易轉換而非貿易擴張。

最有可能因此遭受損失的國家之一就是加拿大。加拿大出口到中國的許多商品都和美國重複，因此我們可以想見，對中國來說，藉由減少加拿大貨品騰出空間給更多美國貨品是很容易的事。二〇一八年，加拿大出口到中國的貨品包括了價值十七億美元的黃豆和十八億美元的海鮮肉品。此外，加拿大也出口了五十九億美元的林業產品和二十九億美元的碳、石油、鐵和銅。[13]美國有能力可以出口這些數量的商品。依據第一階段中美貿易協議，美國將會出口更多能源到中國，這很有可能代表中國未來要進口的天然氣會來自美國格爾夫海岸，而非加拿大在卑詩省基提馬特鎮建造的天然氣站。也就是說，真正對加拿大出口貨品造成傷害的並不是加拿大和美國的新貿易協定。中國和美國的貿易協定才是最重的打擊。

事實上，加拿大出口貨品的市場之所以會縮小，是因為杜魯道政府主動提出要減少國家對美國的高度貿易依賴，讓加拿大出口貨品進入中國市場，這其中的諷刺意味十足。杜魯道政府是最支持世貿組織的國家之一，不過他們很快就發現加拿大勞工在過去數十年來一直努力應付的困境：在國際貿易協定形塑的新世界貿易秩序之下，只要一個不小心就會被其他國家遠遠超過。

第十三章——讓中國再次偉大

中國是個適合工程師的國家。雖然全球有許多地方都陷入停滯狀態，放任基礎建設衰減，但身在中國的你可能已經接下了能力所及的最多建設案，幾乎是從零開始打造出一個超現代的國家，這裡有高速鐵路、最新一代的軍事硬體設備，甚至還有量子電腦能夠演算在地球同步軌道上進行的實驗。想要打造一架廣體民航機去和波音公司以及空中巴士競爭嗎？沒有問題。想要建造一座全世界最大的混凝土建築嗎？任務完成。

有鑑於中國的建設與科學計畫會出現在遠至格陵蘭和南極大陸的地點，所以你在中國以外的地方也有大量機會。不過你可能會希望自己不要被派到俾路支省（Balochistan）。

二〇一六年，俾路支解放軍（Balochistan Liberation Army，簡稱ＢＬＡ）暗殺了兩名中國工程師。二〇一八年，ＢＬＡ的自殺炸彈客試圖炸死搭著公車從礦坑折返的一整車工程師。同年十一月，BLA的三名恐怖分子對喀拉蚩（Karachi）的中國領事館進行自殺式攻擊，最後以失敗告終。BLA的目標是從巴基斯坦獨立，而非從中國獨立。那麼，他們為什麼要攻擊中國的工程師和外交官呢？

答案是某些人稱作「全球化」的狀態——也就是一個忽略甚或踐踏國家利益的跨國複雜貿易系統——有些人將之稱為「打造帝國」。在過去上千年來，俾路支一直都處在各個帝國的交叉點上，而他們從來沒有配合過。亞歷山大大帝在撤退時經過當時的格德羅西亞沙漠（現今的俾路支省，鄰近瓜達爾（Gwadar））時損失了一萬兩千名士兵。英國也在此發現了自己能力的極限。國際間一般認為阿富汗與巴基斯坦的界線是杜蘭德線，這條現從北方的契特拉（Chitral）延伸到南方的俾路支。莫蒂默・杜蘭德爵士（Sir Mortimer Durand）與阿富汗王在一八九三年協商出這條界線，標定出大英帝國的邊界。他們創造出杜蘭德線一世紀之後，這裡變成了全世界最危險的邊界之一。

一九四八年，俾路支的領土被劃進了新的巴基斯坦中。儘管俾路支省占據了巴基斯坦將近一半的面積，但居民所賺的薪水還不到巴基斯坦國民所得的百分之五。雖然這裡貧困又人煙稀少，不過自然資源豐富。而且，這裡有許多國家都沒有的事物：地緣政治價值。這裡是中東、中亞、西南亞和南亞的交會點。許多開發中國家都在亞歷山大的軍隊離開（或者說一半的軍隊離開了，另一半則航行至蘇斯（Susa），也就是現今的伊朗西方）的地點相遇。

儘管歷史上那些充滿野心的帝國在此受挫，新的全球強權並不會因此就被嚇跑。中國十分享受他們對美國的驚人貿易順差，而這種順差並不是一次性的事件，而是每年都會發生，而且還會累加。在過去十年來，中國對美國的貿易順差已經累積多達三兆美元了。中國因此獲得了鉅額外匯存底，而中國希望能盡快用掉這三兆美元。

那麼，正在發展中的經濟強國中國又是如何處理他們獲得的這些外匯存底呢？諷刺的是，有很大一部分外匯存底透過了美國政府的債券（國債）再次回到了美國手上。中國絕對是美國政府國債的最大持有者，大約有三分之二的外匯存底都是美元。[1] 中國人民銀行（中國央行）為了壓低人民幣的價格，在過去數十年來一直都在購買美國國債（外國央行購買美國國債之前，首先要用自己的貨幣購買美元。因此，中國購買的國債愈多，就會把美元兌人民幣的匯率推得愈高）。中國若想使大量的出口貨品具有更高的競爭力，保持低匯率的人民幣是很重要的，而中國經濟一直非常依賴出口商品。中國現在在做的，就是購買市場股份並用美元支付。

但中國不只把鉅額的外匯存底用來購買美元。他們將部分外匯存底回收利用，拿來投資習近平主席的偉大計畫。

一帶一路（一帝國）

在執政的中國共產黨同志中，習近平主席又被稱作習近平總書記，習總書記是個綜觀全局的思想家。畢竟在中國這種國家營運的經濟體中，做好長遠打算應該是最重要的美德之一。許多國營企業無須每季擔心是否有足夠的股東回報，因此，他們可以大膽籌劃一些必須耗費好幾年、甚至好幾十年才能獲得成果的策略計畫。無論在何種情況下，中國的國營企業都會遵照北京政治當局下達的指令。目前北京下達的命令是大量投資世界各地的基礎建設，支持全球貿易的進一步成長——想當然耳，這些貿易全都會流經中國經濟。

習近平主席對中國未來的大膽展望令人不由得想起形塑了古時大中國帝國的傳奇絲

路。當時絲不僅是高價值的奢華布料，更是全球市場的貨幣。絲路這條被使用了數百年的貿易路線使中國一度成為全世界最強大的國家。習近平主席希望中國的新路線也能帶來同樣的成果。

換句話說，習近平是在用一帶一路這個計畫「讓中國再次偉大」。有趣的是，同一個概念竟同時出現在相隔一整片太平洋的兩個國家中。習近平主席和川普總統的波長很合，或許這正式為什麼兩人能再國家進行激烈貿易戰時，依然彼此相處融洽。

習近平在二〇一三年秋天造訪哈薩克與印度時宣布了他的智力結晶——也就是最初被稱作一帶一路的計畫。習近平就像川普一樣，並不反對天花亂墜的公開宣傳，他毫不畏懼地宣布自己的計畫將會是一項世紀工程。他的願景是在未來二十年間花費大約八兆美元，建造大量基礎建設來支持六十多個城市之間的貨運往來。

沒多久後，他又宣布了另一個姊妹計畫：海上絲路。一帶一路的目標是陸上貨運，海上絲路的目標則是海上貨運。宣布此計畫後，中國便開始透過國有與國營的全球貨運大型公司（例如招商局集團與中國遠洋運輸公司）在十五個國家營運二十九個港口。

中國採取這些行動有兩個目標——第一個是防守，第二個是攻擊。建造這些新的道路、鐵路和港口的目的是讓中國在供應與貿易路線上具有多樣化選擇，以免某些敵國強權（例如美國）封鎖具有戰略地位的麻六甲海峽——也就是太平洋和印度洋之間的主要海上通道。

北京當局已經高度關注可能成為弱點的麻六甲海峽好一段時間了。對中國這個全世界最大的原油進口國來說，水路至關重要，他們必須依靠水路運送來自中東的燃油，其中有將近八成的船隻都會經過麻六甲海峽。[2]只要封鎖此處的船運，全球第二大經濟體的輪子就會停止運轉。

但一帶一路這個偉大的計畫與其海上姊妹計畫的目的都是打造圍繞全球的運輸網絡，中國則牢牢占據了樞紐的位置。這個網絡的陸上運輸路線一路跨越了中亞抵達歐洲，而海上路線的港口基礎建設則連接了南海與印度洋，並延伸到更遠的地中海。

或許你認為中國現在已經在全球供應鏈占據重要地位了，但請試想看看，若在一帶一路這個連接了三分之二世界人口的全球運輸網絡中，中國變成了中心點的話，未來他們還會獲得多少控制權。而一帶一路連接的國家還正好包括了全球最廉價的勞力。何不運用這些人來增進中國的資本與科技呢？我們都知道中國的廉價勞力為他們自己帶來了多大的好處。

從原理上來說，偉大的一帶一路計畫運用的是中國當初在西藏使用的成功模式。中國領導人從西藏的經驗中學到的其中一件事是，若你想要吸收同化距離中國遙遠、地處偏僻又擁有相異文化的外國人（不過嚴格說起來，自從一九五八年人民解放軍「解放」了西藏之後，他們就不是外國人了），你要做的就是建造基礎建設，把那個地方和中國連接起來。距離會孕育反叛心，最終會導致獨立，而拉近距離則能帶來民族塑造以及最重要的控制。

因此，他們打造了將近兩千公里的青藏鐵路，連接起青藏高原最大的城市西寧市和西藏的百年首都拉薩市。青藏鐵路的部分路段高達海拔五千公尺，是全世界最高的鐵路——事實上鐵路高到每節特殊設計的車廂中都有氧氣罐供乘客喘不過氣時使用。為了通過不斷變化的永凍土，有很長一段青藏鐵路都是高架鐵路，這是工程奇蹟。

北京當局表示，他們突破了過去多年來將西藏與全世界隔絕的運輸瓶頸，這項突破帶動了全國最貧困地區的經濟發展。[3]根據中國政府的經濟數據顯示，自從至關重要的鐵路在二〇〇六年完工後，西藏帶動了整個國家的經濟成長，中國每年的GDP成長到達了百分之十。

但鐵路也帶來了其他東西——裝滿一節節車廂的中國移民。根據官方數據，近年有六萬名漢人（人數最多的中國族裔）移居至西藏，這還不包括官方視為臨時居民的四萬名中國企業家，也不包括永久進駐應為半自治區的四萬至六萬五千名中國部隊與民軍。

北京認為這樣的做法在西藏運作良好，因此也適用於中國其他地點。基礎建設不但能使較孤立的中國西部地區（例如大多由少數民族維吾爾族居住的新疆地區）與東部的中國中心地帶建立更好的交通連結，也讓中國與其經濟連結上全球各國，首先中國要從位於亞洲的鄰居開始。如果基礎建設與貿易通道能夠推動那麼遙遠的西藏經濟成長的話，在其他和中國相連的中轉節點應該也能如法炮製吧？例如鄰近的巴基斯坦。對中國的多數鄰居來說，偉大的一帶一路計畫簡直像是天賜恩惠。

誰會討厭一帶一路呢？現在有個樂善好施的國家決定要投資數十億美元，打造你的經濟體無法負擔的重要基礎建設。中國公司在原本只有泥土路的地方打造馬路。他們建立發電站，讓那些原本每天只有十二小時有電的人可以享受可靠且負擔得起的電力。他們建設的港口讓你的企業可以把貨品出口到原本無法企及的全球市場。最重要的是，他們借錢給你支付這些棒透的發展計畫。

債務陷阱

但是一帶一路中暗藏代價——所有好到令人難以置信的事物都是如此。

中國不只是把專業科技出口到全世界打造這些計畫而已。他們也把資本出口給這些國家融資，而且金額很高。中國提供給各國加入一帶一路基礎建設的貸款是「優惠貸款」，如果接受這些貸款的國家想要免除債務的話，就必須提供優惠給中國。在多數案例中，如果你沒辦法償還你向中國借來打造那些美妙嶄新基礎建設的錢的話，中國就會獲得他們所建造的任何事物的擁有權。這並不代表你不能使用這些基礎建設——你可以，而且這些基礎建設（有可能是鐵路、港口或經濟特區）很有可能會推動國家發展。但中國確實擁有這項建設，接著，因為你的經濟如今必須高度依賴這項基礎建設，所以中國將會掌握經濟控制權。

北京重視控制權勝過其他一切事物，也勝過中國的人民。無可否認的是，要治理一個人口十多億的國家並非易事。在過去二十年來，全世界沒有任何政府像中國一樣如此大幅提昇了市民生活水準（世貿組織並沒有提供什麼幫助）。如今當政的中國共產黨和過去任何一個中國帝國一樣，強烈認為自己是「受命於天」。所以，當北京當局認為從國家利益的考量看來，他們應該要掃除香港的異議分子或把焦躁不安的伊斯蘭教維吾爾人送進再教育營時，不免讓我們回想起毛澤東推動文化革命時的狀況，許多中國人都認為他們應該對政府更寬容一點。同樣的，當習近平主席為了自己表現良好而用修改國家憲法，獎賞自己能夠終生擔任領導時[4]——他緊緊跟隨著偉大的舵手毛澤東的腳步——多數政府同志都表示點頭贊同。

但北京當局想要控制的不只是中國的經濟與人民。他們想要在國界之外的遙遠地點也獲得控制權。中國並不是唯一一個這麼想的國家。但中國不像俄國或美國一樣，常依靠軍事力量獲得更多利益，中國依靠的是經濟力量來達成策略性的全球目標。

而鄰近的巴基斯坦一直以來都和中國擁有同樣的敵人——印度，因此巴基斯坦是中國執行此計畫規模最大的一個國家。而涵蓋了一系列基礎建設計畫的中巴經濟走廊（China-Pakistan Economic Corridor，簡稱ＣＰＥＣ）可說是偉大的一帶一路計畫中最重要的一環。習近平主席在二〇一五年初次拜訪巴基斯坦時宣布了這個耗資四百五十億美元的計畫。但是到了二〇一七年，中國在CPEC中投資巴基斯坦的金額驟升到了六百二十億——這個金額超過了巴基斯坦在過去四十年來收到的外國投資總額。

CPEC的初步內容包括了各式各樣的基礎建設，而其中最重要的就是連接巴基斯坦與中國兩國經濟的鐵路和道路計畫。此計畫包含要澈底重建長達一千三百公尺、連接巴基斯坦與中國西部的喀喇崑崙公路，這條公路從新疆維吾爾自治區的古老絲路之城喀什市，一路通往巴基斯坦北部的阿伯塔巴德鎮。巴基斯坦的整個鐵路系統都進行了現代化，並連接到中國的南疆鐵路，同樣能通往喀什市。

透過CPEC，除了能在鄰國巴基斯坦獲得高額經濟槓桿之外，還能獲得通往印度洋的貿易出口，這是中國在一九五〇年代早期初次建設原本的喀喇崑崙公路時就一直熱切盼望的目標。有了這個切入點，中國就可以運用鐵路和貨車，從企業核心地帶將貨品運到巴基斯坦的另一端，無須使用更漫長、更緩慢又必須穿越他國水域的水路。中國可以從位於巴基斯坦的新港口把貨品遇到全世界任何一個地點。

這個巴基斯坦的新港口位於俾路支省，正是亞歷山大大帝與莫蒂默·杜蘭德爵士經歷挫敗後學會謙遜的地點。在中國設立新港口時，俾路支斯坦解放軍遵循他們歷久不衰的傳統，盡他們所能地阻礙所有外來者。

而且，質疑習近平主席的偉大計畫能帶來何種利益的，不只有部落的激進分子。二〇一八年，巴基斯坦新當選的政府開始用清醒的腦袋重新思考中國洪水般湧進國內的資本和科技。巴基斯坦已經暫緩了中國陸續提出、似乎永遠沒有盡頭的基礎建設計畫，其中包括了一座大型燃煤發電廠。最讓巴基斯坦政府感到擔憂的是，他們的國家能否負擔為了建設與營運這些計畫而積欠的高額債務。

他們的確有充分的理由應該擔憂，只要觀察斯里蘭卡先前發生的事就知道了。中國對漢班托塔港進行的融資就是最好的警世故事。漢班托塔港是斯里蘭卡的第二大港，原本的所有者是斯里蘭卡政府，營運者則是斯里蘭卡港務局。但在斯里蘭卡政府無法利用該港口創造足夠的營收，支付他們先前建造港口時積欠的債務時，中國終止了斯里蘭卡的回贖權。斯里蘭卡政府以消除十億債務作為交換，將港口未來九十九年的控制權與營運權都交給了北京當局。[5]

很多人謠傳中國在肯亞的蒙巴薩市融資的港口也將會面對同樣的命運，那裡的貨物進出量沒有達到償還債款所需的最低數量。中國同時也融資肯亞建設一條用來運送貨物與乘客的高速鐵路，連接了蒙巴薩市和奈洛比市，如今肯亞難以償還他們積欠中國的九十八億美元優惠貸款。[6]

巴基斯坦政府或許也注意到了馬來西亞的狀況，馬來西亞是中國特別喜歡的基礎建設投資地點。中國已承諾要協助馬來西亞融資並建設多個重要基礎建設計畫，其中最知名的就是價格兩百七十億美元的東海岸鐵路計畫（East Coast Rail Link），將連結麻六甲海峽的巴生港和馬來西亞的東北部。[7]但新當選的總統馬哈迪．穆罕默德（Mahathir bin Mohamad）由於擔心馬來西亞會像斯里蘭卡一樣陷入債務陷阱中，因此在二〇一八年暫停了東海岸鐵路計畫。[8]事實上，他能選上總統的部分原因是在二〇一八年大選中，馬來西亞人民愈來愈擔心中國對馬來西亞經濟的掌控。

除了上述國家外，還有斐濟群島積欠中國五億美元，東加王國積欠中國的債務則高達ＧＤＰ的三分之一，他們已經知道自己的國家將會需要免除債務了。西方國家愈來愈擔心免除債務帶來的優惠很快就會包括讓中國在債務國設立軍事基地，據傳言澳洲沿岸的海島國家萬那杜（Vanuatu）將與中國就此事協議。[9]

中國提供的優惠貸款必定會帶來免除債務的需求，其中也涉及了實際領土的轉移。塔吉克斯坦（Tajikistan）在償還中國債務遇到問題時，便放棄了他們在中國邊界的一塊爭議領土，那塊土地大約是阿爾巴尼亞共和國的大小。

接受這些貸款與計畫的大多是中國的亞洲鄰居們，中國甚至設法把義大利吸收進這個愈來愈龐大的貿易計畫中。義大利是第一個加入此計畫的七大工業國——同時義大利無疑也是具有菁英經濟實力的七大工業國中財政最拮据的一個。自從二〇〇八年的全球金融危機開始，義大利的經濟已經陷入了三次衰退，這大致上解釋了義大利為什麼會突然敞開手臂，接納中國對他們糟糕的經濟狀況提供的協助。義大利政府債臺高築，事實上沒有獲得太多外國投資。但中國確有興趣對巴勒摩、熱那亞、的里雅斯特和拉芬納的港口設施進行高額投資，正如中國遠洋運輸公司獲得希臘主要港口比雷艾夫斯港的所有權時也是這麼做的。[10]最重要的是，中國如今在歐盟的隊伍中有了一個重要的盟友，而歐盟位於布魯塞爾的主要行政機構依然認為中國這個亞洲巨獸是「系統性對手」（systemic rival）。

中國的基礎建設投資政策被批評不但是債務陷阱，更是一種新型殖民主義，北京當局則嚴正駁回此批評。目前確定已陷入債務陷阱的國家包括了吉布地共和國、吉爾吉斯、寮國、馬爾地夫共和國、蒙古國、蒙特內哥羅、巴基斯坦和塔吉克斯坦，這些國家積欠中國的債務落在他們國家GDP的百分之二十五至百分之百之間。[11]然而對許多債務國來說，他們除了中國的投資之外已經別無選擇。非洲國家的領導人在二〇一九年四月成群結隊地參加了位於北京的投資大會，他們畢恭畢敬地請求中國再多投資數十億在他們的基礎建設上。許多參加此大會的國家都提到，歐洲和美國的金融機構鮮少有興趣為他們的開發計畫提供信貸。習近平主席宣布中國在那場大會上簽署了六百四十億美元的新基礎建設計畫。[12]

中國宣稱，他們這麼做只是單純以開發中國家的身分對其他開發中國家伸出友誼的手，如此一來這些國家才能跟隨中國的腳步，帶領人民擺脫貧困。習近平指出，這個計畫將「推進共同目標與共同發展，讓所有參與者獲得雙贏」。隨著愈來愈多國家開始釐清一帶一路的「一」代表了什麼意思，習近平甚至把這個偉大計畫的英文名字從原本「One Belt One Road」（一帶和一路）簡化成「Belt and Road」（帶和路）。

客氣的說，中國到底僅僅只是友善的發展中國家，又或者是正在萌芽的帝國強權，這是個充滿爭論的問題。萊特希澤、納瓦羅、柯德洛和川普都不認為中國只是普通的發展中國家。若你仔細檢視北京、上海或深圳如今的狀況的話，或許你也會同意他們的觀點。

是世界接管計畫，還是爛到不行的投資？

從深圳市到俾路支省葛達尼鎮的路程約為四千八百公里。從瓜達爾港出發，沿著莫克蘭海岸公路走，大約是七個小時的車程。瓜達爾原本是個漁村，而後在北京當局的計畫下成為一帶一路的終點站，這裡同時也是許多油輪和貨船最後被拆解的地點。

前一天，這些全球經濟的馱馬還在運送寶貴的貨品或裝滿電視與夾腳拖鞋的貨櫃到世界的另一頭，後一天，它們便被吊車拉上俾路支省的岸上，讓多達兩百名以巴基斯坦標準來看都非常貧困的勞工爬到它們巨大無比的船體上，先是回收所有線路與電子器材，接著再用液態氧切割器把船隻切開。在接下來的數個月中，船隻轉變而成的數千磅鋼鐵將一點接著一點被送入一千七百度的熔爐中熔化，以鋼筋和鋼胚的樣貌重新問世。

每年約有一百艘船會抵達葛達尼鎮這個終點。過去葛達尼鎮曾是全球最大的拆船廠，那時候每年拆解的船更多，但印度與孟加拉的競爭對手瓜分了市場。

不過葛達尼鎮每年依然能產出數百萬噸的鋼材，大多用來供應國內建築所需。數百萬噸的鋼筋數量龐大，因此巴基斯坦的水泥業同樣以俾路支省為主要據點也就不足為奇——近年來那裡興建了愈來愈多水泥廠，而且還有更多水泥廠尚在計畫中。國家計畫要把瓜達爾鎮的人口數從八萬擴張到兩百萬以上（其中包括了一萬兩千名中國勞工與主管）。等到葛達尼能源園區的十間燃煤發電廠開始供應六千六百千兆瓦的電力時，也將需要許多鋼筋水泥（建設能源園區時的融資與技術？沒錯，同樣是中國提供）。巴基斯坦總理伊穆蘭·汗（Imran Khan）也在二〇一九年初參加了新瓜達爾國際機場的開工儀式，這是巴基斯坦最大的機場，占地四千三百畝。機場並不像此地區的其他計畫一樣有中國的優惠貸款融資。建造機場的一億四千六百萬美元預算都是由中國**援助**的[13]。

問題在於，市場力量會比俾路支解放軍更能適應中國在這裡執行的宏偉計畫嗎？在中國打造出能夠一路連結到深圳的運輸網絡，並把這裡的基礎建設當作其中一個據點後，那些被遺忘的船隻殘料還能繼續生存嗎？

截至目前為止，我們尚無法確定中國在世界各地的基礎建設進行的高額投資能夠在未來帶回貿易與金融上的大量好處。北京當局執行的這些計畫或許不是華爾街會贊同的投資。中國提供數十億美元貸款的國家大多沒有太良好的信用。根據三間國際債券評級機構的資料顯示，一帶一路計畫提供給二十七個國家的主權債券都被評級為垃圾債券，另外有十四個國家完全沒有信用評級。[14]你大概不可能會把退休金拿去投資這些國家。

事實上，應該說沒有任何人會想投資這些國家。在多數一帶一路的案例中，沒有中國之外的國家或私人貸款機構願意貸款給這些大型基礎建設計畫。這就是為什麼一帶一路計畫的投資幾乎都不是來自中國的私部門。根據其中一項統計指出，從二〇一四年以來，一帶一路建設計畫投資的兩千〇八十億中，百分之九十五是來自國有企業或直接來自中國政府。[15]

原因或許在於中國從頭到尾都沒有打算從中賺取高額營利，也不打算讓這些國家自行支付貸款。或許這些行動背後真正的動機正如許多西方國家恐懼的一樣，是擴張中國的政治影響力，達成中國想要成為世界最強權的願望。但如果有這麼多積欠中國數十億債務最後都倒債的話，中國要如何成為全球最強權呢？但最後支付這些債款的，難道不是中國的納稅人嗎？

我想這個問題的答案取決於你如何看待這件事。的確，如果北京當局沒辦法拿回借出去的錢的話，中國的納稅人將會補上預算的缺口。但最重要的是，中國投資到世界各地的錢並非來自他們自己的經濟。市場或許沒有花錢投資那些遙遠的開發計畫，但幸好有全球化的魔法，所以真正投資的人，是**你**。

中國拿去俾路支省鋪泥土路、拿去對肯亞和斯里蘭卡施壓的數兆美元，過去曾在美國、加拿大和其他已開發產業經濟體中流通。這些錢曾是這些國家中勞動人口的薪水，如今他們的工作流到了中國人手上，因此錢也變成了中國勞動人口的薪水。這些已開發國家勞動人口如今在沃爾瑪超市和一元商店購買過去由他們製造的東西，而那些流入中國的錢過去曾是他們的儲蓄。如今這些錢經過了美麗的包裝，送去了中國，大量累積，讓中國得以利用這些錢進行加倍的努力，而這些努力只會更加傷害作為犧牲品的勞工。中國推升了溫哥華等地區的房地產價格，讓中產階級家庭更難買到一個家。中國也使人民幣貶值，導致北美洲的商品在國際市場中的競爭力逐漸下滑。此外，中國也在世界各地融資建造中國基礎建設，擴張了中國的影響力與市場。

但中國還能繼續用這種方式吞併全球版圖多久呢？中國如今的策略是回收數兆美元的貿易不平衡，而此策略很重要的一環是中國必須從美國那裡獲得能夠輕鬆賺大錢的貿易流量。如果川普總統的關稅或中美之間的新管制貿易協定阻礙了那些高額貿易順差——更不用說顯著拖慢中國經濟成長造成的財政後果——中國可能會失去資金，以致於無法負擔那些宏偉的發展計畫。

全球化會更加促進全球化，反之亦然。連鎖反應是雙向的。如果美國貿易關稅威脅到的出口貨物，是中國如今成為全球多數供應鏈源頭的原因，那麼他們可能也同時威脅到了中國融資貿易走廊的能力。未來中國將會應用貿易走廊作為供應鏈的運輸路線。

如果數兆美元的錢全都流回到原本的來處，那麼中產階級的工作也會陸續跟著出現。這對於薪資勞動者來說是個好消息。但需求並不是唯一一個決定勞動力價格的因素。另一個因素是供給。

第十四章——移民問題

在如今這個年代，我們常聽到主流媒體與政客把投票選川普當總統的人稱作「本土主義者」（nativist）。在眾多媒體中，《紐約客》甚至哀嘆川普將共和黨轉變成了「本土主義」黨。[1]二〇一六年時，擔任加拿大貿易部長的方慧蘭在國會聽證會上作證，她直白地斷言：「我們如今生活在一個本土主義與保護主義盛行的年代，我認為這對全世界與加拿大來說都是很危險的。」[2]在川普當上總統之前，你最後一次聽見這個詞彙可能要一路回溯到二〇〇二年，馬丁・史柯西（Martin Scorsese）的《紐約黑幫》上映的時候。

在這部電影中，屠夫比爾（由傑出的演員丹尼爾・戴路易斯（Daniel Day-Lewis）飾演）強烈反對十九世紀的大量愛爾蘭移民，並用充滿敵意的方法迎接他們。只有一隻眼睛又充滿魅力的比爾畫了一條分明的界線，把「我們這些出生在美好國度、擁有聰明才智的本地人」和「玷汙這塊土地的一大群外國人」分隔開來。他的目標是大量使用血腥暴力的手段清洗紐約的移民。儘管他是個充滿魅力的角色，但在電影中，「本土主義信念」並不是個值得追求的概念。在那之後，世人對本土主義的看法並沒有多少改變。在現今的社論與政治演講中，每個提到本土主義者的人都清楚闡明了上流社會並不歡迎這些人。

話說回來，態度高傲、善於蠱惑人心的比爾壓根就不打算被視為文質彬彬的人。事實上，現今根本沒有多少人像比爾一樣厭惡「一大群外國人」。自古以來，本土居民在面對大批移民的第一個反應就是懷疑，接著則是暴力。這部奧斯卡十項提名電影在將近二十年後依然使觀影者——使並非住在十九世紀紐約五點地區的人們——產生共鳴的真正議題是：**為什麼？**

波蘭水電工

嚴格說起來，近年來進入歐洲的多數外來者並不是移民。在歐盟國家中，這些人被稱作「派駐勞工」（Posted Worker）。比較口語的稱呼則是「波蘭水電工」（Polish plumber），那些貶低者特別常使用這個稱呼。自從波蘭在二〇〇四年加入歐盟後，大約有一百萬名波蘭人遷移到西歐工作，其中許多都是貿易商。多數人都住在英國，以二〇一八年為例，住在英國的人有八十三萬兩千人。[3]

歐盟中，將近一千七百萬名工作者都住在非本國籍的國家工作，這是十年前的兩倍。他們大多數都是從東歐前往較富裕的西歐尋找工作的勞工。[4]在找工作時，他們的法律身分比本地的勞工具有更大的優勢：一般來說，他們無須遵守當地的薪資標準，對雇主來說這有高度吸引力的商業優勢。也就是說，波蘭水電工把英國水電工的薪水變少了。

歐盟曾試著執行國內勞工與派駐勞工同薪的制度，但德國雇主協會（German Employers' Association）提出了強烈反對，他們非常樂意支付較低的薪水。[5]許多派駐勞工把豐厚的薪水寄回家鄉，對那些家庭來說，這是很重要的收入來源。派駐勞工的存在使外國家庭和當地雇主都成為了贏家，猜猜輸家是誰？

事實上，新勞工幾乎沒有被他們想加入的勞工群體歡迎過。正如我們在第四章看到的，資本充足的國家有充分的動力去追求和資本貧瘠的國家進行自由貿易，而在勞工不足的國家中，勞工則會想要避免和勞工充足的國家進行自由貿易。既然你不想和他們製造的廉價產品競爭，當然也不想在工廠的薪資上和他們競爭，或者和他們一起競價當地的水電工作。

不過，某些人的薪水並不會因為移民勞工的競爭而受到威脅。通常當全球變化對當地經濟造成干擾時，將會產生贏家與輸家。一般來說，你擁有的技術愈高階，你就愈不用擔心這件事。教授、高階主管、業主或技術取向的手工業都不太可能被新移民取代（此外，高技術勞工向來會竭盡全力地透過競爭來保護自己不易淪為犧牲品——例如中世紀利用極為隱密的公會制度使貿易知識的供給短缺，或者利用醫師學院使醫師的供給短缺）。但如果任何一個只受過簡單訓練甚至沒受過訓練的人都能執行你的工作的話，你就有理由擔心了——因為你的雇主現在有足夠的誘因要把你換掉了。這個人的低薪代表的是另一個人的高獲利。

雖然常有人把反對移民的人視為種族歧視者或仇外者，但事實上，在美國進行移民執法的最大受益者將會是年輕的有色人種，他們時常要與移民競爭低技術工作。根據康乃爾大學的研究指出，論及移民時，「在所有種族或族群中，非裔美國社群獲得的利益是最少的，受到的傷害是最大的。」[6]在過去這十年來，這個事實並沒有太大的變化。美國內戰之後，被解放的奴隸逐漸搬遷至北美，但一直到第一次世界大戰後才出現了大量增加的遷移人潮，當時的移民人口大幅下降。[7]

本土主義當然不是三言兩語就能完整描述的。但如今的本土主義者其實很有可能並不是比爾那種冷酷無情、渴望權力與控制的陰謀家——他們大多都只是被解僱、被欠薪水、很生氣自己被當作犧牲品的普通人。

英國的消耗性勞工無從發洩他們心中的憤恨，至少在英國傳統的選舉場合中是無法發洩的（摒除法拉奇的獨立黨不算的話）。但公投就是另一回事了，「英國是否該留在歐盟中」的議題突然提供了一條能夠表達怒氣的明確路線。二〇一六年六月，英國人在脫歐公投中投票決定要離開歐盟時，最大的原因並不是想要離開自由貿易區，他們投票是為了反對歐盟的法規允許所有歐盟成員國的國民可以隨心所欲地在歐元區的任何地點工作與居住。

雖然自從公投之後，「脫歐」選民就一直被指責眼光狹隘又種族歧視，可是他們反對的並不只是外國人出現在他們的社區中，他們反對的是許多外國人接受了比當地勞工還要低廉許多的薪水。對許多英國勞工來說，當地工廠搬遷到東歐的低薪國家就已經夠糟糕的了。但更雪上加霜的是，那些東歐低薪國家的勞工又來到英國，和他們競爭剩餘的工作——那些人是靠著接受較低廉的薪資取得工作的。很顯然的，自由貿易不只代表工作會追著較低的薪資轉移到更窮困的國家去，也代表了較低的薪資會自動找上你的工作。

脫歐公投過後，進入英國的波蘭移工大幅減少。[8] 除此之外，離開英國的波蘭勞工與其他歐盟國家勞工的數量上升到了歷史新高。他們無法確定未來英國正式確定脫離協議之後，會對他們的法律身分造成何種影響，因此英國突然不再是具有強大吸引力的目的地了。與此同時，德國的波蘭勞工遷移數量顯著提高。

對於反移民的英國獨立黨領袖法拉奇這樣的人來說，波蘭移民的目標從英國轉向德國一事就證明了脫歐公投的價值所在。但對於觀念類似的德國另類選擇黨（Alternative for Germany）中的政客來說，梅克爾（Angela Merkel）的遷移友善政府已經帶來夠多遷移者了，脫歐導致的波蘭遷移數量驟增根本是雪上加霜。

來自俄國的愛

當然了，並不是歐洲的所有移民勞工都來自歐盟國家。事實上，移工大多來自中東或非洲。有些人是合法的政治難民，有些則是經濟難民。你也不能怪罪這些難民，他們若非在逃離貧窮，就是在逃離戰爭。

二〇一五年，敘利亞的阿薩德政權逐漸垮台，只能孤注一擲地尋求俄國協助，在俄國總統普丁答應提供軍事協助之後，歐洲的移民人數出現驟增。普丁此舉不但在中東為俄國拿下了戰略立足點——包括塔爾土斯的海軍基地與赫梅明空軍基地——他同時也在五百萬位敘利亞難民逃離國家與恐怖政權的同時，報復了北約組織。可以想見，多數難民的目的地不會是莫斯科。他們的目的地多為北約組織——正是普丁認為嚴重威脅到俄國西部邊界的那些國家。

讓我們話說從頭，在二〇〇四年，愛沙尼亞、拉脫維亞和立陶宛這三個俄國的鄰國都加入了北約組織。四年後，俄國的另一個鄰國烏克蘭也申請加入北約組織。對於北美洲與西歐的多數人來說，那些國家的舉動再自然不過了，他們也樂見北約組織增加新成員。蘇維埃共和國垮台時，這些國家得到了絕無僅有的機會脫離俄國政權的枷鎖，他們獲得西方了軍事盟國的庇護，無論任何成員國受到攻擊，西方盟國都會提供協助。[9]不過，對於住在這些國家的大量俄國少數民族來說，加入北約組織並沒有那麼大的吸引力。而對克里姆林宮而言，讓俄國西方邊境布滿北約組織的軍事力量與武器更是毫無吸引力，尤其北約組織又特別承諾俄國他們不會這麼做，更是讓俄國覺得不對胃口。[10]

當你拿木棍狠狠打了北極熊的屁股時，北極熊當然不可能把另一邊的屁股轉過來再給你打一下。

雖然敘利亞移民沒有像普丁希望的那樣全都衝進波羅的海或烏克蘭，不過這些移民依然對於他們遷入的北約組織國家帶來了巨大的壓力，進而削弱了整個聯盟。[11]事實上，少數進入波羅的海的移民並沒有久留。在進入立陶宛尋求庇護的三百四十九位難民中，有兩百四十八位在獲得官方難民身分後馬上離開。同樣的，依照歐盟難民安置計畫進入了愛沙尼亞的一百三十六位難民中，有七十九人搬進了狀況更好的歐洲國家。[12]

對於新抵達的移民來說，愛沙尼亞或立陶宛的政府福利遠遠比不上德國等國家。這就是為什麼對於那些大老遠跑到波羅的海的難民和波羅的海政府來說，馬上離開是雙贏的選擇。一旦正式獲得庇護身分，難民就可以自由地在歐盟移動，住在他們選擇的任何地點，而波羅的海三國在接納這些難民後，只要看著多數人離開，歐盟就會認為波羅的海達到了歐盟制訂的移民配額。

但從另一邊來看——從難民的最終目的：義大利、希臘、德國以及近期的西班牙等國來看——這套制度運作得不怎麼順利。逐漸增加的移民已削弱了許多北約組織國家的政治掌控力，有些國家甚至因此出現政治動亂與權力轉移。同一時間，川普總統指出美國在北約組織中不但擔任領導國，還因為必須承擔支出使美國納稅人必須承擔額外的負荷，他公開質疑美國能從北約組織獲得什麼作為回報，這樣的言論使北約組織的結盟受到了進一步的動搖。若動搖繼續加劇，歐洲的權力平衡可能會逐漸轉變成對俄國有利的狀態。

不過，大量湧進入歐洲的移民當然不可能全都是來自中東的政治難民。有些飄洋過海的人是單純的經濟難民，就像那些從薩爾瓦多、瓜地馬拉和宏都拉斯跨越美墨邊境的難民一樣。他們從阿富汗各地與撒哈拉以南非洲出發，來自土耳其延伸到摩洛哥的廣闊新月形地帶。這片新月形地帶中的部分國家（其中以利比亞最為著名）處於動亂之中，沒有實際的中央政府能管制那些穿越地中海前往歐洲沿岸的移民。格達費還在位實施鐵腕統治時，他會接受歐洲南部國家支付的費用，管制利比亞沿岸，禁止移民從這裡逃往歐洲。但格達費政權如今不復存在，正如伊拉克的海珊政權一樣，一切都要感謝西方的軍事干預。在過去四年中，總共有將近兩百萬名政治難民與經濟難民進入了歐洲，其中大約有一半的人口都住進了德國。[13]

這麼大量的遷移不可能不造成影響。這些難民前往的國家中，多數當地居民的外表和大部分難民都有顯著的不同，使得影響更為明顯。這些移民的種族不同、所說的語言不同、吃的食物種類不同、信仰的宗教不同。想要同化這些移民絕不是件容易的事。更何況，並不是所有移民都想要被同化。

隨著愈來愈多移民抵達歐洲，反彈也變得愈來愈嚴重。右派民粹主義政黨的興起成為了泛歐洲的現象，起因除了文化衝擊之外，也包括了移民引起的潛在經濟壓力。在最多移民定居的國家中，民粹主義右派的吸引力是最大的。我們可以從西班牙的呼聲黨（Vox）、法國的國民聯盟黨（National Rally，前身為國民陣線黨）、奧地利的自由黨（Freedom Party）、德國另類選擇黨、荷蘭的自由黨（Freedom Party）和英國的獨立黨等黨派的崛起，看出各國都出現了此現象。

前行的車票

過去你開車穿越歐洲時，必須在每個國界停下來，拿出你的護照給邊界警衛證明身分，告訴他們你要去哪裡。那已經是許久以前的事了，這都要感謝申根公約（Schengen Agreement）。申根公約打開了一扇門，讓人們可以自由開車穿越多數歐洲國界。但自從二〇一四年有兩百萬位移民抵達歐洲後，國界這老概念又重新流行了起來。

申根公約從一九八五年開始於五個歐盟國家之間生效，為方便國與國之間的車輛往來，這五國取消了彼此國界上的駐紮站和守衛。此後申根公約的成員不斷穩定成長，如今已涵蓋歐洲的絕大多數國家。目前申根區域包含了奧地利、比利時、捷克共和國、丹麥、愛沙尼亞、芬蘭、法國、德國、希臘、匈牙利、冰島、義大利、拉脫維亞、列支敦斯登、立陶宛、盧森堡、馬爾他、荷蘭、挪威、波蘭、葡萄牙、斯洛伐克、斯洛維尼亞、西班牙、瑞典和瑞士。除了挪威和瑞士之外，所有簽訂此協議的國家都是歐盟的成員國。事實上，只有六個歐盟成員國不屬於申根區——保加利亞、克羅埃西亞、賽普勒斯、羅馬尼亞、英國和愛爾蘭。

一開始，這些國家簽訂此公約是為了促進成員國全體國民的利益。申根公約不但很大程度上象徵了歐盟的團結一心，也被視為重要的經濟貢獻，使數百萬名勞工與價值十數億歐元的貨品每天都能夠自由通過這些國界。此公約補足了歐盟的政策，使各成員國的國民得以前往所有成員國工作和生活。但申根公約的設立者並沒有預料到未來會有數百萬名來自東歐與非洲的難民跨越這些國界。隨著遷移的人數增加，有愈來愈多國家認為他們應該重新考慮此政策了。

為了因應潮水般湧進國界的移民，也為了因應歐洲各地逐漸增加的恐怖攻擊，挪威、丹麥、德國、法國和奧地利都重新設置了某種形式的邊界巡查。接納了數百萬移民的德國一度為了堵住不斷流入的移民，暫時關閉德國與奧地利之間的邊界。二〇一五年十二月，歐盟威脅若希臘再不好好預防從海岸登陸的難民的話，就要把希臘從申根公約踢出去。義大利總理孔蒂（Giuseppe Conte）曾警告其他歐盟伙伴，移民問題將會使申根公約陷入危機。儘管申根公約目前依然有效，但在面對移民危機時，開放國界將會是很大的問題。

歐盟的部分成員國沒有對非洲與中東的移民開放國界。少數幾個屬於維謝格拉德集團（Visegrád Group）的國家以較極端的做法完全拒絕移民進入。維謝格拉德集團包括了匈牙利、波蘭、斯洛伐克和捷克共和國，此集團向來被視為歐盟中的壞孩子，至少在歐盟位於布魯塞爾的中央政府眼中是如此。這幾個國家共同組成了反移民聯盟。波蘭和匈牙利甚至拒絕接受歐盟規定的移民配額。作風鮮明的匈牙利總理奧班（Viktor Orbán）時常代表維謝格拉德集團發言，他質疑歐盟不該敞開胸懷接納來自歐洲與中東的大量移民，並呼籲布魯塞爾效法他在匈牙利的做法，對非法移民採取更強硬的態度。

二〇一五年有兩萬名移民在前往西歐的路上穿越匈牙利，在這之後，奧班在匈牙利與克羅埃西亞的邊境建造了一座長達四十一公里、高四公尺的帶刺鐵圍欄[14]，並威脅說，若這些難民繼續大量湧入匈牙利的話，他將會在餘下的三百三十公里邊境建造同樣的圍欄。一年後，匈牙利完成了第二座長達一百五十五公里的圍欄，封鎖了移民的另一個入境塞爾維亞的邊境。奧班對鄰國斯洛維尼亞和羅馬尼亞清楚值白地指出，如果有移民從他們的國家進入匈牙利的話，匈牙利將會在邊境建造同樣的帶刺鐵圍欄。

雖然這兩座圍欄受到歐盟其他國家的高度譴責，但圍欄的效果奇佳。自從圍欄建設好之後，進入匈牙利的移民——大多來自敘利亞、伊拉克與阿富汗——變得少之又少。正如川普統希望墨西哥為他築的牆付錢一樣，奧班也寄了一份帳單給歐盟，要歐盟支付他組建圍欄的一半費用。而布魯塞爾則像墨西哥一樣，拒絕買單。

歐洲媒體常會把奧班描述得像個惡人，正如美國媒體對川普的描述，但事實上，歐洲的每個國家一直以來都把難民當作燙手山芋一樣不斷轉交給鄰國。塞爾維亞和克羅埃西亞持續把難民送到匈牙利，匈牙利則把難民轉送到奧地利。而奧地利則十分樂意把他們一路送去德國，多數難民就這樣留在德國。想當然耳，每個國家都在指責鄰居把難民送到自己的國家來。

我們紐澳的移民已經超載了

歐盟之外的國家對移工的態度也逐漸緊繃。限制新移民的法規正在蔓延，至少多數移民的目標國家都出現了同樣的傾向。

以許多移民喜歡的目的地澳洲為例。原本是極右派一族黨（One Nation）成員的政治人物佛雷澤·安寧（Fraser Anning）在澳洲議會的首次演說中呼籲澳洲要違規「白澳政策」（White Australia Policy），該政策從一九〇一年開始限制非歐洲移民，直到一九六〇年代開始廢除。這樣的發展完全如同法拉奇的預期。安寧呼籲澳洲應該針對此事進行公投，煽動性地指稱這是「最終的解決之道」，[15]雖然澳洲主流政客大張撻伐說安寧是個種族主義者、仇外者，但事實上，所有黨派都在呼籲政府大幅減少遷移人口，有些人要求的數量已經到極端的程度。

其中一名大聲疾呼要大量減少移民的人是澳洲首相史考特·莫里森（Scott Morrison），他所屬的自由黨在二〇一九年當選時承諾要把移民數量刪減一半。莫里森當選時，移民的人數已經下滑到了十年來的新低，比澳洲年度最高移民人數還要少將近三千人，儘管如此，他依然承諾會把移民數量減半。無論哪一個黨派當選，澳洲的新人口政策底線都會是：「別來這裡——我們已經超載了。」

二〇一七年紐西蘭傳達出的訊息也基本上相同，當時新當選的工黨政府誓言要把移民人數減少接近一半的數量。政府的減少移民宣言其實沿襲了紐西蘭政府稍早設立的嚴格法規，把目標放在「紐西蘭人優先」（Kiwi First）政策帶進紐西蘭的外國工作者與外國學生。

看似對移民友善的加拿大會不會也採取同樣的態度呢？基於顯而易見的地理因素，加拿大不會是非法移民浪潮的戰爭前線。大量移民者在穿越地中海地區進入歐洲後，必須游泳穿越整片海洋或者跋山涉水穿越北極才能抵達加拿大。加拿大只有一道國界，而國界另一頭的居民在各個方面都和加拿大的居民一樣富足。美國不會為了替自己或自己的孩子追求更好的生活而擠進船裡穿越安大略湖。

但其他人會做出類似的行徑。由於擔心美國前所未有的嚴格移民政策會在近日迫使他們返回母國，所以有數以萬計住在美國的非法移民火速穿越了加拿大邊界，他們把賭注壓在杜魯道政府上，認為加拿大對他們的容忍程度會高過川普政權。截至目前為止，他們似乎是賭對邊了。來自巴基斯坦、土耳其、葉門、黎巴嫩、奈及利亞、斯里蘭卡和厄利垂亞等國家的五萬名非法移民從紐約州北部沿著羅克森路（Roxham Road）抵達魁北克省的聖伯納拉科（Saint-Bernard-de-Lacolle）附近。[16]越戰時期曾有些逃兵役者往北逃跑，在那之後就幾乎沒什麼人從美國逃到加拿大尋求政治庇護了。

位於渥太華的杜魯道政府或許覺得這是可以接受的狀況，一直以來他們都渴望能向選民展現他們和華盛頓現今政權有何不同。但對於那些非法移民最後落腳的省分與市鎮來說——他們多數住進了多倫多省與蒙特婁省——他們的狀況可就沒那麼好了。數千名非法移民的流入嚴重壓縮了原本為當地低收入居民設置的有限公共住宅和其他社會福利。

杜魯道政府在面對二〇一九年的大選時，開始用清醒的腦袋重新思考此議題。嚴格來說，依照加拿大與美國的安全第三國協議（Safe Third Country Agreement），加拿大可以把穿越國界的移民轉移回美國。但此協議只適用於合法穿越國界的移民。那些從八千八百九十一公里長的邊界進入加拿大的移民（多數移民都是如此進入的）都不涵蓋在內。這些移民幾乎全都可以留在加拿大。

在選舉前夕，杜魯道政府突然處理移民問題的態度出現了一百八十度的大轉變。首先，杜魯道政府開始和美國協議要補上安全第三國協議中的漏洞，無論移民用任何方式穿越美加邊界，美國都應該允許加拿大遣返這些移民。接著，杜魯道政府為了更完整地表明他們對邊境安全的新態度，便宣布要額外提供三億八千兩百萬的預算給加拿大邊界邊境服務局，並花八千萬完善皇家騎警的邊境巡邏。他們顯然很清楚，雖然加拿大人目前為止對移民都抱持著容忍的態度，但或許那是因為他們還沒有承受過歐洲人經歷過的那種考驗。他們不太可能對所有進入加拿大的人都抱持歡迎的態度，若政府無法在移民問題日漸嚴重時著手應付的話，之後政府很有可能就必須面對歐洲與澳洲如今正在發生的選民嚴重右傾現象。

同時，立場中間偏右的新上任魁北克未來聯盟（Coalition Avenir Québec）政府通過了引起高度爭議的《二十一號法案》（*Bill 21*）。該法案將目標放在陸續抵達的移民身上，禁止魁北克省政府的公務人員穿戴任何具有宗教象徵意義的服飾，包括頭巾，法國、比利時、奧地利和荷蘭目前都已經有類似的法案了。杜魯道政府一直在強烈批評省政府如此強硬的移民政策。但與此同時，杜魯道政府又必須依靠魁北克的選區來保持權力。或許這就是為什麼聯邦政府會在聲稱支持移民權力與加拿大社會開放的同時，開始在魁北克省拉瓦爾市建立新的移民拘留中心。

牆

各國一直以來都在建牆，有時是為了保護住在牆裡的人，有時是為了讓人無法跨越到牆外。如果民主發源地雅典沒有被牆包圍的話，或許他們永遠都無法發展出古典文明（雅典的敵人是斯巴達人，他們的社會發展出強大的軍隊與戰士，因此沒有建牆，斯巴達社會沒有雅典的自由或奢侈享受，他們靠著大量下層階級的奴隸提供勞力來維生）。中國建造世界七大奇觀之一的長城是為了抵擋野蠻外族。哈德良長城（Hadrian's Wall）的建造目的是阻擋羅馬帝國的猖獗西向侵略。柏林圍牆出現的理由則是要阻止蘇聯的附庸國國民穿越鐵幕（Iron Curtain）。雖然許多人宣稱牆是沒有用的，但歷史證明了事實正好相反。

建牆是老派的做法。如今人們建牆是為了把富足的國家和貧困得多的國家分隔開來，例如以色列建立了一座橫越西奈山的牆，就是為了阻止非洲移民進入。但這些牆都不像川普總統正在建造的那座全長三千一百公里的美墨邊境一樣那麼出名或那麼容易引起爭議。這是川普最明確的兩個競選承諾之一——想當然耳，另一個承諾是重新協議美國充滿缺陷的貿易協定。這兩個新想法不但在概念上互相連結，在經濟上層面也一樣彼此相關。川普原本答應支持者，他很快就會開始對墨西哥徵收關稅，用這筆收入來建造牆。同時，他也希望議員能撥五十七億美元的款項給國土安全局，如此一來他才能開始建牆。

對許多川普支持者來說，牆變成了一個煽動性的議題，而對民主黨來說牆則是指責與批評的目標。人民面對移民的態度愈來愈抵觸，這時世界各地有許多知名報紙，包括《紐約時報》、倫敦的《金融時報》和《環球郵報》等，都一再以熱切的態度提醒我們，我們的人口正在老化，因此我們真正需要的是更多移民，而非更少移民，這些報紙說移民對未來經濟成長來說是不可或缺的（奇妙的是，同樣一家報紙又警告我們，在這個人工智慧受到大肆宣傳的時代，未來這些移民不會有任何工作可做——事實上，任何人都不會有工作可做）。

無論如何，如今真正的問題不在於合法移民的福祉。真正的問題在於，政府是否應該以一套程序來控制遷移狀況，例如首先要讓移民到你國家裡的大使館進行申請，又或者政府無須控制遷移，這種狀況下遷移者將會付錢給非法運輸者，偷偷跨越國界進入你的國家。這兩條路線會吸引到不同種類的人。舉例來說，加拿大使用一套點數系統來評估潛在移民的技能，以此評斷他們是否適合在加拿大經濟體中工作。但想當然耳，他們不可能對從美國非法跨越國界的五萬多名移民執行這套評估。

儘管美國自認為是由移民所建立起來的國度，但美國並不是無時無刻都敞開胸懷歡迎移民，當移民並非來自歐洲時尤其如此。川普不是第一個把移民當作執政團隊首要議題的總統，他很有可能也不是最後一個。回到一九二四年，美國國會在卡爾文．柯立芝總統（Calvin Coolidge）的治理下通過了《移民法》（*Immigration Act*，又稱詹森－里德法案，Johnson-Reed Act）。移民人數在一八三〇年代出現大幅增加，在二十世紀的前十多年居高不下，這時人們慢慢明白，美國已經沒辦法穩定地吸收更多移民了。收入不平等日漸嚴重，初形成的社會主義運動聲勢逐漸高漲，在一九一九年的「紅色夏季」（Red Summer）中有二十六個獨立的種族暴動，奪走了一千多人的性命。當時移民占了美國人口的百分之十二，只比如今將近百分之十四的比例少一點點而已。

一直以來，移民的最大支持者都是資本主義者，他們把新移民視為工廠的廉價勞動力來源。在一八八六年的確如此，當時斂財大亨安德魯・卡內基（Andrew Carnegie）把移民稱做「流動的黃金」，[17]如今最直言不諱地支持更多移民的科氏工業集團也是這麼認為的。

川普也不是第一個授權在墨西哥邊界建立實體屏障的美國總統。雖然築牆阻隔墨西哥鄰居這個概念本身違反了許多美國人的基本信念，但是一千〇四十六公里的國界圍牆或實體屏障在川普上任之前就已經存在了。而且建築這道牆是有理由的。

對美國來說，在過去數十年來，非法移民穿越美國南部邊界一直都是一個愈來愈嚴重的巨大問題。在二〇〇〇年，移民人數超過了最高點，當時有一百六十萬人因為試圖從墨西哥非法進入美國而遭到逮捕，推動了小布希政權開始進行最初的築牆計畫。如今有一千一百萬名無法獲得美國公民身分的非法移民住在美國。他們沒有合法文件，領的薪水常低於法定基本工資。[18]

川普常說牆所擋住的人是強暴犯、毒販和兇惡的墨西哥人，就像我們在關於毒梟巴布羅・艾斯科巴（Pablo Escobar）的電影裡面看到的殺手一樣。事實上，這些墨西哥人只是普通的窮人，其中很多都是女人與小孩。他們大部分是經濟移民，前往美國是想讓自己和家人過上更好的生活。其中有許多人甚至根本不是墨西哥人。他們來自洪都拉斯、薩爾瓦多或瓜地馬拉等中美洲的失能國家，國內充斥著貧困與幫派暴力。

我們可以把毒販和殺手論放到一邊了，穿越美墨邊境的非法移民事實上都是面臨基本經濟問題的人。只要留意兩國的收入差異，你很快就能理解為什麼這些移民想要住在美國。二〇一八年，洪都拉斯的人均GDP是兩千四百八十二元，薩爾瓦多是四千〇五十八元，瓜地馬拉市四千五百四十九元，尼加拉瓜是兩千〇二十八元。而美國二〇一八年的人均GDP是六萬兩千六百四十一元。[19]如果你住的國家附近有另一個國家比你的國家還要富有二十倍，你有可能也會想方設法地搬到那裡去。

墨西哥是中美洲最富有的國家，但就連墨西哥在二〇一八年的人均GDP九千六百九十八元都不到美國的五分之一。這件事本身就足以使美國南方的邊境管理出問題了。如果今天你能得到的獎賞是五倍或二十倍的收入的話，你願意冒多大的風險？這就是為什麼住在這些國家的窮人心中有一股永不熄滅的強烈渴望，想要跨越美國邊境。

二〇一八年秋天，在期中選舉前夕，三千名來自中美洲的遷移者組成車隊，越過墨西哥來到美國邊界，美國移民問題因此倍受矚目。長途跋涉的車隊來到了美國邊境的路障前，配有槍械的美國軍隊在那裡等著他們。現在墨西哥邊界的提華納市必須想辦法收容並照顧他們。

民主黨立刻就宣稱，從試圖越界的移民數量驟增就可以看出川普的反移民政策失敗了，甚至適得其反。但從川普總統的視角來看，這簡直是中亞移民大量前往美國邊界的最好時機。

他過去曾指出美國正在面對的是來自南方邊界的全國性緊急人道危機，但生性多疑的美國民眾大多置若罔聞。川普總統不打算拒絕這天降的大禮，他立刻把握這次在邊境進行逮捕的機會，進一步推動了他的反移民計畫。他暫停了全美對所謂北方三角（Northern Triangle，指的是洪都拉斯、薩爾瓦多和瓜地馬拉）提供的補助，大部分移民都是從這三個國家過來的。接著他增加了賭注，對羅培茲總統下達了最後通牒：別再讓移民來到美國國界，否則他會對墨西哥進口到美國的貨品徵收高額關稅，全盤否定他們在USMCA協議的事項。[21]

川普不是在開玩笑。在二〇一九年五月，超過十四萬四千名移民在美墨邊境被逮捕或和官方人員發生了衝突，大約比前一個月的移民人數增加了百分之三十二，是過去十年來最高的單月總人數，這時川普扣下了扳機。他運用緊急權力法案（Emergency Powers Act）賦予他的權力，威脅要在六月十日起，對墨西哥的所有進口貨品徵收百分之五的關稅，其中也包含了車輛，接著他還保證，若墨西哥市再不採取行動降低移民人數的話，他會每個月把關稅提高百分之五，直到關稅達到百分之二十五為止。[22]

墨西哥同意調度六千名國民兵到美國南方邊境，去阻擋意圖進入美國的移民車隊。墨西哥表示，試圖穿越美國國界的移民人數下降了五成。[23]這樣的影響是否具持續性還有待觀察。不過，美國向羅培茲政府傳達的訊息非常清楚：墨西哥必須阻止移民前往美國國界，這是墨西哥想要在USMCA的保障下和全球最大的貿易夥伴進行交易必須付出的代價。

牆變成了川普總統任期的象徵，但自從屠夫比爾捲起袖子對抗愛爾蘭人的年代過去後，美國的移民議題從沒有引起過這麼兩極化的爭議。事實上，這座牆早在二〇〇六年就在兩黨的支持下依照《安全圍牆法》（*Secure Fence Act*）開始興建了。雖然川普總統常因為他扣押或遣返非法移民而遭到撻伐，但歐巴馬執行移民法的方式其實比川普更加嚴峻，他每年遣返的非法移民比川普還要更多。[24]歐巴馬總統在二〇一四年接受美國廣播電視新聞（ABC News）的採訪時，論及把無家可歸的女人和小孩從美國國界送回中美洲一事，他表示：「我們要對中美洲的家庭直接傳達這樣的訊息：不要把你們的孩子送到國界來。」他在同一年指出美國邊境巡邏隊應該要「遏止非法跨越邊境的人潮，用更快的速度把那些跨越邊境、沒有身分文件並違反美國移民法的人送回去。」[25]桑德斯從許多方面來看都是川普的反對者，不過他也對移民議題得出了同樣的結論，差別在於他以差異極大的角度看待此議題：「我國右翼人士很喜愛開放國界的政策。把各式各樣的人都帶進來，讓他們用時薪兩、三塊錢工作。這對他們來說是天大的好消息。我可不信這套。」[26]從美國歷史上來看，除了川普是個公認的富豪之外，總統以此態度面對移民議題並不是什麼新鮮事。

真正的新鮮事是，如今美國受到了更嚴重的威脅。國際遷移的規模達到了史上新高。二〇一七年有將近七千萬的移民正在遷徙。每年都有愈來愈多人加入這些移民的行列。聯合國指出，如今全球至少有兩億七千兩百萬人已經搬到或暫時住在另一個國家。[27]

這還只是冰山一角而已。根據二〇一八年十二月的一份蓋洛普（Gallup）民調顯示，世界各地有超過七億五千萬名成人（孩童不算在內）想要搬家。[28]這些人大多住在川普總統曾直白地稱做「屎坑」的國家中，人均收入遠比美國、加拿大和澳洲等國家還要少好幾倍。舉例來說，世界銀行估計美國人比拉丁美洲人富有九倍，比撒哈拉以南非洲人富有七十二倍，比南亞人富有的程度是驚人的八十倍。在如此貧富不均的狀況下，人們想要移民也不是什麼值得訝異的事。我們要謹記的是，對多數人來說，全球化沒有讓貧富不均的現象好轉，而是惡化。

離開母國的人之中，將近三分之二都住在高收入國家。[29]雖然如今美國人民並沒有用溫暖的態度歡迎移民者，但根據蓋洛普民調指出，有五分之一的移民（大約一億五千八百萬人）依然懷抱著夢想，希望能移民到美國。另外有四千六百萬人選擇了加拿大作為偏好的移民目的地（加拿大的人口只有三千七百萬），三千六百萬人則選擇了澳洲（澳洲人口是兩千五百萬）。從這些數據我們就能看出，這些移民目標國家面臨了何種風險——不只是薪水的競爭，還會使勞力受到地動天搖的破壞。

只要花一點時間思考世界經濟的運作方式，你就會發現貨品的自由流動在很大程度上代替了人口的自由流動。如果人們可以自由搬移到任何想去的地方，世界上就不會存在如此巨大的收入與薪資差異，而擁有低薪勞力市場的國家也就不會把貨品賣到高薪勞力市場的國家去。大量移民將會使薪水趨於平衡。

舉例來說，如果想要搬到美國的一億五千八百萬名成人突然可以搬到美國的話，美國勞動人口將會突然增加百分之七十五。如果那些想要搬到加拿大和澳洲的人也通通可以搬過去的話，這兩個國家的勞動人口將會增加到兩倍以上。勞動力突然增加將不可避免地拉低薪水。

但規模這麼大的勞動人口流動同時也會迅速改變全球貿易目前的動態。如果在北美洲、西歐和澳洲等擠滿了移民的國家中，薪資與收入都迅速下跌的話，企業就再也不需要把工廠移到國外去了。在全球較富有國家中，公司之所以會關閉工廠並遷址到擁有低薪勞工市場的較貧窮國家，是因為受到薪資低廉的吸引，允許移民將會使低薪的吸引力消失或大幅下降。如果在母國就有許多人願意以中國勞工的薪資在你的工廠工作的話，你何須把工廠移到中國呢？

正如我們在第四章看到的，支持全球化的論點一直高度倚賴李嘉圖的比較優勢理論。此理論的基本概念是，如果每個國家都能專注於自己最擅長的事物，並以此與他國交易自己較不擅長的事物的話，那麼每個國家都會發展得更好。多數經濟學家都很相信這套理論。在李嘉圖舉出的知名案例中，他指出若英國有意願的話，當然可以自己生產衣服和紅酒，但如果英國只生產衣服（在李嘉圖撰寫此理論的時代，英國是工業紡織製造的先驅），並把衣服賣到全球市場，再從葡萄牙等生產紅酒更有效率的國家進口紅酒的話，英國將能獲得較高的利潤。

問題在於，多數經濟學家接受了李嘉圖的論點後，不但認為貨品自由移動能帶來更高的效率，使每個人都獲得更大的利益，同時他們也認為勞工的自由移動也會帶來同樣的好處——至少在考慮到全球淨值福利時是如此。發展經濟學家一直以來都認為，移民是根除全球貧困的最有效方法之一。但增進**全球**福祉和增進**全國**福祉是截然不同的兩回事。

自由貿易協議會使國家**內部**的收入出現重新分配，藉此補償那些遭受損失的人——正如我們已經知道的，光是這一點就已經夠困難的了——而若我們藉由打斷全球勞動鏈來增進全球福祉的話，將會導致國家**之間**的收入出現重新分配。這麼做最終會帶來這樣的結果：平均來看，全世界的每個人都能過得比較好，不過在七大工業國中的每個人則會過得比較差。全球各國對此事顯然沒有共識，全球多數人口都想要移民進去的那些富裕國家更是不支持此方法。現今的發展正好相反，在那些國家中，反對移民的聲浪遠比戰後時期更加激烈。

儘管讓人民在全球各國自由移動理應是全球化的終極表現，但是全球化的擁護者鮮少會提倡此程度的人口流動性，世貿組織更是不可能會支持。歐盟是全球唯一曾經試著達到這種程度人口流動的地方，人口流動是歐盟成員國的基本權力（也是爭議極大的一種權力）。但歐盟成員國之間的生活水準相差不大。在歐盟裡，東歐最貧困的國家與西歐最富有國家之間的收入差異，根本比不上已開發國家與非洲、中東、南亞和中美洲國家之間的差異。而且，就算是在歐盟這種相對理想的環境中，人口自由流動也造成了嚴重的壓力，英國要離開歐盟的決定就明顯反映了這一點。

這就是為什麼世貿組織沒有用提倡自由貿易的方式去提倡開放國界。聯合國也同樣沒有這麼做。聯合國的《世界人權宣言》保證人有在國家之內移動的自由，但沒有在國家之間移動的自由。正如桑德斯所說的，支持開放國界這個概念就等同於廢除民族國家

（nation-state）的概念。沒有政府會支持這種概念。

屠夫比爾顯然也不會支持這個概念。我們當然也不覺得他會支持。雖然史柯西斯把比爾描繪成一名心理變態，但比爾的想法沒有錯。就算美國的GDP不斷上升，勞工數量過剩依然**會**導致薪資成長停滯。勞工過剩狀況加劇的同時，社會福祉的各種數據（包括預期壽命、平均身高與結婚年齡）也不斷下降。政治對立與經濟不平等的數值變動都和移民率非常相近。不同群體互相競爭稀缺資源的同時，種族關係緊張也上升到暴力的程度。這就是比爾生活的紐約所面臨的實際狀況。

若我們花點時間回顧歷史，就不會對於人們如今的反彈感到訝異了。我們當然可以譴責這種反彈是仇外情緒，但知道了相關知識後，我們應該思考的是，難道我們的社會真正想要追求的是前所未有的嚴重種族對立嗎？[30]

經濟就像政治一樣依賴此一假設：我們可以追求合理程度上的私利。我們當然不會**只**追求私利。若從道德角度出發，你很容易就能為財富重新分配找到充分的理由，而且多數人都覺得更公正的世界同時也更能永續發展、更適合生存。但困難的地方在於你必須找到充分理由說服自己：「我和我的家庭必須變得貧困」，當你必須同時廢除曾經定義自己國家的事物時，更是艱難無比。

如果移民危及到的是這種概念的話，我們就不難理解，為什麼每個國家對移民的態度都愈來愈強硬。如果邏輯上來說，人口自由移動是全球化的最終階段的話，那麼我們也無須訝異像比爾這一類的犧牲品會不想要全球化。

第十五章——既視感

《經濟學人》在一八四三年初次出版。如今全球的企管碩士和主管階層都會在吸收浮誇的金融新聞和評論時，以這份雜誌為首選。《經濟學人》一直以來都以獨斷的態度支持自由貿易。事實上，這份雜誌一開始是自由貿易的宣傳手冊，之後也一直往同樣的方向發展。

在十九世紀上半葉，英國全心全意面對的議題是，他們該如何處理《穀物法》（*Corn Law*）。當時「corn」指的是穀物而非玉米，在拿破崙戰之時期，英國政府對進口的小麥、大麥和黑麥都課徵了極高的關稅。此法案不但在英法兩國衝突的期間使法國農夫無法觸及到英國市場，更是從根本上讓英國地主變得更加富有，這是因為地主不用擔心外國商品使用低價競爭，可以毫無顧忌地提高自己土地種出的穀物的價格。由於國會中有許多地主，所以在拿破崙不再是威脅許久之後，此法案依然沒有取消。事實證明《穀物法》比法國帝王還要更難打倒。威靈頓公爵在滑鐵盧打了勝仗，但成為首相後，他卻發現自己無法戰勝大批英國地主和廢止《穀物法》。

勞工痛恨這個法案，麵包的價格因為此法案而節節升高，以致於他們光是想餵飽自己的家人就必須花掉大部分的薪水。商人和製造商也和勞工㨾痛恨這個法案，地主撈的油水太多了，以致於英國家庭沒有能力負擔任何貨品。但想當然耳，只有少數反對法案的人有權利投票。在那個年代的消耗性勞工在飢腸轆轆的時候，只能靠著暴動餵飽自己。最後使《穀物法》終結的是接二連三的歉收。當英國農夫沒辦法種植出能夠餵飽所有人的食物時，人們開始陷入飢餓（當時愛爾蘭的大飢荒日漸嚴重，人們不是餓死就是移民）。一八四六年六月二十五日，上議院通過了《進口法》（*Importation Act*），不但廢止了《穀物法》，也澈底改變了幾乎全世界的貿易方式。

過去數十年來高聲反對《穀物法》的人宣稱，自由貿易不但對保護主義有好處，而且在道德層面上也更優秀，因為自由貿易能以犧牲地主作為代價，提升勞工階級的薪水與生活水準——現今的權威與評論家依然使用差不多的說詞來打發西雅圖的憂慮抗議者。

《經濟學人》的創辦人威爾遜（James Wilson）基於亞當・史密斯的概念與自由原則提出了廢止《穀物法》的理由，如今《經濟學人》也用同樣的論述反對所有貿易障礙。

不過值得注意的是，威爾遜的立場並非完全客觀中立。他是一名商人，而非理論家或政客。在實踐了自由貿易後，真正獲利的是企業，而不是飢餓的人民。維多利亞時代的倫敦與利物浦從沒有少過挨餓的人民，但金融家向來過得不錯。卡爾・馬克思（Karl Marx）嘲諷《經濟學人》是「金融貴族」的傳聲筒——他很清楚能從自由貿易獲利的不是勞工，而是資本家。[1]無論從何種觀點來看，《穀物法》的廢止都是投資階級戰勝地主階級的關鍵戰役。

隨之而來的是全球化的第一場競技大會。在一八七〇年至一九一四年間，貨品、資本、人口和概念在全世界流動的速度出現了大幅成長，從許多方面都預言了我們如今生活的這個世界。先進的蒸汽船和鐵路大幅降低了運輸成本，推動了貿易量的戲劇性增加，進而帶來了前所未見的高度全球經濟整合。事實上，有些人認為這是全球資本主義的黃金年代。

英國開放市場接受進口穀物後，其他貨品也隨之而來。最後導致的結果是，在一八七〇至一九一〇年這四十年之間，外國貿易量翻了三倍。英國公司大約占據了全球運輸量的一半，建造了全球八成的船隻。[2]這代表英國能夠用低的成本進入新市場。在一八四〇年至一八八〇年間，英國出口至歐洲之外的市場的貨品翻了四倍。不出意料之外，在資本富足、制訂了自由貿易政策的國家中，進口商品增加了幾乎七倍。[3]

在這段期間，世界成長率不斷增加。歐洲內部的貿易迅速侵蝕掉舊有的殖民式貿易關係。在二十世紀初，像美國這一類正嶄露頭角的國家展現出的驚人經濟成長率，可說是預示了一世紀後中國的成長表現。而且出現爆發性成長的不只是美國經濟。像加拿大與阿根廷等新世界國家的經濟規模在二十年之間翻了三倍，他們的人均收入大幅超越了德國和法國等發展完整的歐洲強權。[4]

接著全球化推動了經濟專業化。各個國家付出雙倍的努力去做他們擅長的事物，遵行李嘉圖在比較優勢理論中的格言，這些發展正如同《穀物法》的反對者所預測的一樣。全球貿易的擴張也使各國可以停止生產他們**較不擅長**的貨品，直接從擅長製造這些貨品的國家進口即可。在所有貨品之中，農產品的轉變是最為明顯的。加拿大、澳洲和阿根廷等幅員遼闊的國家很快就在農業貿易中占據了重要地位。在新舊世紀交接之際，這些國家生產的小麥不到西歐國家的兩成，到了一次大戰時，他們的生產量已經超越所有西歐國家了。[5]

無庸贅言，這對英國的農夫與地主來說絕對是可怕的噩耗。但是正如李嘉圖和《經濟學人》所說，若英國想要在農業方面和那些新世界國家一爭高下的話，那未免太傻了，英國在科技與工業產出具有非常高的優勢。英國於是認為他們應該把農業讓給那些土地更加遼闊的國家。

到了最後，當德國與美國等國家的工業技術迎頭趕上英國時，全球化甚至也削弱了比較優勢。但是到這個時候，英國就有本錢可以放棄市場占有率了。一開始的領先優勢讓英國在另一個領域占據了極好的有利條件：金融。隨著進口貨品大量流入英國，資本開始大量流出。英國顯然是全世界的金融權力重鎮，把一半以上的資本額都出口到別的國家。事實上，到了在十九世紀末，全世界有一半以上的投資資本都來自倫敦。[6]

雖然英國進口的商品愈來愈多，出口的商品愈來愈少，貿易逆差似乎每年都在增加，但是不斷增加的外國投資回報填補了貿易的不平衡。他們生產的貨品變少了，但是獲利卻變多了。雖然廉價的進口貨品（尤其是食物）使英國的物價與薪資下降，但比起把資本放在國內投資製造業或農業，投資國外的鐵路等事業帶來的收益通常會高出百分之五十至七十五。正如現今中國的一帶一路投資，當時英國出口到美國、加拿大和澳洲等國的資金投資的都是基礎建設，例如港口、鐵路或發電廠。儘管部分英國企業家反對國家取消關稅保護，但掌控大權的倫敦金融業者的呼聲蓋過了這些企業家的憂慮不安。當時的狀況和如今相差無幾，同樣的一群人基於同樣的理由大力支持自由貿易，他們說只要允許那些向英國借了高額貸款的國家能夠免關稅的把商品賣回英國，那些國家就能繼續償還貸款。

想當然耳，他們制訂了償還貸款的嚴格規範。如果你把錢借給外國的公司，你要怎麼確保對方在償還貸款時，使用的是你把錢借出去時的匯率呢？答案是將匯率和黃金價值綁在一起。這種做法稱做金本位，金本位對全球資本流動造成的影響，正如降低關稅會對全球貿易造成的影響。將匯率與黃金價值綁在一起能確保債權國（主要是英國）拿回的債款能帶來利益。

那是全球資本的黃金年代，不過，並不是每個人都是全球化的粉絲。麥克勞林創造了汽水帝國的同時，不只有歐洲農夫無法和加拿大草原與阿根廷原野上擁有大片土地的小麥農夫競爭（不過，在每個國家的多數勞動人口都務農的年代，農業勞工是極為重要的選民）。在義大利工廠中，每個勞工分配到的資本不足美國勞工的一半，因此他們的生產效率也不到美國的一半，他們發現自己只有兩個選擇：貧困或移民。傳統社會與其自給自足的經濟模式已經支離破碎了，許多傳統社會的居民突然變成了經濟淘汰品，貿易使國家開始進口各式各樣的貨品，因為有許多國家基於各種理由，變成了更適合生產那些貨品的地點。

對於那些在競爭優勢等中處於弱勢的國家來說，貿易障礙的消失對全球市場產生的影響已經很龐大了，維持金本位的嚴苛規定更是惡化了情勢。有些借款的國家必須依靠國際資本流動來促進國內的快速發展，黃金對他們施加了殘酷的懲罰。當全球市場的走勢與他們的經濟長處互相抵觸時，他們不能藉由貶值貨幣來保護國內的農夫或勞工（貶值將使進口貨品更貴、出口貨品更便宜——和課徵關稅與補貼一樣能保護工作）。當國家陷入經濟衰退時，政府也不能使用貨幣政策調節經濟狀況，因為利率下降會損害到綁定黃金價值的貨幣匯率。

就連美國也因此吃了苦頭。雖然美國沒有採取自由貿易政策，但身為全球最大的債權國，他們沒有選擇的餘地，只能採用金本位制。一八九三年，全世界的穀物價格下跌，同時阿根廷的政治動盪刺激了全球金融市場下跌，導致美國經濟出現嚴重衰退，美國農夫受到了格外嚴重的打擊。民主黨的民粹主義者總統候選人威廉・布萊恩（William Jennings Bryan）把反對金本位當作競選的主要推力，呼籲美國不要「把人類釘死在金造的十字架上」，這句話引起了許多美國人的共鳴，在農業為主的地區特別明顯。但最終獲勝的是美國金融產業的權力與影響力。儘管布萊恩在民主黨的提名中勝選了三次，但他從來沒有成功當上總統，選民們一致認為迎合銀行家比迎合農夫更重要，正如現今許多人認為迎合投資人比迎合工業勞工更重要。

金本位的殘酷制度代表的是在勞工在失去工作時，找回工作的唯一方法就是降低他們的薪資要求。農夫面臨的狀況也一樣。如果全球市場使得農夫們種植的植物價格下跌，他們別無選擇，只能接受隨之減少的收入。金本位讓債權國在一定程度上確保了外國政府不會把他們的貨幣貶值——但是作為交換的代價卻是消耗性勞工的收入變得不穩定。在金本位的束縛下，農夫與勞工愈來愈怨恨時常動搖全球市場的週期性變動。

也就是說，全球化已經造成了嚴重的分配效應，不但創造出贏家，也創造了許多輸家。對於輸家而言，移民到國外是增加獲益的機會。太多人因為全球化的巨變而離鄉背井，這或許是史上最大規模的遷移潮。

在十九世紀後半葉直至二十世紀前二十年間，遷移人口出現爆炸性成長，多數人都是從歐洲遷移到美國、加拿大、澳洲和阿根廷（過去一個世紀以來並沒有太大的變化。正如我們稍早提到的，美國、加拿大和澳洲依然是移民最喜歡的前三名目的地）。在大遷移時代（一八五〇年至一九一四年），超過三千萬名歐洲人由於受到高薪的吸引遷移到美國，同時另一個誘因在於新發明的蒸汽船使交通變得更方便也更便宜。[7]

一次大戰前的遷移規模極為龐大，是如今的遷移人口遠遠比不上的，就算和最近從中東與非洲大量遷移到歐洲，或從中美移民到美國的人數相比，一戰前的移民數依然大幅領先。

美國約有五分之一的勞工是移民者。在一八七〇年至一九一〇年間，移民使阿根廷的勞動力增加了百分之七十五，也使加拿大和澳洲原本可能會下降的勞動力規模增加了三分之一。[8]

因此，移民成為引起民眾不滿的關注點可說是意料之中的事。儘管北美洲與澳洲政府都公開支持移民，但本地勞工卻變得不怎麼熱情了。新移民在抵達後開始尋找比原國家更高的薪水，通常他們都不會失望。在世紀交接之際，美國和加拿大的薪水大約是東歐的三倍，這對義大利與其他地中海國家的勞工來說是非常強烈的吸引力。

但對新移民來說較高的薪水，通常對已經有工作的勞工來說其實是減薪。新移民都是非技術性勞工，他們帶來的強烈衝擊不可避免地使薪水下滑。根據估計，加拿大與澳洲的薪水減少了三分之一至四分之一，美國則下降了將近兩成。[9]

針對一八九〇年至一九二四年遷移潮的一項研究發現，美國人口中每增加百分之一的外國出生者，薪水就會下降百分之一至一點五，在部分僱用大量移工的產業中（例如男裝製造業），薪水降幅可能會高達百分之三。[10]不想和新移民競爭低薪工作的美國人常會被迫搬遷，前往移民較不願意去的美國內陸。換句話說，他們是被迫離開的，在移民者一開始最常落腳的沿岸城市最常出現此現象。[11]與此同時，大量移民使美國的GDP與人均GDP出現了驚人的成長。歐洲出口到美國的勞力對GDP成長至關重要，同樣重要的還有歐洲用來投資美國這個新興經濟巨頭的資本。不過當時的狀況和現在相同，新崛起的經濟榮景不一定能讓屠夫比爾與同為犧牲品的其他勞工一起獲利。

人類的行為既複雜又微妙。社會學中沒有永恆不變的規則。但眾人應該都預料得到，全球各地的勞工並不樂見突然大量湧入的移民使他們少掉五分之一和三分之一的收入，或迫使他們為了避免工作競爭而搬家。他們最後終究施加了足夠的政治壓力，使政府出手阻止移民潮。在澳洲這一類勞工具有政治力量的國家中，政府開始嚴格限制移民。儘管最後帶來的白澳政策被認為是公開種族歧視且特別針對亞洲移民的法律，但該法律之所以會成立，也是因為亞洲移民確實比歐洲移民更願意接受較低薪的工作，因此對澳洲本地的勞動力造成更高的薪資壓力。

美國也逐漸出現了雷同的狀況。美國勞工擔心自一八五〇年來的三千多萬名移民會壓低出生於美國的勞工薪水，這樣的憂慮促成了提倡更嚴格移民政策的迪林漢委員會（Dillingham Commission）。美國政府的第一步是在一九一七年立法，規定所有移民申請者都必須通過識字測驗，根據估計，此法規在當時減少了百分之二十五至四十的移民。但很快又出現了另一個影響深遠的嚴峻法條。一九二一年的《緊急配額法》（而後修訂為《一九二四年移民法》）將每年高達一百萬的遷移人數削減至十五萬。[12] 此法規生效後，對移民的數量限制維持了數十年之久。一直到一九六五年之前，移民配額都沒有提升過。在此期間，美國人口中非本土出生者的比例筆直下降，從百分之十四下滑至百分之五。[13]在那之後，此比例再次逐漸接近曾經的最高點。

不過，在一次世界大戰爆發時，這一場歷史性的全球化浪潮戛然而止，隨之受到傷害的不只是移民而已。全球化帶來了許多贏家和輸家都沒有預見的後果。首先人們注意到的是，戰爭變得像金融與貿易一樣全球化。當德國與大不列顛這兩個競爭對手在一九一四年開戰時，兩國都沒有預料到最後**雙方**都輸了。四年後，德國簽署了懲罰性和平條款，而英國經濟則因為令人瞠目結舌的戰爭開支受到了長期損傷。英國戰爭融資十分仰賴全球貿易——幾乎所有原油、超過三分之二的穀物和一半以上的彈殼都是進口的。就連飛機引擎也都是向外國供應商購買的。這代表英國欠下了高額外國債務。贏得一戰的國家是美國——他們戰勝的方法不是打仗，而是借錢給參戰國。儘管嚴格說起來，美國在多數衝突中都處於中立地位，但事實上美國在英國與法國身上下了二十億美元的賭注（換算起來大約是如今的三百五十億美元）。到了一九一八年，美國不但是全球企業產能最高的國家（大幅領先其他國家），也是全球儲存了最多黃金的國家（同樣大幅超越其他國家）。美國從全球最大的借款國變成了最大的債權國。

不過，美國沒有像過去的大不列顛那麼了解全球化。因此造成了第二個沒人預見的後果──經濟成長是全球化了沒錯，但經濟危機也同樣全球化了。德國被迫向美國借錢去支付法國和英國的賠償金，而英國和法國需要這些賠償金來償還他們向美國借的貸款。各國因此陷入了債務的循環中，事實證明，儘管金融產業因此賺進了高額利潤，但這種循環無法持久。債務循環崩潰的後果是經濟大蕭條──全球化的第一次大型實驗也在此時步入終點，我們在第二章曾討論過的《斯姆特－霍利關稅法案》就是最好的寫照。

全世界的大型經濟體都變得比較偏向封閉經濟。蘇聯和納粹德國能夠成就令人難以置信的經濟成長是因為他們變得將資源集中在國內，他們並沒有採用李嘉圖提出後又由《經濟學人》提倡的比較優勢理論。在一戰的勝利國陷入經濟蕭條之際，他們的意識形態競爭對手卻出現了飛越性成長。同時，國際貿易成為了最大輸家──國際貿易不但因為逐漸攀升的關稅受到衝擊，更因為大蕭條和隨後的全球GDP萎縮遭遇了重大挫折。在一八七〇年，出口與進口占了全球GDP的百分之六，而後一路成長到世界大戰爆發時的百分之三十，一戰過後，占比幾乎再次回歸到一八七〇年。從許多方面看來，簡直就像全球化從沒發生過。[14]

不過，從廢止《穀物法》到通過《斯姆特－霍利關稅法案》這段過程中，這個世界已經改變得面目全非了。從一方面來說，有些人創造了過去無法想像的財富、競爭逼迫全球科學家與創業家製造出不可思議的創新科技，而人與人之間的相互連結使人類獲得了難以置信的益處。

但是，從另一方面來說，全球資本擴張到了世界各地的每一個角落，打開了剝削未開發國家的大門。國家內部與國家之間的不平等正以驚人的速度不斷成長。數百萬人離鄉背井，地球面對的是歷史上最具毀滅性的戰爭，瀕臨絕境。

第二波全球化是否會遵循同樣的軌跡呢？

過往的陰影

若你能揭開歷史的面紗細細察看，你就會發現西雅圖戰役（Battle of Seattle）其實是《穀物法》暴動的翻版——地方利益與全球利益彼此鬥爭，而勞工被夾在中間成為犧牲品。第一波全球化浪潮持續了六十年左右——把一八六〇年英法兩國奠定自由貿易基礎的《喀布登－謝瓦利耶條約》（*Cobden-Chevalier Treaty*）算做開始，把一次大戰開打算做結束——而關貿總協定的狄龍回合談判（Dillon Round）至今也差不多六十年了。雖然把這兩次全球化拿來做對比缺乏科學根據，但你很難不去懷疑全球化或許也有週期性地循環。

如果全球化**的確**具有週期性，那麼這種週期動態是為何產生的？全球化是否終究會自我限制？話句話說，全球化是否原本從一開始就種下了自我毀壞的種子？那些種子是否會導致約一百年多年前發生的那種全球化崩潰出現在現代？

經濟大蕭條對全球化與世界貿易帶來了毀滅性的影響，近年的經濟衰退和金融危機也造成了同樣的後果。世界貿易在二〇〇九年驟跌了百分之十二，這是一九三〇年代以來最大的一次下滑，比經濟衰退期間全球GDP下滑的幅度高了五倍。[15]全球供應鏈支離破碎，還沒有從上一次的衰退狀態完全恢復。早在川普上台執政之前，保守主義措施就已經逐漸興起了，二十國集團的國家尤其如此。全球有百分之八十五的GDP與四分之三的貿易都來自二十國集團的國家。如今川普開啟了對中國的貿易戰，實施了《斯姆特－霍利關稅法案》以來最嚴格的美國關稅制度。

根據世界銀行指出，在二〇〇八年，貿易（出口加進口）占全球GDP比例大幅攀升至將近百分之六十一，這是過去數十年來全球化在世界經濟中不斷穩定擴張所帶來的勝利顛峰。[16]此比例不但在經濟衰退期出現了急速下跌，而且經過了將近十年的時間，依然沒有回到衰退前的最高點。在美國開頭實施了高關稅之後，世界各國也跟著響應，貿易占全球GDP比例開始出現負成長。二〇一八至二〇一九年間，全球貿易成長一直沒有追上GDP成長。[17]

同樣的，儘管全球貿易量依然繼續成長，但成長速度只有經濟衰退期與金融危機之前的一半。更不祥的是，在過去二十年間，全球貿易的成長數字一直緊緊跟隨著中國工業產量的成長數字，從各種層面看來，中國都已經成為世界經濟體的工廠了。[18]我之所以會說「不祥」，是因為自從中美貿易戰開打以來，中國工業的成長速度下降到了數十年來的最低點。

現今有許多人都認為，目前全球化的基礎應該比一世紀之前更堅固。舉例來說，他們或許會告訴你，世界貿易組織之所以會存在，就是為了遏止一戰後瘋狂橫掃全球的保守主義。

但世貿組織這個全球貿易的看門狗暨貿易爭執的最終仲裁者現在也只是在苟延殘喘罷了。川普政權刻意拒絕指派仲裁法官，藉此削弱世貿組織的仲裁能力，因此世貿組織最關鍵的解決爭端機制也陷入了岌岌可危的狀態。[19]儘管各國依然按照慣例向世貿組織提出申訴，但這些申訴都只是徒勞，如今世貿組織已經沒有仲裁法庭可以審理這些案子了。各國如今處理貿易問題的方法變成了採取單方面行動，鮮少國家會在這種時候繼續遵守世貿組織的規章與條例。

現在世界最大的兩個經濟體以關稅為手段，展開了經濟大蕭條之後最激烈的貿易戰，其他國家很難不去效法中美的手段，紛紛受到逐漸升溫的全球貿易緊張情勢所影響。

以日本與韓國這兩大亞洲經濟強國為例，他們在美中演出主要節目的同時，在一旁展開了吸睛的附帶表演。兩國愈演愈烈的高科技貿易戰一開始的導火線，是日本在二戰期間使用韓國勞工帶來的舊怨。在韓國要求日本賠償時，日本提醒首爾政府，他們已經在一九六五年支付了五億的賠償金了，接著日本針對生產智慧型手機所需的三種關鍵化學原料設下了出口限制，藉此強調他們的論點。韓國的回應則是對出口到日本的OLED螢幕設下限制，這種螢幕是索尼和夏普等日本公司製造高級螢幕所需要的原料。[20]

想當然耳，如今的全球化規模遠比第一次全球化浪潮還要更大。儘管近幾年進出口占GDP的比例逐漸下滑，但在全球GDP中，進出口依然占了將近百分之六十，是一戰前夕的兩倍。但正如我們先前讀到的，不斷攀升的數字也可以在一夕之間迅速下跌。

兩面民主

自由民主是一種兩面體制，它喜歡展現政治的那一面。自雅典人創造出集體決策這個概念之後，多數人都希望能以自由選舉的方式受治理。我們一次又一次地告訴這個世界，我們願意為了投票的權利而死。自由民主在「使人變富有」一事上擁有良好的聲譽，此聲譽自然不會危害到自由民主的目標。一直以來，投票的自由與資本的自由（這就是自由民主的另一個面向）都是焦孟不離的。

但這兩者並不相同。就像水受到地心引力的吸引往低處流一樣，資本也會受到利潤的吸引。相對來說，政治決策就複雜得多，必須考慮到正義或社群意識這一類的標準。政治決策也要考慮到傳統與下一代的需求。資本不需要也不應該涉及這些標準。這不是資本該做的事。

自由民主的兩個面向往往會被印刻在同一枚硬幣的兩側。以著名的慈善家暨投資人喬治．索羅斯（George Soros）為例。索羅斯從自己的財產中拿出數億美元成立了推動民主美德與開放社會的幾個機構。他甚至在母國匈牙利設立了一間大學，就是為了進一步推廣這些價值。他的開放社會基金會（Open Society Foundations）致力於協助從東歐至海地等各國解決他們遇到的民主權益問題。

但索羅斯的硬幣另一側可就沒有那麼遵從利他主義了。你可以問問馬來西亞的人，他們在一九九七年學會資本自由的概念時作何感想。馬來西亞為了吸引資金與投資，做了所有國際貨幣基金會與全球投資人覺得開發中國家應該做的事，但顯然馬來西亞做得還不夠多，因為在一九九〇年代晚期的亞洲貨幣危機期間，索羅斯與他的避險基金對馬來西亞不甚滿意。所羅斯花了數億元賭馬來西亞的貨幣林吉特（ringgit）會貶值，靠著操控林吉特崩盤讓自己與他的投資人賺進大筆利潤。

不過，崩盤的不只馬來西亞的貨幣。馬來西亞的經濟也跟著崩潰了，超過八萬名勞工丟了工作，失去謀生之道。馬來西亞總統馬哈迪義憤填膺地指控索羅斯與同行的投機者一手導致了馬來西亞的慘劇，索羅斯回應時引用了李嘉圖在比較優勢理論中的格言，他說資本在外匯市場中的自由移動會促進貿易流通，進而帶給全世界巨大的好處。

索羅斯沒有提到的是，外匯市場能為貿易帶來的好處已成為往事了，如今外匯市場有了新的主子：投機者。在一九七〇年代早期，外匯的單日交易量通常會是貿易量的六倍，到了馬來西亞貨幣危機的時期，外匯交易量已經暴漲到貿易量的五十倍了。[21] 世界各地的交易大廳中都擠滿了投機者，他們都在尋找剝削的機會。馬來西亞有八萬名消耗性勞工的工作被犧牲掉了，但不是為了投資更具有生產力的經濟，而是為了讓投機者能靠著貿易機會牟利。這就是資本會做的事。我很確定索羅斯的避險基金的客戶對此毫無怨言，他們大概從來不需要抱怨這種機制。

若你覺得那是只會發生在開發中國家的勞工身上的事情，你真的應該再想想。我們已經知道隨著全球資本進入低薪的國家，有八萬多個工作從經合組織國家中消失了。但資本還能用各式各樣其他的方式壓榨消耗性勞工。美國國家經濟研究局的一項研究發現，自從一九八七年起，美國非金融企業的價值提升了二十三兆美元，其中有一半以上都不是來自經濟成長，而是來自從薪水變成利潤的收入轉移——也就是說，這些錢從勞工收入變成投資人收入，或者說從中產階級收入變成富有階級收入。因此，並非所有美國勞工都與市場利益無關，只不過在很大的程度上，那些利益是**以他們為代價**賺來的。

那麼，公司如何運用這些創紀錄的高利潤呢？他們按照股東的希望行事。他們買回自己的股票或提高發放的股利，這麼做能推高股價，進而為公司營運帶來更高的紅利。當川普總統在二〇一七年十二月通過的《減稅及工做法案》（*Tax Cuts and Jobs Act*）讓美國大企業獲得了史上最高的減稅額度時，這些公司就是這樣運用收益的。

公司也可以任意將大量股票選擇權給予主管，計為現金支出，用以抵扣收益——這是許多科技大公司最喜歡的把戲。換句話說，公司用愈多股票選擇權來獎勵主管，就可以支付愈少公司所得稅。你應該猜得到這些公司會怎麼做。

舉例來說，亞馬遜在二〇一八年透過選擇權支出將稅金減少了十億美元。隔年，儘管亞馬遜的利潤比二〇一八年多了一倍，達到了一百一十二億美元，但卻無須支付聯邦公司所得稅。事實上，亞馬遜宣稱政府應該**退回**一億兩千九百萬的聯邦所得稅給他們。網飛（Netflix）在二〇一八年帳面上的利潤是八億四千五百萬，但也同樣不用支付所得稅。稅務與經濟政策研究所（Institute on Taxation and Economic Policy）發現，川普的稅改法案帶來的實際結果，是讓二〇一八年無須繳稅的《財富》前五百強公司比前一年多了一倍，達到了六十間。[23]事實上，數間美國大企業都在沒有那一年實際繳交任何公司稅的狀況下，透過稅額扣抵拿到了退稅。

美國有一個由數間資產數十億的公司組成的上流俱樂部，其中也包括了全美最大的幾個企業。我們姑且將他們稱做「《財富》前六十強」吧。除了亞馬遜和網飛之外，還有石油巨頭雪佛龍（Chevron）、知名電力公司杜克能源（Duke Energy）、著名製藥公司禮來（Eli Lilly）、通用汽車、達美航空（Delta Airlines）、管線公司金德摩根（Kinder Morgan）、電腦製造商ＩＢＭ、漢威（Honeywell）和釀造業巨頭莫森庫爾斯（Molson Coors），以及許多其他的知名企業菁英。想成為此俱樂部的會員，你必須是個規模巨大但無須繳稅的公司。在二〇一八年，《財富》前六十強的公司不但無須為了總共七百九十億美元的利潤支付一百六十五億美元的公司所得稅，反而從政府那裡拿到了四十三億美元的企業退稅。公司的財務總監和股東都覺得很合理，但消耗性勞工都覺得難以接受。

全球化的自我毀滅種子會不會再次發芽呢？二十世紀初，人類試圖以更好的方式重新分配貿易收益，但卻失敗了，導致全球貿易系統崩潰。如今這套系統似乎再一次陷入了重圍。

自由民主過時了嗎？

俗語說：「一張圖勝過千言萬語」。二〇一九年在大阪二十國集團高峰會拍下的一張各國領袖照片就體現了這句俗語。第一排正中間是主辦國日本的首相安倍晉三，他的左手邊是習近平主席與普丁總統，右手邊則是川普和沙烏地阿拉伯的穆罕默德・沙爾曼（Mohammad Bin Salman），沙烏地阿拉伯將會舉辦二〇二〇年的二十國集團高峰會。這些人顯然不是自由民主的使徒。像德國梅克爾這樣的自由主義擁護者被擠到了那一列的最外緣，幾乎快跑到視線之外了，杜魯道等人則站在後排。

在這一群領導人聚集在一起為了相機露齒微笑之前，普丁總統在採訪中指出自由民主已經過時了。他或許言之過早，但他為自由民主發布的訃告也不算偏離事實。他注意到在意識形態主導的國家中，多數民眾的利益和自由民主的概念彼此衝突，鮮少有人會反駁他這個論點。

除了那些丟掉高薪工業工作的憤怒老人之外，還有許多人也開始同意普丁的觀點。不滿的情緒貫穿了人口結構中的所有族群。事實上，在許多經合組織國家中，最反對自由民主的其實是年輕的千禧世代選民。他們對於自己的未來十分悲觀，也同樣對他們所生活的世界面臨的未來感到悲觀。他們聽著政府和媒體沒完沒了地稱頌GDP大幅成長、低失業率和一飛衝天的股市能帶來多少好處，同時他們又注意到這些好處並沒有向下惠及他們。他們在工作場所面臨的反而是前所未有的經濟不穩定。因此可想見的是，他們輕易地接受了激進變革的想法，並不介意變革會使得上述那些似乎很重要的成就受到威脅。千禧世代和嬰兒潮世代的家長不同，他們不會不問是非地認同自由民主或全球化主義。許多千禧世代都受到那些公然挑戰原則，甚至公然挑戰民主概念的民粹主義者或權威人物所吸引。

雖然全球化或許帶領了中國和印度的數百萬人民脫離貧困，但在經合組織中，全球化卻使得人民愈來愈不確定經濟的未來發展，甚至愈來愈不確定下一代的未來發展。如今只有百分之三十七的美國人相信下一代的經濟條件會比他們更好。同樣這麼覺得的只有百分之二十四的加拿大人或澳洲人。在法國，懷有相同想法的只有百分之九。[24]

這些人確實有很好的理由心懷悲觀主義。如今在美國，攀上經濟階梯並賺得比上一代還要多的人口比例正穩定下降，中產階級的夢想正逐漸褪色。人們曾預期每一代美國人的收入都能超越上一代。那些沒有超越上一代的人只是偶爾的例外，而非通則。在戰後年代的頭幾年，有九成美國人的收入都超越了自己的父母。如今只剩下不到五成。而且，中產階級的夢想褪色並不是一個只發生在美國的現象，經合組織的各個國家都明顯出現了同樣狀況。

如今不斷改變的經濟狀態也改變了人民的政治態度，上一次全球化循環的最後一段時間也是如此。在戰後嬰兒潮世代，十個美國人中有九個美國人都認為自己的生活會比父母好，這種時候，多數人會全心全意支持民主政府。但是，當生活勝過上一倍的機率只剩下百分之五十的時候，人們就不再理所當然地給予支持了。如今只有不到一半的美國人認為民主是生活中的必需要素。[25]當能夠超越父母收入的美國人比例不斷下滑，就會造成此種反應。世界價值觀調查（World Values Survey）的一項報告指出，美國只有三成的千禧世代認為民主是良好生活的必要條件。澳洲、紐西蘭、瑞典和英國大約也有三成的千禧世代抱持同樣的觀感。[26]

雖然專欄作家和政客都公開地對歐洲的民族主義復興表示擔憂，但他們都傾向將之解釋為種族主義留下的影響，而非來自年輕世代對經濟愈來愈深的挫折感。但令人困擾的挫折議題其實是顯而易見的。舉例來說，奧地利三十歲以下的選民中，有四成以上都把票投給了極右翼的總理候選人塞巴斯汀·庫爾茨（Sebastian Kurz），庫爾茨的絕大多數競選主題都是反移民與反全球化。在鄰近的德國，德國另類選擇檔是二戰過後，第一個在國會中獲得席次的極右翼政黨，他們同樣在千禧世代選民中獲得廣大支持。而在法國的選舉中，相較於最後贏得選舉的保守派候選人馬克宏，馬克斯主義候選人梅蘭雄與極右翼候選人勒龐在千禧世代的支持率都高得多。我們當然不可能確切指出每一個選民在投票時心中想的是什麼，但我們可以合理推測，年輕選民有足夠的理由擔心未來而非囿於過去。

年輕世代對現況的支持率不斷下降，反映出的是他們感覺到的經濟不穩定感正逐漸升高。千禧世代不像嬰兒潮世代幾乎一輩子都活在舒適的中產階級生活中，千禧世代必須和停滯的薪水搏鬥，許多人甚至必須對抗愈來愈糟的生活水準。除此之外，許多國家中的青年失業率遠比其他勞動力的失業率還要高出好幾倍。他們身處的經濟狀況會大幅影響他們如何看待傳統價值，例如民主的需求或推動全球整合的新自由主義經濟政策。

自古以來，中產階級一直都是我們民主體制最忠貞的擁護者。收入停滯已使政治觀點出現了顯著的改變，人民愈來愈不信任、愈來愈懷疑全球治理（global governance），因而開始投靠新型態的國族主義與民粹主義。無論是美國、世界貿易組織還是歐盟，各個多邊組織的權威都受到了前所未有的挑戰。

無論右翼或左翼，民粹主義都常伴左右

川普總統過去的競選策略師暨美國另類右翼的知名權威史帝夫．班農（Steve Bannon）主張，未來將充滿民粹主義。不過，未來的民粹主義不見得來自右派。左派同樣好戰，傳統左派政黨陣容中也有民粹主義候選人，在幹部中也會有直言不諱、態度激烈、隨時準備要占領街頭的示威者。如果民主黨想要打敗川普的話，他們很可能需要推出左翼派川普，而非再次推出希拉蕊這一類的保守派候選人。

已經有部分左派人士怒氣衝衝地大聲要求分配正義，而上一次全球化開始崩潰時也出現了同樣現象。經合組織在二〇一九年執行的二十一世紀調查指出，絕大多數調查對象都希望政府能提高對富人的稅率，用這筆收入支付更好的社會福利，幫助經濟狀況大幅落後的人民。[27]但若我們想要重新分配貿易帶來的收益，如今必須面對的艱難困境遠比第一次全球化時代還要更嚴峻。投資與生產的流動性達到了前所未有的高度，導致就算政府想要介入，也難以讓輸家拿到高額補償金。儘管國家政府在名義上依然是最高統治者，但他們的主權受到了全球貿易規範的限制，無法採取實質措施來阻止全球資本與貨物的自由流動。簡而言之，政府的主權次於全球貿易系統的需求。

至少過去是如此。接著，突然之間，全球最大經濟體的領導人變成了一名拒絕服從全球貿易系統的總統，他在面對各種規範時依然堅持主張美國的獨立性。

主流媒體與現況支持者都用非常簡化的方式解釋川普的當選與隨之興起的美國保守主義，說這只是黑天鵝事件，但事實真是如此嗎？又或者美國社會早已架設了舞台，只等他的勝利登場？若我們要把川普的當選看做隨機事件，除非社會無法合理解釋他為什麼當選——除非他的當選是一連串怪異的社會暫時狀態與不可預測事件所帶來的結果。

但那些一開始宣稱川普沒有機會，而後又嘲笑他勝選的媒體，同時也忽略了那些投票給川普與投票給桑德斯（媒體眼中的另一名政治惡棍）的選民如今身處的困境。

又或者川普憑藉直覺發現了這個時代的本質正在改變？拋棄了中產階級與美國勞工的並不是川普，而是從柯林頓到歐巴馬期間的每一任總統採取的政策。事實上，川普是第一個發現勞工困境，並藉此獲得政治益處的人。但他不會是最後一個。

無論左翼或右翼，民粹主義的核心思想都是底層人民對全球化的拒絕態度，這裡的全球化指涉的是商品、資本或移民的不受約束流動。歐洲主張民粹主義大多是各個右翼政黨，但法國的民粹主義左翼政黨格外受歡迎。我們已經曾見過全球化的火焰熄滅過一次了，因此我們知道從本質上來說，民粹主義和右翼並沒有絕對關聯。事實上，在一戰過後，民粹的始作俑者其實是左派。一九一九年，義大利有一百萬名勞工發動了超過一千六百次的工業罷工，帶來了「紅色的兩年」（Biennio Rosso）。一九三六年，西班牙支持社會主義的人民陣線（Popular Front）組成了政府。法國的左翼派出了四個主流的共產主義與社會主義政黨，在一九三六年組成政府。在二戰爆發時，法國的總理是激進社會主義者愛德華・達拉第（Édouard Daladier）。一九一九年一月，德國的共產主義者率領軍隊在柏林發動叛亂，後被稱作斯巴達克斯起義（Spartacist uprising）。接著全國各地都出現了類似行動，要求更高的薪水、更好的工作環境與更好的資本法規。此外當然也少不了俄國，一九一七年俄國點燃了階級鬥爭的火藥桶。

歐洲大陸並不是唯一劇烈左傾的國度。一九二六年，英國的一場全面罷工使工黨首次執政（當時工黨成員多是好戰的工會組織者）。美國則出現了許多社會主義者、共產主義者與工會組織，改變了政治生態。一九二一年，西維吉尼亞州的礦工為了爭取更好的工作環境，和掌控了步槍與機關槍又有警方與軍隊支持的礦業公司陷入苦戰。這場衝突被稱做布萊爾山之戰（Battle of Blair Mountain），當時有一百多人死亡，發射了超過一百萬發子彈。一九一九年，在加拿大的溫尼伯大罷工（Winnipeg General Strike）中有兩名示威者死亡，數十名示威者受傷。布雷頓角自一九二二年至一九二五年間發生的一場罷工則是因為挖礦勞工和大英帝國鋼鐵公司（British Empire Steel Corporation）之間的衝突導致。這場罷工之所以會結束，是因為一名礦工被殺，而公司的倉庫與其他建築都在遭到洗劫過後被放火燒個精光。在一戰與二戰期間，勞工取得了重大進展，在基本工資與減少工時等方面獲得了許多進步。但這每一步都是他們努力抗爭得來的成果。而他們的雇主一直都在回擊。

紅色的兩年為墨索里尼的黑衣軍（Blackshirts）打下了基礎。西班牙人民陣線得到的回應是西班牙內戰與隨之而來的佛朗哥（Franco）獨裁政權。在德國，希特勒的衝鋒隊則承諾要奪回街道。我們看到的結局是一九二〇年代至一九三〇年代早期橫掃各個大陸的右翼政權。匈牙利、西班牙、義大利和阿爾巴尼亞的民主政權被右翼獨裁者所取代。波蘭、葡萄牙和立陶宛也隨之發生同樣的轉變。而後，隨著經濟大蕭條的到來，新一輪的右翼獨裁政權在南斯拉夫、羅馬尼亞、奧地利、拉脫維亞、愛沙尼亞、保加利亞、希臘和最重要的德國紛紛崛起。[28]在一九三〇年代中期，右翼獨裁政體成為歐洲的常態，沒有例外。

這些新獨裁政體是一場策略聯姻，媒人是法西斯政權，被撮合的則是中下階級的人民以及獲得國家授與壟斷權力的國內資本家。正是左派民粹主義帶來的真實威脅使得資產階級受到了右派的吸引。雖然我們常把資本主義與民主聯想在一起，但有時候資本主義沒有你想像中的挑剔。無論在何種政治體系下，資本都能正常運作，不過從歷史脈絡中可以看出，如果被迫選擇的話，比起共產主義，資本還是比較偏愛法西斯主義。

有些人認為如今歐洲的右翼民粹主義興起和過去歷史有不祥的相似之處，讓人想起軍事獨裁政體的陰影。不過，近來歐洲沒有出現政變，而在義大利、波蘭與匈牙利等由右翼民粹主義政府掌權的國家中，這些政黨都是靠著民主選舉上台的。從二〇一九年五月的歐盟選舉中可以看到，這些政權似乎正在變得愈來愈受歡迎。在歐盟選舉中，右翼民粹主義政黨是明顯的贏家，他們的得票數是過去二十年來最高的。過去主導歐盟的一直都是中立派政黨，這是他們在過去四十年來第一次沒有贏得過半數選票。從許多方面來看，二〇一九年的投票都等同於是對歐盟未來狀況的公投表決，是梅克爾與馬克宏以「歐洲合眾國」為主軸的保守願景，對抗歐盟懷疑論者的「歐洲獨立國」概念，後者是勒龐與義大利極右派領袖馬泰奧・薩爾維尼（Matteo Salvini）的支持者展望的未來景象。

從近來許多歐洲選舉中可以看到，對歐洲各國的民粹右派政黨而言，移民逐漸變成了民生問題。在法國，勒龐的國民聯盟黨以百分之二十三點三一的得票率贏得了選舉，打敗了法國總統馬克宏的共和前進聯盟（La République En Marche alliance），後者的得票率僅有百分之二十二點四一。義大利也出現了類似情景，由薩爾維尼率領的反歐洲政黨北方聯盟（Lega）得票率超過三分之一。在匈牙利，奧班的右翼政黨青年民主黨

（Fidesz）大獲全勝，得票率過半。希臘的右翼反對黨新民主黨（New Democracy）得票率超過百分之三十三。[29]

英國的強森與其所屬的保守黨在二〇一九年的選舉中，以「完成英國脫歐」為口號獲得了壓倒性的過半勝利，這一場選舉為英國未來的公投脫歐鋪設了一條康莊大道。這自從一九八七年柴契爾（Margaret Thatcher）當選之後，保守黨首次獲得如此大型的勝利，這一次保守黨橫掃英格蘭北部的工業地區，取得了過去通常由工黨獲得的席位，藉此鞏固了勝利。強森以民粹主義者的語言宣布他的政府將會是「人民的政府」。

但如今努力想獲得不滿的中產階級支持的，不是只有新上任的右翼政府，來自左派的聲音也被聽見了。透過更進步的稅法進行財富重新分配、嚴厲制裁大企業和超級富翁在全球各地的避稅天堂、藉由重新課徵關稅避免工作外流至海外、提高基本工資——這些是左派對中產階級身處的困境提出的另一種回應。儘管左翼民粹主義在北美洲與歐洲尚未如右翼民粹主義政黨一樣成功勝選，但他們或許能輕而易舉地逆轉情勢。

無論政治浪潮轉往那個方向，我們都能愈來愈明顯地發現一件事：在世界各地的已開發國家中，愈來愈多人無法接受全球化的現況。經歷了幾十年的努力，作為犧牲品的勞工終於清醒地認知到，他們一直在資助史上前所未見的全球化盛宴——而且他們幾乎完全被排除在這場盛宴之外。無論如何，局勢都將產生變化。

在人們稱做華盛頓共識（Washington Consensus）的一九九〇年代[30]，美國政治哲學家法蘭西斯・福山（Francis Fukuyama）寫下了著名的一段話，聲稱自由民主戰勝所有競爭的意識形態的同時，歷史也進入了終結。[31]國家在接受自由民主信條的引導時，發展得較為穩定。而經濟體在接受自由民主中自由貿易原則與自我調節市場原則引導時，將能擺脫政府的干預，發展得更加繁榮。

目前看來，歷史似乎快要再次重演了。

後記——疫情會終結全球化嗎？

正如我們在本書中看到的，全球化代表了許多事物。它代表了公司到全球各地購買低薪勞動力。它代表了最終進入小鎮邊緣的大型賣場中的國際供應長鏈。它代表了極低的利潤與及時送達。它代表了結構性失業。把它代表的事物加總起來之後，它代表的是消耗性勞工遭受的不公平待遇。

它也代表了諸如一杯咖啡這麼不起眼的事物都需要二十九間公司橫越十八個國家做生意。如果光是一杯咖啡就要這麼多公司與國家的參與，建造一台呼吸器就更不用說了。

在新冠肺炎肆虐於全球最先進的幾個國家時，我們會發現，無論付出多高的代價，全球市場都無法供應足夠的呼吸器。富有的米蘭人沒有呼吸器可用，富有的美國人也沒有呼吸器可用。「即時」是來不及的。

不過市場上**的確有**呼吸器存在。中國工廠正在生產呼吸器。俄國利用他們在蘇聯時期的過剩產能，在一架架飛機中裝滿呼吸器送往疫情嚴重的義大利與塞爾維亞，瑞士也囤積了一些呼吸器以備不時之需。

「**以備不時之需**」（just in case）幾乎可說是「**及時**」（just in time）的相反概念。換句話說，以備不時之需就是「**避險**」。儘管瑞士受到新冠肺炎的嚴重衝擊（瑞士與義大利的倫巴迪地區接壤），但他們已經準備好面對長期鎖國了。瑞士有六萬三千噸的糖、十六萬噸的麵粉、三萬三千七百噸的食用油和約四十噸的乳牛飼料。而且他們還有一百五十萬噸的咖啡豆。在二〇一九年十一月，瑞士政府決定停止囤積咖啡豆，因為這東西沒有半點營養價值。但瑞士的民主向來強壯且反應迅速，很快就有民眾強烈抗議，要政府好好保護這些避險咖啡豆。我想瑞士人在知道自己的法式咖啡不會短缺之後，一定就能更安心地面對疫情的挑戰了吧。

換句話說，瑞士人不需要依靠全球市場「及時」拯救他們。他們在市場失靈**之前**就買好了他們的咖啡和呼吸器。當其他國家像是在擁擠超市的空蕩蕩貨架上爭相購買物資的時候，瑞士已經做好準備了。

順道一題，加州曾在州長阿諾．史瓦辛格（Arnold Schwarzenegger）的治理下執行了類似的應變計畫。他投資了數百萬美元打造了類似中國在武漢建設的臨時醫院，不過是移動式的：三間具有兩百張床位的移動式醫院，每個都有足球場那麼大，裡面有手術房、加護病房和X光設備。這些醫院的庫存包括了五千萬個N95口罩以及，你猜得沒錯，兩千四百個呼吸器。這些戰略儲備物資可以額外增加二萬一千個急救床位。那是二〇〇六年的事了，當時的禽流感看起來像是貨真價實的威脅。但政府每年要花五百八十萬美元來維護這些移動式醫院，最後資金被暫停了。在國家需要這些醫院的時候，這些醫院已經無法恢復了。

因此，如果全球主義者認為民主在二〇二〇年大選的勝利，代表他們無比珍惜的自由開放市場會重新回歸的話，他們可說是大錯特錯。因為全球供應鏈如今必須競爭的對象是致命的對手，比戰後歷史上最擁護保守主義的總統還要更具殺傷力。

新冠肺炎讓世人學到了許多教訓。但是，在人們爭論應該怪誰、哪個國家應該負責以及吃野生動物是否合理時，有一件事從一開始就再清楚不過了：如果你覺得全球市場會解決你的問題的話，你注定要失望了——你甚至可能會有更可怕的遭遇。真正的問題是市場很有可能無法提供的健全解決方法。隨著工作量接近臨界點，儲存物資愈來愈少，美國醫院協會（American Hospital Association）會長波拉克（Rick Pollack）告訴媒體：「我們希望國家啟用《國防生產法》（*Defense Production Act*）。」

換句話說，在發生真正的問題時，不要依靠市場的效率。我們應該做的是對政府提出要求。畢竟這個方法在以前就曾奏效過。在二戰期間，政府曾依照《國防生產法》下令福特生產炸彈。在新冠肺炎戰役期間，白宮也曾使用該法案下達指令。這一次，福特與其競爭對手通用汽車要做的，是為美國的醫院生產數千個呼吸器。曾用來保護美國工作的法律，如今則被用來把新生命帶入密西根的閒置工廠裡。

突然之間，全球主義者擔心起了新型態的保守主義。自從關貿總協定與世貿組織出現以來，企業便一直為了進入國外市場而犧牲勞工（政府則為此犧牲人民）。利用減少進口來保護工作和國內企業被視為一種退步。但現在我們擔心的不再是進口禁令。隨著各國政府把寶貴的資源儲藏起來，我們該擔心的是威脅到全球供應鏈的**出口**禁令。

印度和中國一直以來都大量供應全球學名藥的原料，在二〇二〇年三月底，印度注意到羥氯奎寧（hydroxychloroquine）似乎對新冠肺炎有療效，因此禁止了此種藥物的出口。美國政府也擔心國內將會缺少使用呼吸器的病人需要的鎮定劑，以及增加肺內氣流的沙丁胺醇（albuterol）。

中國也同樣限制了全球市場都極度想要購買的這些藥物。中國原本有一百〇二間公司領有執照可以出口檢測試劑套組、口罩、防護衣、呼吸器和紅外線溫度計，在實行新法規後，北京當局判定其中八十一間都不合格，不得出口這些產品。美國也採取了同樣的行動，禁止將口罩出口到加拿大。

畢竟，如果你自己國內的醫療物資都不夠用了，為什麼要把這些稀缺的物資運到外國呢？問題在於，在複雜的全球網絡中——如今就連一杯咖啡都需要二十八間公司齊心協力——對藥物原料的出口禁令最終會導致所有人都受害。我們所生活的世界不像李嘉圖描繪的那麼簡單，可以讓一個國家生產N95口罩，另一個國家生產呼吸器，並互相交易。如今這個世界中，**幾乎每一件物品的製作過程都必須經由全球供應鏈的輕巧連結**，出口禁令將會導致各國無法製造**任何產品**。正如德國呼吸器製造商德爾格（Stefan Dräger）在《明鏡週刊》（*Der Spiegel*）中所說的：「零件來自全世界各地，其中也包括土耳其。我希望就算各國偏向保護主義，也要保持供應鏈的完整無缺。如果有人決定要打破供應鏈的話，未來將沒有任何人能拿到任何一台呼吸器。」

但這個論點有兩個面向。你可以基於保護主義會瓦解全球供應鏈為由反對保護主義。又或者，你可以回過頭來檢視全球供應鏈，理解到它們有多脆弱，並決定你最好在國內購得所需資源。如今我們將愈來愈常看到人們執行後者。

光輝不再的模式

新冠肺炎（一開始又稱做武漢肺炎）疫情導致了世界各地許多工廠與商店紛紛關閉，不過十分諷刺的是，此病毒源自於中國。正如我們在本書中讀到的，中國是全球供應鏈的工業集中點，供應的貨品遍布世界各地。全球化開始於中國，或許也會終結於中國。

沒多久之前，眾人還覺得光是高聲指出全球供應鏈有哪些成本與風險就表示你個性天真又守舊。但隨著病毒對世界各地的經濟帶來衝擊並造成前所未有的大規模全球經濟衰退，人們又突然發現互相連結、彼此依賴的世界經濟突然變得好像是久遠以前的事情了。

只不過數個月的時間，疫情全球大流行就帶來了經濟大蕭條以來最嚴重的季度GDP衰退，造成了一九二九年股票崩盤以來最嚴重的股市下跌，又給出了各種徵兆，預示未來將會出現有史以來最高的失業率。根據國際能源署（International Energy Agency）的報告指出，全球的原油需求出現了破紀錄的大幅下降，每天的原油需求量減少了一千〇八十萬桶。

隨著新冠病毒散布至各個大陸，經濟衝擊也隨之而來。全球各地有十二億五千萬人受到封城規定影響，除此之外，這些人工作的企業也只能關閉。經濟活動陷入了停滯，各種經濟指標也以過去極為少見、甚至前所未見的速度迅速下滑。在二〇二〇年的前三個月，中國的經濟活動在封城後急遽下跌，致使中國經濟下挫了百分之六點八，這是一九七六年的文化大革命結束以來，中國在第一季度的GDP首次出現跌幅。中國企業（從各方面來說中國都是世界工廠）的產能在第一季度史無前例地下降了百分之八點四，這是三十年來首次出現產能下跌。

隔離政策以執行手術般的精準度斷絕了全球供應鏈，全球各國的經濟狀況接連受到衝擊。現代汽車無法從中國那裡進口到關鍵零件，因此關閉了南韓的組裝工廠。日產汽車則因為太過依賴中國出產的零件，只能下調日本汽車組裝廠的產能。德國汽車製造商在他們依賴的義大利北部零件製造中心進入隔離後，赫然發現自己和義大利都在同一條船上。同樣的，任天堂也因為越南的工廠需要來自中國的重要電子零件，所以無法生產足夠多的 Switch 遊戲主機以達到美國的需求。

就在這些工廠逐漸重新開工，中國也終於成功控制了國內疫情的同時，世界各地需要他們供貨的商店也紛紛倒閉。在疫情集中點從中國轉移到美國之際，災難性的經濟衝擊也跟著出現轉移。

投資人在過去幾年享受了驚人收益，如今他們即將要親眼見證蓬勃的經濟突然陷入嚴格的檢疫隔離會使股市會變成什麼樣子。狀況可算不上好看。標準普爾五〇〇指數在第一季下跌了兩成，這是有史以來最糟糕的一年之始。曾經更加炙手可熱的那斯達克指數也緊跟在標準普爾五〇〇指數之後。部分股票的道瓊指數單日下跌數已經趕上了一九二九年股市崩盤與隨之而來的經濟大蕭條時期的跌幅。全球股市最初的拋售潮曾一度使股票市場蒸發了高達二十萬美元的估值。就算全球化曾使投資人變得更富有，如今它只會使投資人變得更加貧窮。美國三月的封城使第一季的GDP下跌了將近百分之五，專家預期第二季的GDP下跌率有可能是第一季的數倍。

儘管市場和經濟的狀況會在未來回升，但我們不會輕易忘記這次疫情帶來的經濟和金融大屠殺。疫情帶來的結果愈來愈像是全球化的轉捩點。我們在沒多久之前還認為全球化不但令人嚮往，同時也無法避免，但如今的疫情立刻就揭露了全球化系統有多脆弱。

大紓困

極端狀況需要的是極端解答。美國、加拿大等國家的政府承諾要提供鉅額紓困金給那些工作被病毒偷走的勞工以及因衛生規範而無法開業的公司。各國的中央銀行（例如美國聯邦準備理事會）很快就為了紓困而將利率砍到接近零。二〇〇八年的金融危機迫使聯邦準備理事會與其他中央銀行向不良次級房貸的資產持有者開放了資產負債表，提供融資，這次的新冠肺炎也同樣迫使各國中央銀行再次開放資產負債表。不過這一次他們接受了各式各樣的不良公司債券，其中也包括了高收益債券（也就是垃圾債券）。聯邦準備理事會最後從負債資產表中融資出來的金額，可能會比二〇〇八至二〇〇九年金融危機時期融資的金額多出一倍或更多。

在危急時刻由社會分攤企業的破產與倒債造成的損失，聽起來似乎值得讚美，但這並不會消除社會上出現損失這個事實。到最後還是有人必須支付這些損失。央行上一次介入的大型行動被稱做量化寬鬆，最終為華爾街和不良次級房貸的資產持有者支付款項的其實是納稅人。這一次會有什麼不同之處嗎？

正如上一次啟動量化寬鬆的貨幣政策一樣，央行這次再度拉動財政槓桿。美國國庫啟動了史上最龐大的振興經濟法案——總金額兩兆多美元，包括給予美國絕大多數失業者的收入補助款。其他國家也提供了類似的經濟津貼給失業勞工與關閉的企業。杜魯道總理宣布政府了類似的收入補助計畫，受補助的將會是因為新冠病毒而失去工作的加拿大人。為了對抗此次疫情造成的經濟附帶效應，二十國集團的國家承諾要耗費五兆美元採取刺激措施。

這當然很快就會導致爆炸性的預算赤字，同時GDP的百分比很有可能會達到戰後時期的高度。到了那個時候，今日的刺激措施將會在一瞬間轉變成明日的懲罰性緊縮。

國界將會增厚

全球化不只需要大量貨品在全球各地流動，也會使人流動。此次疫情無疑中斷了貿易，也以過去少見、甚至前所未見的方式停止了人們的跨國移動。美國不但如同川普所反覆威脅的，為了停止來自中美洲的移民而封閉了與墨西哥接壤的南方邊界，同時也封鎖了連接加拿大的北方邊界。

歐盟也採取相似政策，對外國旅客封鎖了國界，此外，各個成員國也封鎖了自己的國家，不允許其他歐盟鄰國進出。藉由申根公約實現的無國界歐盟已不復存在。等到疫情全球大流行結束後，歐盟國家還會願意重啟這項公約嗎？災後餘波結束後，歐盟還會存在嗎？又或者歐盟將會變成全球化的另一個失敗實驗品？這次疫情對財物與金融造成的衝擊，或許會在歐盟的北方成員國與南方成員國之間製造一條鴻溝，寬大到雙方就算想要造橋連接也無法做到。

如果你是移民的話，你將會在突然之間失去你僅存的那些政治保護。在二〇二〇年四月二十二日，川普總統以疫情為由，簽署了一項行政命令，在未來至少六十天內暫停移民進入美國。就連向來對移民寬容的加拿大也宣布，他們將會採取從沒有前例的措施，把所有穿越國境的移民遣返美國。自從二〇一七年起，有超過五萬七千名移民穿越國界進入加拿大，多數人都利用美加「安全第三國協議」的漏洞滯留在加拿大。不過這個漏洞和申根公約一樣，在面對這次的疫情全球大流行時就不再適用了。

新冠病毒不會讓各國永遠處於檢疫隔離狀態，國界終究會再次開啟，至少會開放給國內已成功控制住疫情的外國旅客進入。但當各國重啟國界時，這些國界很有可能會比過去更厚。

你可能偶爾會在遇到危機時聽到一套理論，指出我們必須為了更大的公眾利益而減少個人自由。在新冠病毒出現之前，世界各地的自由主義者與進步分子一直都在追求愈來愈多權益，如今他們馬上就要開始要求政府實施嚴厲措施來制止感染蔓延了。這代表國家政策將會嚴格禁止孩子們在公園玩耍、家人一起遛狗或人們行進時彼此靠得太近，違者將會受到罰款。這也代表更嚴密的國界控制將會成為兩黨皆擁護的議題。正如更高的經濟自給率成為民眾的主流想法，更嚴格的國界控制也同樣會成為主流意見。

犧牲品的一線希望

受到嚴重衝擊的不只GDP。工廠與商店關閉後，人民突然不再需要工作了。就業受到了史無前例的致命影響。公司在經濟衰退期間，可以在需求不斷下降的同時逐漸縮減勞動力。但疫情造成的失業完全是完全不同量級的狀況，在一夜之間，公司就必須遵守各種無法確定時效多久的緊急衛生法規，砍掉了幾乎所有的勞動力並停止營運。原本要經過許多季的經濟衰退才會累加出來的失業數量，如今一夕之間就被甩在各國政府的門口。

在疫情前，經合組織中絕大多數國家的狀況都是接近充分就業，但在疫情開始後人民的失業保險申請數量卻破了紀錄。美國在七週內就有有三千三百萬名勞工申請失業保險。加拿大在這次疫情造成經濟停擺的頭兩個月中有三百萬名勞工失去工作，過去的經濟停擺從沒有帶來這麼高的失業速度。二〇二〇年四月的失業率驟升到百分之十三，是加拿大歷史上第二高。與此同時，歐盟宣告目前歐盟區的經濟衰退是歐盟成立以來最嚴重的一次，而國際勞工組織則提出警告，有多達一千兩百萬名歐盟勞工正面臨失去正職工作的風險。

因為疫情而突然失去工作是一件非常可怕的事情——我們有許多人都遇到了此種毀滅性的打擊。

但這一次，或許我們還有一線希望。

就像西班牙大流感與過去我們人類曾經歷的各種流行病一樣，新冠病毒的疫情全球大流行終究會結束。但病毒帶給我們的恐懼將會在傳染終止之後繼續維持很長一段時間。世界上還有其他種人畜共通的病毒，有些可能比新冠病毒更致命，它們正耐心等待動物宿主被吃掉，屆時它們就能跨越物種的藩籬，傳染人類。我們必須努力讓我們的經濟體免於傳染病的威脅，這和找出疫苗是同等重要的事情。因此，我們需要進行大規模的經濟重組：重新回到無論支出多少薪水，都要在國內採購的年代。

對於數百萬名消耗性勞工來說，這是個好消息。全球供應鏈不是使這些勞工的薪水減少，就是偷走他們的工作，讓他們變成受害者。如今他們或許可以從黑死病和西班牙大流感等流行疾病帶來的歷史定律中得到一些安慰：這些疾病都使其後數十年的薪水出現大幅增長。

過去薪水成長的原因是流行病奪走了十分之一人口的性命，導致勞動力突然變得稀缺。雖然和過去流行疾病導致的殘忍大屠殺比起來，新冠病毒帶來的死亡人數可能相對較少，但疫情對全球供應鏈帶來的影響依然相當致命。

當你必須仰賴某些特定事物才能存活時，你就不會繼續認為比較優勢的問題有多重要了。從理論上來說，全球貿易的經濟專業化與勞工國際分工的確能帶來很棒的益處，但是當世界另一頭的工廠——你在生產搶救生命所需的醫療設備時必須依賴的那間工廠——關閉，或者當該國政府決定那間工廠的貨品只能運送到某些地方時，你突然發現「國內採購」聽起來是個絕佳的好主意。在轉瞬之間，提高經濟自給率就從民粹主義者的日程表上，躍入了主流看法之中。

畢竟世界各地和中國工廠合作的企業已經發現，中國工廠有可能會在突然接到通知後被隔離或被國家徵用，這些企業怎麼可能會對此覺得滿意呢？在不久的將來，除了保護主義的總統之外，公司股東自己也會開始呼籲公司保護自己不受這種全球問題影響。

此次疫情很有可能會帶來與全球化完全相反的結果。國內採購代表的是國內勞工領國內薪水在國內進行生產。這也就代表了我們之中有許多人再也不會成為犧牲品了。

加拿大多倫多，二〇二〇年五月

致謝辭

我要感謝尼克・蓋瑞森（Nick Garrison）提供的寶貴協助，他不但編輯了本書草稿，也協助我發展出整本書的敘事，他在歷史方面提供的見解尤為珍貴。這是尼克為我的第一本書《為什麼你的世界將變得愈來愈小》（*Why Your World Is About to Get A Whole Lot Smaller*）擔任編輯之後，我們首次有機會一起工作。我也想要謝謝克雷格・佩埃特（Craig Pyette）對本書的重要貢獻，他不只協助編輯，更在出版的各個階段提供指引。我第三本書《碳泡沫》（*The Carbon Bubble*）的編輯琳達・普魯森（Linda Pruessen）以如常嚴謹的態度校訂了本書文稿。加拿大蘭登書屋（Random House Canada）的版權銷售主任馬修・西比加（Matthew Sibiga）提供了無數寶貴的建議，並閱讀了創作期間的稿件。莎朗・克蘭（Sharon Klein）秉持一貫風格為本書進行了傑出的宣傳。接著我當然要感謝我的發行人安妮·柯林斯（Anne Collins）讓我有機會再次上場打擊，並提供充足的編輯資源讓我執行此書的計畫。最後我同樣要感謝我的老朋友兼釣魚伙伴哈維·布萊德利（Harvey Bradley），他協助我耙梳美國勞工部勞動統計局與加拿大統計局的數據資料。

款非常類似一世紀之前的金本位規範。全球各國政府都鼓勵國營企業私有化。政府對電信通訊業、交通業和最重要的金融業都撤銷了管制，不但使這些企業從政府法規中獲得自由，有些時候甚至使他們擺脫了政府的監督。在戰後時期，公私合營的基礎帶來了成功的混和經濟模式，但如今這種模式已經瓦解，被全球資本主義的自由放任模式取代。

31. Eric Reguly, "Populist parties make gains in EU elections but fall short of overturning political order," *Globe and Mail*, May 26, 2019, https://www.theglobeandmail.com/world/article-pro-europe-parties-prevent-a-populist-surge-in-the-eu-elections/.

ca.finance.yahoo.com/news/companies-paying-zero-taxes-trump-law-155944124.html.

24. Paul Taylor, Cary Funk and Peyton Craighill, "Once Again, the Future Ain't What It Used to Be," Pew Research Center, May 2, 2006, https://www.pewresearch.org/wp-content/uploads/sites/3/2010/10/BetterOff.pdf.
25. Roberto Stefan Foa and Yascha Mounk, "The Danger of Deconsolidation: The Democratic Disconnect," *Journal of Democracy* 27, no. 3 (July 2016): 5–17, https://www.journalofdemocracy.org/articles/the-danger-of-deconsolidation-the-democratic-disconnect/.
26. Neil Howe, "Are Millennials Giving Up on Democracy?" Forbes, October 31, 2017, https://www.forbes.com/sites/neilhowe/2017/10/31/are-millennials-giving-up-on-democracy/#dedf8092be12.
27. OECD, *Under Pressure*.
28. Peter Turchin, *Ages of Discord: A Structural-Demographic Analysis of American History* (Chaplin, Connecticut: Beresta Books, 2006), 61–74.
29. Freiden, Global Capitalism, 209.
30. 華盛頓共識指的是蘇維埃帝國垮台後，美國成為全球唯一霸權的那段時期。全球整合的資本市場允許索羅斯這樣的投機客隨心所欲地花大錢投資泰國或馬來西亞債券，同時又下注做空這些國家的資本市場，而貿易與（最重要的）資本流動也隨之出現爆炸性成長。開發中國家向國際貨幣基金會這一類由美國主導的全球性組織借款時，這些組織提出的金融條

16. "Trade (% of GDP), 1960–2018," World Bank, https://data.worldbank.org/indicator/NE.TRD.GNFS.ZS.
17. "Global Trade Growth Loses Momentum as Trade Tensions Persist," World Trade Organization (press release), April 2, 2019, https://www.wto.org/english/news_e/pres19_e/pr837_e.htm.
18. Ken McAtamney, "Has Globalization Peaked," William Blair, March 2018, https://sicav.williamblair.com/investing_insights/detail/6299/has-globalization-peaked.fs. See, specifically, the chart "Global Trade Volume Growth versus Industrial Production Growth" featured here.
19. 此仲裁機構——也就是世貿組織為全球貿易爭端設置的最高法庭——如今有三位法官。其中兩位將會在二〇一九年十二月退休，使仲裁機構失去功能。
20. Mario Ritter Jr., "Japan Raises Trade Tensions with South Korea" VOA Learning English, August 2, 2019, https://learningenglish.voanews.com/a/japan-raises-trade-tensions-with-south-korea-in-dispute/5026746.html.
21. "Mahathir, Soros and the Currency Markets," *The Economist*, September 25, 1997, https://www.economist.com/finance-and-economics/1997/09/25/mahathir-soros-and-the-currency-markets.
22. Daniel Greenwald, Martin Lettau and Sydney Ludvigson, "How the Wealth Was Won: Factor Shares as Market Fundamentals," NBER Working Paper No. 25769, April 2019, https://papers.ssrn.com/sol3/papers.cfm?abstract_id=3375822.
23. Kristen Myers, "Not Just Amazon: 60 Big Companies Paid $0 Taxes under Trump Law," Yahoo Finance, April 12, 2019, https://

有將近三千萬人。在戰後時期，運輸費用的降低對第二波全球化浪潮也同樣產生了重要影響。在過去一世紀間，超級油輪與貨船的出現使得運送一噸貨物的費用減少了四分之三，同時，在一九三〇年至兩千年間，旅客搭乘飛機所需的費用下降了九成（Frieden, Global Capitalism, 395）。

8. Freiden, *Global Capitalism*, 52.
9. 同前一原註。
10. Claudia Goldin, "The Political Economy of Immigration Restrictions in the United States 1890 to 1921" in National Bureau of Economic Research, *The Regulated Economy: A Historical Approach to Political Economy*, January 1994, 250.
11. Hatton and Williamson, The Age of Mass Migration, 164–169
12. Ron Abramitzky and Leah Boustan, "Immigration in American Economic History," *Journal of Economic Literature* 55, no. 4 (2017): 1311–45, https://www.ncbi.nlm.nih.gov › pmc › articles › PMC5794227.
13. The Hamilton Project, "Foreign Born Share of US Population, 1850–2017," October 9, 2018, https://www.hamiltonproject.org/charts/the_foreign_born_share_of_the_u.s._population_has_returned_to_its_late_19th.
14. Michael Bordo, "The Second Era of Globalization is Not Yet Over: An Historical Perspective," NBER Working Paper No. 23786, September 2017, https://www.nber.org/papers/w23786.
15. World Trade Organization, "The Trade Situation in 2009–10," World Trade Report 2010, https://www.wto.org/english/res_e/booksp_e/anrep_e/wtr10-1_e.pdf.

第十五章

1. 不過馬克斯依然定期閱讀該雜誌（“Karl Marx: False Consciousness,” *The Economist*, August 27, 2016, https://www.economist.com/node/21705665/all-comments?page=2）。
2. “Economic History of the United Kingdom,” Wikipedia, last modi- fied, November 12, 2019, https://en.wikipedia.org/wiki/Economic_history_of_the_United_Kingdom.
3. Jeffry A. Frieden, “International Investment and Colonial Control: A New Interpretation,” *International Organization* 48, no. 4 (Autumn, 1994): 559–93. 不同於美國的貿易不平等，大不列顛的部分地區很樂意給予回饋。印度給了英國一億英鎊的「禮物」，補貼大英帝國在一次世界大戰付出的努力，此外還提供了價值兩倍的貨品，以及一百多萬名士兵組成的軍隊。(Santanu Das, “Responses to the War (India), International Encyclopedia of the First World War, last modified October 8, 2014, https://encyclopedia.1914-1918-online.net/article/responses_to_the_war_india).
4. Frieden, *Global Capitalism*, 16.
5. 同前一原註，73。
6. John Darwin, *Unfinished Empire: The Global Expansion of Britain*(London: Bloomsbury, 2012), 185.
7. 這兩波全球化浪潮的相同特徵就是運輸費用大幅降低。在第一波全球化浪潮中（通常指的是歐洲的大遷移時代），蒸汽船的出現是至關重要的因素，橫越大西洋的支出與時間都因此急劇下降。在十九世紀後半葉至二十世紀前二十年間，移民人數出現了爆炸性的成長，光是歐洲移民到美國的人數就

Deportation Numbers," Axios, June 21, 2019, https://www.axios.com/immigration-ice-deportation-trump-obama-a72a0a44-540d-46bc-a671-cd65cf72f4b1.html.

25. Devin Dwyer, "Obama Warns Central Americans: 'Do Not Send Your Children to the Borders,'" ABC News, June 26, 2014, https://abcnews.go.com/Politics/obama-warns-central-americans-send-children-borders/story?id=24320063.
26. Jason Lemon, "Bernie Sanders Says U.S. Can't Have 'Open Borders' Because People Will Come "from All Over the World,'" *Newsweek*, April 8, 2019, https://www.newsweek.com/bernie-sanders-open-borders-poverty-world-immigration-1388767.
27. "The Number of International Migrants Reaches 272 Million, Continuing an Upward Trend in All World Regions, Says UN," United Nations Department of Economic and Social Affairs, September 17, 2019, https://www.un.org/development/desa/en/news/population/international-migrant-stock-2019.html.
28. Neli Esipova, Anita Pugliese and Julie Ray, "More Than 750 Worldwide Would Migrate If They Could," Gallup, December 10, 2018, https://news.gallup.com/poll/245255/750-million-worldwide-migrate.aspx.
29. "The International Migration Report, 2017 (Highlights)," United Nations Department of Economic and Social Affairs, December 18, 2017, https://www.un.org/development/desa/publications/international-migration-report-2017.html.

Solution Speech," *The Guardian*, August 15, 2018, https://www.theguardian.com/australia-news/2018/aug/15/mps-widely-condemn-fraser-annings-final-solution-speech.

16. Susan Ormiston, "How thousands of asylum seekers have turned Roxham Road into a de facto border crossing," CBC News, September 29, 2019, https://www.cbc.ca/news/canada/the-national-roxham-road-immigration-border-1.5169249.
17. Peter Turchin, *Ages of Discord: A Structural-Demographic Analysis of American History*. (Chaplin, CT: Beresta Books, Chaplin, 2016), 176.
18. Jose A. Del Real, "The Number of Undocumented Immigrants in the U.S. Has Dropped, a Study Says. Here are 5 Takeaways," *New York Times*, November 27, 2018, https://www.nytimes.com/2018/11/27/us/illegal-immigrants-population-study.html.
19. "GDP Per Capita (current US$)," World Bank Data, 2019, https://data.worldbank.org/indicator/ny.gdp.pcap.cd.
20. 同前一原註。
21. Ian Kullgren and Anita Kumar, "Trump Threatens Mexico with Tariffs over Immigration," Politico, May 31, 2019, https://www.politico.eu/article/trump-threatens-mexico-with-tariffs-over-immigration/.
22. 同前一原註。
23. "US Border: Mexico Announces 56% Migrant Drop after Crackdown," BBC News, September 6, 2019, https://www.bbc.com/news/world-latin-america-49612597.
24. Stef W. Kight and Alayna Treen, "Trump Isn't Matching Obama

象（Lizzie Deardon, "Russian and Syria 'Weaponising' Refugee Crisis to Destabalise Europe, NATO Commander Claims," *Independent*, March 3, 2016, https://www.independent.co.uk/news/world/middle-east/russia-and-syria-weaponising-refugee-crisis-to-destabilise-europe-nato-commander-claims-a6909241.html）。

10. 北約組織官方聲明他們沒有對俄國做出此承諾，但他們的文件證明了事實與他們所說的相反。https://www.latimes.com/opinion/op-ed/la-oe-shifrinson-russia-us-nato-deal--20160530-snap-story.html.
11. Warrell, "Net Migration from EU to UK falls 70% since Brexit Vote."
12. Andrius Sytas, "Resettled in the Baltics, Refugees Flee for Wealthier Lands," Reuters, November 28, 2016, https://www.reuters.com/article/us-europe-migrants-baltics/resettled-in-the-baltics-refugees-flee-for-wealthier-lands-idUSKBN13N0RY.
13. Jon Henley, "What Is the Current State of the Migration Crisis in Europe," *The Guardian*, November 21, 2018, https://www.theguardian.com/world/2018/jun/15/what-current-scale-migration-crisis-europe-future-outlook.
14. Kim Hjelmgaard, "Trump Isn't the Only One Who Wants to Build a Wall. These European Nations Already Did," *USA Today*, May 24, 2018, https://www.usatoday.com/story/news/world/2018/05/24/donald-trump-europe-border-walls-migrants/532572002/.
15. Paul Karp, "MPs Widely Condemn Fraser Anning's Final

和保加利亞（五十六萬兩千人）（“EU Citizens Living in Another Member State: Statistical Overview,” Eurostat, July 2019, Statistical Overview-Eurostat https://ec.europa.eu/eurostat/statistics-explained/index.php?title=EU_citizens_living_in_another_Member_State_-_statistical_overview#Key_messages）。

5. Lucie Bednárová, “Employers' Chief: Juncker Won't Admit He Is Wrong on Posted Workers Directive,” Euractiv, August 5, 2016, https://www.euractiv.com/section/social-europe-jobs/interview/german-employers-chief-we-are-against-the-posted-workers-directive-revision/.
6. 不出意料，傾向支持移民政策的非裔美國人常會被他人指責是種族主義者。(David Seminara, “Op-Ed: Liberals Say Immigration Enforcement Is Racist, But the Group Most Likely to Benefit from it Is Black Men,” *Los Angeles Times*, March 16, 2018, https://www.latimes.com/opinion/op-ed/la-oe-seminara-trump-immigration-reform-african-americans-20180316-story.html).
7. Timothy Hatton and Jeffrey Williamson, *The Age of Mass Migration: Causes and Economic Impact* (Oxford: Oxford University Press, 1998), 169.
8. Hellen Warrell, “Net Migration from EU to UK falls 70% since Brexit Vote,” Financial Times, February 28, 2019, https://www.ft.com/content/960b4672-3b3e-11e9-b72b-2c7f526ca5d0.
9. 有些人推測俄國的干預導致序利亞難民開始武裝自己，也就是北約組織的歐洲最高軍事統帥暨美國歐洲司令布理德拉夫（Phil Breedlove）所說的「武器化」（weaponization）現

bloomberg.com/news/articles/2017-10-25/china-s-new-silk-road-runs-mostly-through-junk-rated-territory.

15. Cecilia Joy-Perez and Derek Scissors, "The Chinese State Funds Belt and Road but Does Not Have Trillions to Spare," American Enterprise Institute, March 28, 2018, https://www.aei.org/research-products/report/the-chinese-state-funds-belt-and-road-but-does-not-have-trillions-to-spare/.

第十四章

1. John Cassidy, "Donald Trump Is Transforming the G.O.P. into a Populist, Nativist Party," *New Yorker*, February 29, 2016, https://www.newyorker.com/news/john-cassidy/donald-trump-is-transforming-the-g-o-p-into-a-populist-nativist-party.
2. Jeff Rubin, "Canada Isn't So Different. It Could Go Populist Too," *New York Times*, October 21, 2019, https://www.nytimes.com/2019/10/21/opinion/canada-free-trade-populism.html.
3. Sarah Marsh, "Polish Ambassador Urges Poles to 'Seriously Consider' Leaving UK," The Guardian, September 18, 2019, https://www.theguardian.com/politics/2019/sep/18/polish-ambassador-urges-poles-to-seriously-consider-leaving-uk.
4. 整體來說，二〇一八年的歐盟總人口中，移動公民占了百分之三點九，比二〇〇八年增加了百分之一點二。從實際數字來看，在二〇一八年，年紀落在二十至六十四歲的歐盟移動公民中，數量最多的民族群體分別來自羅馬尼亞（兩百五十二萬四千人）、波蘭（一百六十六萬六千人）、義大利（一百一十三萬三千人）和葡萄牙（八十二萬四千）

畫如今正在進行中（Shukry, “China, Malaysia to Resume East Coast Rail for $11 billion”）。

9. Hugh White, “Australia Must Prepare for a Chinese Military Base in the Pacific,” *The Guardian*, July 15, 2019, https://www.theguardian.com/world/commentisfree/2019/jul/15/australia-must-prepare-for-a-chinese-military-base-in-the-pacific.
10. Stuart Lau, “Italy May Be Ready to Open Up Four Ports to China under ‘Belt and Road Initiative,’” *South China Morning Post*, March 19, 2019, https://www.scmp.com/news/china/diplomacy/article/3002305/italy-may-be-ready-open-four-ports-chinese-investment-under.
11. John Hurley, Scott Morris and Gailyn Portelance, “Examining the Debt Implications of the Belt and Road Initiative from a Policy Perspective,” CIGI Paper No. 121, March 2018, https://www.cgdev.org/sites/default/files/examining-debt-implications-belt-and-road-initiative-policy-perspective.pdf.
12. Ben Blanchard, “China’s Xi Touts More Than 64 billion in Belt and Road Deals,” Reuters, April 27, 2019, https://www.reuters.com/article/us-china-silkroad-xi/chinas-xi-touts-more-than-64-billion-in-belt-and-road-deals-idUSKCN1S308Q.
13. John Boone and Kiyya Baloch, “A New Shenzhen? Poor Pakistan Fishing Town’s Horror at Chinese Plans,” *The Guardian*, February 4, 2016, https://www.theguardian.com/world/2016/feb/04/pakistan-new-shenzhen-poor-gwadar-fishing-town-china-plans.
14. “China’s Silk Road Cuts through Some of the World’s Riskiest Countries,” Bloomberg, October 25, 2017, https://www.

www.scmp.com/economy/china-economy/article/3012460/does-china-have-enough-us-dollars-trade-war-escalates.

2. "Malacca Strait Is a Strategic Chokepoint," Reuters, March 4, 2010, https://in.reuters.com › article › idINIndia-46652220100304.
3. "Railway Boosts Economic Growth in Tibet," ChinaDaily, January 15, 2014, http://www.chinadaily.com.cn/business/2014-01/15/content_17236538.htm.
4. Chris Buckley and Steven Lee Myers, "China's Legislature Blesses Xi's Indefinite Rule," *New York Times*, March 11, 2018, https://www.nytimes.com/2018/03/11/world/asia/china-xi-constitution-term-limits.html.
5. Maria Abi-Habib, "How China Got Sri Lanka to Cough Up a Port," *New York Times*, June 25, 2018, https://www.nytimes.com/2018/06/25/world/asia/china-sri-lanka-port.html.
6. William Niba, "Kenya's Struggle with the Burden of Chinese Loans," RFI, March 1, 2019, http://www.rfi.fr/en/africa/20190102-kenyas-struggle-burden-chinese-loans.
7. Anisah Shukry, "China, Malaysia to Resume East Coast Rail for $11 billion," Bloomberg, April 12, 2019, https://www.bloomberg.com/news/articles/2019-04-12/china-agrees-to-resume-malaysian-east-coast-rail-for-11-billion.
8. 馬哈迪總統在延緩該計畫時表示：「當我們要和中國簽訂合約並向中國借高額貸款時，這些合約會進入中國，而中國的承包商比較喜歡僱用中國勞工，使用來自中國的進口商品，他們甚至不會在這裡付款，而是在中國付款……我不歡迎這種計畫。」後來，馬來西亞重新協商了較好的條件，新的計

theglobeandmail.com/world/article-china-ramps-up-tensions-bars-new-purchases-of-all-canadian-canola-and/.

9. Xiao Xu, "Tour Operators Report Sharp Drop in Chinese Government Tourists in the Wake of Huawei Dispute," *Globe and Mai*l, April 11, 2019, https://www.theglobeandmail.com/canada/article-tour-operators-report-sharp-drop-in-chinese-government-tourists-in-the/.
10. Joanne Lee-Young, "Chinese Buyers Responsible for One-Third of Value of Vancouver Home Sales: National Bank," *Vancouver Sun*, March 24, 2016, http://www.vancouversun.com/business/chinese+buyers+responsible+third+value+vancouver+home+sales+national+bank/11804486/story.html.
11. Jeremy Luedi, "Chinese International Students Are Pumping Billions into Canada," True North Far East, n.d., https://truenorthfareast.com/news/chinese-international-students-canada-impact.
12. Office of the United States Trade Representative, "United States and China Reach Phase One Trade Agreement," December 13, 2019, https://ustr.gov/about-us/policy-offices/press-office/press-releases/2019/december/united-states-and-china-reach.
13. Nathan Vanderklippe, "Canada Risks Being Left Behind as China-US Trade Talks Advance," *Globe and Mail,* April 13, 2019.

第十三章

1. Karen Yeung, "Does China Have Enough US Dollars to Survive the Trade War," *South China Morning Post*, May 30, 2019, https://

Network" CBC News,January 17, 2019, https://www.cbc.ca/news/politics/china-envoy-warning-huawei-ban-1.4982601.

4. 儘管美國的大型行動電信公司已經不再與華為以及中興通訊有商業往來，但這兩間公司依然和美國偏遠地區的小型電信公司保持著高額的交易關係，這些電信公司會向他們購買價格極具競爭力的路由器和其他電信設備。在加拿大，使用華為設備的貝爾公司和特勒斯公司都宣稱，更換通訊網絡中的華為設備要耗費十億美元（https://www.theglobeandmail.com/canada/article-canadian-political-parties-rallying-around-telecom-pricing-issue-as/）。
5. Mike Blanchfield, "Beijing Attacks USMCA Clause Seen as Blocking Efforts to Expand Trade with Canada, Mexico," CBC News, October 5, 2018, https://www.cbc.ca/news/politics/usmca-nafta-china-trade-1.4852269.
6. Betsy Klein, "Trump Expresses Openness to Using Huawei CFO as Bargaining Chip in China Trade Talks," CNN, December 12, 2018, https://www.cnn.com/2018/12/11/politics/trump-china-huawei-cfo/index.html.
7. Borzou Daragahi, "How a Tangled and Deadly Web of Global Corruption Spreading Out from Gaddafi's Libya Threatens to Topple Justin Trudeau," Independent, March 7, 2019, https://www.independent.co.uk/news/world/middle-east/canada-libya-snc-lavalin-scandal-corruption-gaddafi-trudeau-explained-a8821221.html.
8. Nathan Vanderklippe, "China Halts New Purchases of All Canadian Canola," *Globe and Mail*, March 22, 2019, https://www.

Dawson, “Toyota Boosts US Spending Plan Almost 30% with an Eye on Trump,” Bloomberg, March 14, 2019, https://www.bloomberg.com/news/articles/2019-03-14/trump-wary-toyota-boosts-u-s-investment-to-almost-13-billion）。

18. I. Wagner, “Number of Employees in the U.S. Automotive Industry from 2007 to 2019, by Sector,” Statista, August 9, 2019, https://www.statista.com/statistics/276474/automotive-industry-employees-in-the-united-states-by-sector/.
19. Dawson, “Toyota Boosts US Spending Plan Almost 30%.”
20. Josh Rubin, “Plan to Save 300 jobs at Oshawa’s GM Plant Gets Mixed Reviews,” *The Star*, May 8, 2019, https://www.thestar.com/business/2019/05/08/plan-to-save-300-jobs-at-oshawas-gm-plant-gets-mixed-reviews.html.

第十二章

1. Julian Bajkowski, “Turnbull Defends Australia Front Running Huawei 5G Ban,” ITNews, March 6, 2019, https://www.itnews.com.au/news/turnbull-defends-australia-front-running-huawei-5g-ban-520199.
2. Robert Fife and Stephen Chase, “Five Eyes Spy Chiefs Warned Trudeau Twice about Huawei National Security Risk,” *Globe and Mail,* December 17, 2018, https://www.theglobeandmail.com/politics/article-five-eyes-spy-chiefs-warn-trudeau-about-chinas-huawei/.
3. Thomson Reuters, “Chinese Envoy to Canada Warns of Repercussions if Ottawa Bans Huawei from 5G Mobile Phone

agreement/fact-sheets/rebalancing.

11. 同前一原註。
12. Sean McLain and William Boston, "NAFTA Rewrite Is Mixed Blessing for Foreign Car Makers," *Wall Street Journal*, October 1, 2018, https://www.wsj.com/articles/nafta-rewrite-is-mixed-blessing-for-foreign-car-makers-1538403059.
13. David Welch, "GM Squeezed $118 Million from Its Workers, Then Shut Their Factory," *Los Angeles Times*, March 29, 2019, https://www.latimes.com/business/la-fi-hy-general-motors-lordstown-ohio-union-20190329-story.html.
14. Sean O'Kane, "GM Still Plans to Sell Lordstown Plant to EV Startup after UAW Strike," The Verge, October 17, 2019, https://www.theverge.com/2019/10/17/20919378/gm-workhorse-lordstown-plant-sale-uaw-strike.
15. Ole Moehr, "US-EU Auto Tariffs: What's at Stake?" Atlantic Council, August 28, 2019, https://www.atlanticcouncil.org/blogs/econographics/us-eu-auto-tariffs-what-s-at-stake-copy/.
16. Office of the United States Trade Representative, "Japan, Korea & APEC," n.d., https://ustr.gov/countries-regions/japan-korea-apec/japan.
17. 此計畫也包括了要立即在阿拉巴馬州、肯塔基州、密蘇里州、田納西州和西維吉尼亞州投資七億四千九百萬美元，並在現有工廠中新僱用五百六十八名勞工。此外，公司也計畫要在二〇二一年為阿拉巴馬州亨茨維爾市的引擎工廠再僱用四百五十名勞工。豐田汽車打算要把目前美國市場最主流又相當暢銷的運動休旅車和輕型貨車的產量提高。（Chester

4. Dana Flavelle, "Magna Says No New Plants for Canada, *The Star*, May 8, 2014, https://www.thestar.com/business/2014/05/08/magna_says_no_new_plants_for_canada_cites_ontario_energy_costs.html.
5. "Canadian Manufacturer Magna, with 32 Plants in Mexico, Posts Record Quarterly Profit," MexicoNow, May 14, 2018, https://mexico-now.com/index.php/article/4030-canadian-manufacturer-magna-with-32-plants-in-mexico-posts-record-quarterly-profit.
6. Jie Ma and Maiko Takahashi, "Carmakers See $17 Billion Wiped Out by Trump's Mexico Threat," Bloomberg, May 30, 2019, https://www.bloomberg.com/news/articles/2019-05-31/japanese-automobile-stocks-drop-on-trump-s-mexico-tariff-tweet.
7. Alicia Siekierska, "I'm Worried about What's Going on in Canada: Magna CEO Concerned about Competitiveness" *Financial Post*, May 10, 2018, https://business.financialpost.com/transportation/im-worried-about-whats-going-on-in-canada-magnas-ceo-concerned-about-competitiveness.
8. Eli Watkins, "Peter Navarro Says There Is a Special Place in Hell for Justin Trudeau," CNN June 10, 2018, https://www.cnn.com/2018/06/10/politics/peter-navarro-justin-trudeau/index.html.
9. 第十一章旨在設立一套以規則為主的系統來管制三國之間的投資，其中包括設立法庭來協調因差別待遇而導致的政府間糾紛。
10. Office of the United States Trade Representative, "United States-Mexico-Canada Trade Fact Sheet," n.d., https://ustr.gov/trade-agreements/free-trade-agreements/united-states-mexico-canada-

of-Mexico-in-the-North-American-Automotive-Industry-Trends-Drivers-and-Forecasts.pdf.

16. 美國納稅人花了八百億美元為通用汽車與克萊斯勒紓困，這些錢大多都流入了美國最大的汽車製造商通用汽車的手中。加拿大聯邦政府與安大略省政府則勉強提供了一百三十七億美元維持通用汽車與克萊斯勒位於加拿大的工廠繼續運作。最後政府只拿回了一百〇二億美元的紓困金，拿不回來的三十五億美金使加拿大納稅人陷入困境之中。（Mark Milke, "Crunching the Numbers on the 2009 Auto Bailout," Fraser Institute, n.d., https://www.fraserinstitute.org/article/crunching-numbers-2009-auto-bailout）。
17. "WTO Upholds Auto Pact Ruling," CBC New, May 31, 2000, https://www.cbc.ca/news/business/wto-upholds-auto-pact-ruling-1.245894.
18. Rubin, "How Has Canadian Manufacturing Fared under NAFTA?"
19. "US Dollar Peso Exchange Rate: Historical Chart," Macrotrends, n.d., https://www.macrotrends.net/2559/us-dollar-mexican-peso-exchange-rate-historical-chart.

第十一章

1. Rubin, "How Has Canadian Manufacturing Fared under NAFTA?"
2. 同前一原註。
3. Robert Fife, "They Stole the Company: Frank Stronach Accuses Daughter Belinda of Betrayal," *Globe and Mail*, July 20, 2019, https://www.theglobeandmail.com/business/article-they-stole-the-company-frank-stronach-accuses-daughter-belinda-of/.

6. Jeff Rubin, "How Has Canadian Manufacturing Fared under NADTA: A Look at the Auto Assembly and Parts Industry," CIGI Paper No. 138, August 8, 2017, Centre for International Governance Innovation, https://www.cigionline.org/publications/how-has-canadian-manufacturing-fared-under-nafta-look-auto-assembly-and-parts-industry.
7. 同前一原註。
8. 同前一原註。
9. David Hunkar, "Manufacturing Labor Costs in Mexico vs. China," TopForeignStocks.com, May 12, 2018, https://topforeignstocks.com/2018/05/12/manufacturing-labor-costs-in-mexico-vs-china/.
10. Kyle Linder, "10 Facts about Labor Unions in Mexico," BorgenProject, July 26, 2019, https://borgenproject.org/10-facts-about-labor-unions-in-mexico/.
11. David Welch and Nacha Cattan, "How Mexico's Unions Sell Out Autoworkers," Bloomberg, May 5, 2017, https://www.bloomberg.com/news/articles/2017-05-05/how-mexico-s-unions-sell-out-autoworkers.
12. Linder, "10 Facts about Labor Unions in Mexico."
13. Rubin, "How Has Canadian Manufacturing Fared under NAFTA?"
14. Reuters, "Ford Cancels a $1.6 Billion Mexican Plant and Adds700 Jobs in Michigan," *Fortune*, January 3, 2017, https://fortune.com/2017/01/03/ford-cancels-mexico-plant-trump/.
15. "The Growing Role for Mexico in the North American Auto Industry," Center for Automotive Research, July 2016, http://www.cargroup.org/wp-content/uploads/2017/02/The-Growing-Role-

production-and-investment-in-primary-aluminum-and-downstream-industries/.

15. Jeffry Bartash, "At a 10-Year High, Wage Growth for American Workers Likely to Keep Accelerating," MarketWatch, March 8, 2019, https://www.marketwatch.com/story/at-a-10-year-high-wage-growth-for-american-workers-likely-to-keep-accelerating-2019-03-08.

第十章

1. For McLaughlin's own account, see "How the Auto Beat the Horse: My Eighty Years on Wheels," *Maclean's*, October 1, 1954, http://archive.macleans.ca/article/1954/10/1/how-the-auto-beat-the-horse.
2. "McLaughlin Motor Car Company," Wikipedia, last modified September 4, 2019, https://en.wikipedia.org/wiki/McLaughlin_Motor_Car_Company#cite_note-19.
3. David Crane, "Canada-US Auto Pact," Canadian Encyclopedia (online), last edited June 12, 2017, https://thecanadianencyclopedia.ca/en/article/canada-us-automotive-products-agreement.
4. Marti Benedetti, "Hard-charging Charles Wilson Ran GM—and then the Pentagon," *Automotive News*, September 14, 2008, https://www.autonews.com/article/20080914/OEM02/309149916/hard-charging-charles-wilson-ran-gm-and-then-the-pentagon.
5. As reported in "The Administration: Conflict of Interest," *Time*, January 26, 1953, http://content.time.com/time/magazine/article/0,9171,817757,00.html.

8. Bruce Baschuk, "US Can Tariff about $8 Billion of EU Goods Over Airbus Aid," Bloomberg, September 25, 2019, https://www.bloomberg.com/news/articles/2019-09-25/u-s-can-sanction-nearly-8-bln-of-eu-goods-over-airbus-aid-k0zigcr2.
9. Doug Palmer and Adam Behsudi, "Trump Holds Off on Auto Tariffs, but Threat Still Looms," Politico, May 7, 2019, https://www.politico.com/story/2019/05/17/donald-trump-auto-tariffs-1330014.
10. Reuters, "Here's Why US Importers and Consumers Pay Trump's Tariffs, not China," CNBC, August 2, 2019, https://www.cnbc.com/2019/08/02/heres-why-us-importers-and-consumers-pay-trumps-tariffs-not-china.html.
11. Cindy Wang, "World's Top Bicycle Maker Says the Era of Made in China is Over," Bloomberg, June 17, 2019, https://www.bbc.com/news/world-latin-america-46413196.
12. Chuck Devore, "Manufacturers Added 6 Times More Jobs Under Trump Than Under Obama's Last 2 Years," *Forbes*, February 1, 2019, https://www.forbes.com/sites/chuckdevore/2019/02/01/manufacturers-added-6-times-more-jobs-under-trump-than-under-obamas-last-2-years/#3af92f8c5635.
13. 同前一原註。
14. Robert E. Scott, "Aluminum Tariffs Have Led to a Strong Recovery in Employment, Production, and Investment in Primary Aluminum and Downstream Industries," Economic Policy Institute, December 11, 2018, https://www.epi.org/publication/aluminum-tariffs-have-led-to-a-strong-recovery-in-employment-

2. 支持貿易的倡議團體美國國際鋼鐵協會（American Institute for International Steel）估計，約有十四萬兩千名美國人在鋼業工作。這些勞工都會因關稅獲益。（Patrick Gillespie, "U.S. Steel Is Bringing Back 500 Workers, but Tariffs Could Cost Thousands of Jobs," CNN, March 7, 2018, https://money.cnn.com/2018/03/07/news/companies/trump-tariffs-steel-jobs/index.html）。
3. Chris Isadore, "When American Steel Was King," CNN, March 9, 2018, https://money.cnn.com/2018/03/09/news/companies/american-steel-history/index.html.
4. Jeff Ferry, "US Steel and Aluminum Tarrifs—the Right Move at the Right Time," The Hill, June 2, 2019, https://thehill.com/opinion/international/390375-us-steel-and-aluminum-tariffs-the-right-move-at-the-right-time.
5. "Presidential Proclamation on Adjusting Imports of Steel into the United States," White House Proclamation, March 8, 2018, https://www.whitehouse.gov/presidential-actions/presidential-proclamation-adjusting-imports-steel-united-states/.
6. "Who Pays Trump's Tariffs, China or U.S. Customers and Companies?" Reuters, May 21, 2019, https://www.reuters.com/article/us-usa-trade-china-tariffs-explainer/who-pays-trumps-tariffs-china-or-u-s-customers-and-companies-idUSKCN1SR1UI.
7. Naomi Powell, "Trump Drops Steel and Aluminum Tariffs, Clearing Way for the USMCA," *Financial Post*, May 17, 2019, https://business. financialpost.com/business/trump-drops-steel-and-aluminum-tariffs-clearing-path-for-usmca.

13, 2019, https://ustr.gov/about-us/policy-offices/press-office/press-releases/2019/december/united-states-and-china-reach.

19. 川普總統和雷根一樣，認為美國可以擴張太空軍力。二〇一八年，川普下令五角大廈創造「太空部隊」——這是全新的第六個軍事部門，將會負責太空中的任務與行動——川普說：「我們必須讓美國統領外太空。」（"The Trump Administration Is Establishing the United States Space Command to Advance American Interests and Defend Our Nation," White House Fact Sheet, August 29, 2019, https://www.whitehouse.gov/briefings-statements/trump-administration-establishing-united-states-space-command-advance-american-interests-defend-nation/）

20. Matthew Johnston, "The Post-Soviet Union Russian Economy," Investopedia, June 25, 2019, https://www.investopedia.com/articles/investing/012116/russian-economy-collapse-soviet-union.asp.

21. Niall McCarthy, "Stalin Is Far More Popular than Gorbachev," *Forbes*, May 12, 2017, https://www.forbes.com/sites/niallmccarthy/2017/05/12/stalin-is-far-more-popular-with-russians-than-gorbachev-infographic/#d77ae816635a.

第九章

1. Steve Hendrix, "Truman declared and emergency when he felt thwarted. Trump should know: It didn't end well," *Washington Post*, January 11, 2019, https://www.washingtonpost.com/history/2019/01/08/truman-declared-an-emergency-when-he-felt-thwarted-trump-should-know-it-didnt-end-well/.

Most? Just Look at the Concessions Made by Both Sides" *South China Morning Post*, October 23, 2019, https://www.scmp.com/comment/opinion/article/3033940/us-china-trade-war-who-wanted-deal-most-just-look-concessions-made.

14. Arjun Kharpal, "Chinese Smartphones Sales Keep Falling," CNBC, March 13, 2019, https://www.cnbc.com/2019/03/13/china-smartphone-sales-keep-falling--thats-likely-bad-news-for-apple.html; and "Record Slump in China's Auto Sector Continues in September," Bloomberg News, October 12, 2019, https://www.bloomberg.com/news/articles/2019-10-12/historic-slump-in-china-car-market-continues-as-sales-drop-6-6.
15. Enda Curran, "How the U.S.-China Trade War Got to This Point,"Washington Post, August 26, 2019, https://www.washingtonpost.com/business/how-the-us-chinatradewargot-to-this-point/2019/08/25/f54427da-c7b1-11e9-9615-8f1a32962e04_story.html.
16. David Reid, "5 Big Risks That the World's Fragile Economy Doesn't Need Right Now," CNBC, October 4, 2019, https://www.cnbc.com/2019/10/04/5-big-risks-that-the-worlds-fragile-economy-doesnt-need-right-now.html.
17. Dorcas Wong and Alexander Chipman Koty, "The US-China Trade War: A Timeline," China Briefing, November 5, 2019, https://www.china-briefing.com/news/the-us-china-trade-war-a-timeline/.
18. Office of the United States Trade Representative, "United Statesand China Reach Phase One Trade Agreement," December

6. Eric Rosenbaum, "1 in 5 Corporations Say China Has Stolen Their IP within the Last Year: CNBC CFO Survey," CNBC, March 1, 2019, https://www.cnbc.com/2019/02/28/1-in-5-companies-say-china-stole-their-ip-within-the-last-year-cnbc.html.
7. Joshua Gallu, "Trump Says He's Raising Tariffs on China After Its Retaliation," Bloomberg, August 23, 2019, https://www.bloomberg. com/news/articles/2019-08-23/trump-says-he-s-raising-tariffs-on-china-after-its-retaliation.
8. Zhou Xin, "Donald Trump Can Outgun China on Tariffs but Beijing Has Other Ways to Fight Back," *South China Morning Post*, June 19, 2018, https://www.scmp.com/news/china/diplomacy-defence/article/2151502/donald-trump-can-outgun-china-trade-tariffs-beijing-has.
9. Jackie Wattles, "Trump Encourage Boycott against Harley-Davidson," CNN, August 12, 2018, https://www.cnn.com/2018/08/12/politics/trump-harley-davidson-overseas-manufacturing/index.html.
10. "US-China Trade War: Deal Agreed to Suspend New Tarrifs," BBC News, December 2, 2019, https://www.bbc.com/news/world-latin-america-46413196.
11. US Census Bureau, "Trade in Goods with China, 2019."
12. 根據世界銀行的資料顯示，在二〇一八年，中國 GDP 中有百分之二十是出口貨品與服務。相較之下，美國 GDP 中只有百分之十二是出口貨品與服務（https://data.worldbank.org/indicator/NE.EXP.GNFS.ZS）。
13. Cary Huang, "US-China Trade War: Who Wanted the Deal the

14. John Misachi, "Guiyu, China—The Largest Electronic Waste Site in the World," WorldAtlas, June 6, 2017, https://www.worldatlas.com/articles/guiyu-china-the-largest-electronic-waste-site-in-the-world.html.

第八章

1. Evelyn Cheng, "Trumps Tariffs Backfire as EU Retaliation with Force American Icon Harley-Davidson to Build Overseas," CNBC, June 25, 2018, https://www.cnbc.com/2018/06/25/trump-tariffs-backfire-on-harley-davidson-after-eu-retaliates.html.
2. Reuters, "Harley-Davidson Strikes Deal to Build Smaller Bike in China," Financial Post, June 19, 2019, https://business.financialpost.com/transportation/harley-davidson-strikes-deal-to-build-smaller-bike-in-china.
3. Bruce Brown, "In Depth: Why Harley-Davidson Is Building Small Bikes for China but Not the U.S.," Digital Trends, July 5, 2019, https://www.digitaltrends.com/cars/harley-davidson-small-bikes-for-china/.
4. 美國在二〇一八年對中國的貿易逆差是四千一百九十億美元（U.S. Census Bureau, Foreign Trade, "Trade in Goods with China, 2019," https://www.census.gov/foreign-trade/balance/c5700.html）。
5. M. Szmigiera, "Personal Saving Rate in the United States from August 2018 to August 2019," Statista, last modified October 28, 2019, https://www.statista.com › personal-savings-rate-in-the-united-states-by-month).

Authority, August 5, 2016, https://www.androidauthority.com/where-smart- phones-are-made-707989/.

8. Allana Akhtar, "While CEOs Like Jack Ma and Elon Musk Praise Grueling Job Schedules, Employees around the World are Demanding Shorter Workweeks" Business Insider, April 16, 2019, https://www.businessinsider.com/jack-ma-defends-his-996-workweek-but-productivity-experts-disagree-2019-4.
9. Reuters, "JD.com boss Richard Liu Criticises 'Slackers' as Company Makes Cuts," Gadgets360, April 13, 2019, https://gadgets.ndtv.com/internet/news/jd-com-richard-liu-comments-on-996-work-culture-china-2022618.
10. Sarah Katz-Lavigne, "Demand for Congo's Cobalt Is on the Rise. So Is Scrutiny of Mining Practices," *Washington Post*, February 21, 2019, https://www.washingtonpost.com.
11. C.P. Baldé, V. Forti, V. Gray, V. Keuhr and P. Stegmann, *The Global E-Waste Monitor 2017: Quantities, Flows, and Resources* (Tokyo: United Nations University, 2017), https://collections.unu.edu/eserv/UNU:6341/Global-E waste_Monitor_2017 electronic_single_pages_.pdf.
12. "Gartner Says Global Smartphones Sales Stalled in the Fourth Quarter of 2018", Gartner, February 21, 2019, https://www.gartner.com/en/newsroom/press-releases/2019-02-21-gartner-says-global-smartphone-sales-stalled-in-the-fourth-quart.
13. Associated Press, "America Ships Electronic Waste Overseas," Redmond, November 19, 2007, https://redmondmag.com/articles/2007/11/19/america-ships-electronic-waste-overseas.aspx.

l-trends-in-income-inequality.

第七章

1. Suetonius, *The Twelve Caesars*, trans. Robert Graves (London: Penguin, 2007), 284. Another translation has Vespasian saying "Let me feed the mob" (Lionel Casson, "Unemployment, the Building Trade, and Suetonius, Vesp. 18," *Bulletin of the American Societyof Papyrologists* 14, no. 1/2 [1978]: 43–51, https://www.jstor.org/stable/24518751?seq=1#page_scan_tab_contents).
2. 可想而知，伊莉莎白女王一世只是把不可避免之事延後而已。有趣的是，引發了工業革命的其實是自動製造襪子的機器（Wikipedia, "Stocking Frame," last modified August 28, 2019, https://en.wikipedia.org/wiki/Stocking_frame）。
3. Ljubica Nedelkoska and Glenda Quintini, "Automation, Skills Use and Training," OECD Social, Employment and Migration Working Papers No. 202, March 6, 2018, http://pmb.cereq.fr/doc_num.php?explnum_id=4268.
4. Paul Davidson, "Automation Could Kill 73 Million US Jobs by 2030,"*USA Today*, November 28, 2017, https://www.usatoday.com/story/money/2017/11/29/automation-could-kill-73-million-u-s-jobs-2030/899878001/.
5. "Something's Not Right Here: Poor Working Conditions Persist at Apple Supplier Pegatron," China Labor Watch, October 22, 2015, www.chinalaborwatch.org/report/109.
6. 同前一原註。
7. Dane O'Leary, "Where Are Smartphones Made," Android

2. Federal Reserve Bank of St. Louis, "Economic Data: Personal Savings Rate," last modified September 27, 2019, https://fred.stlouisfed.org/series/PSAVERT.
3. Matt Lundy, "Less savings, more debt: Inside a multi-decade shift in Canadians' finances," *Globe and Mail*, November 17, 2019 (updated November 18, 2019), https://www.theglobeandmail.com/business/economy/economic-insight/article-why-canadians-arent-saving-like-they-once-did/.
4. OECD Data, "Household Spending," 2018 or latest available, https://data.oecd.org/hha/household-spending.htm.
5. OECD, *Under Pressure*. 第四章。
6. 同前一原註。
7. Hale Stewart, "Consumer Spending and the Economy," *New York Times*, September 19, 2010, https://fivethirtyeight.blogs.nytimes.com/2010/09/19/consumer-spending-and-the-economy/.
8. Nathaniel Meyersohn, "Family Dollar Will Close Nearly 400 Stores," CNN, March 6, 2019, https://www.cnn.com/2019/03/06/investing/family-dollar-stores/index.html.
9. Tom Polansek and Humeyra Pamuk, "Trump Administration Proposed Rule Would Cut 3 Million People from Food Stamps," Reuters, July 23, 2019, https://www.reuters.com/article/us-usa-trump-foodstamps/trump-administration-proposed-rule-would-cut-3-million-people-from-food-stamps-idUSKCN1UI0AH.
10. Center on Budget and Policy Priorities, "A Guide to Statistics on Historical Trends in Income Inequality," https://www.cbpp.org/research/poverty-and-inequality/a-guide-to-statistics-on-historica

american-house.
14. Edward N. Wolff, "Household Wealth Trends in the United States,1962 to 2016: Has Middle Class Wealth Recovered?" NBER Working Paper No. 24085, November 2017, www.nber.org/papers/w24085.
15. Nikil Saval, "Globalisation: The Rise and Fall of an Idea That Swept the World," *The Guardian*, July 14, 2017, https://www.theguardian.com/world/2017/jul/14/globalisation-the-rise-and-fall-of-an-idea-that-swept-the-world.
16. David H. Autor, David Dorn and Gordon H. Hanson, "The China Shock: Learning from Labor Market Adjustment to Large Changes in Trade," NBER Working Paper No. 21906, January 2016, www.nber.org/papers/w21906.
17. See, for example, Kevin Carty, "Tech Giants Are the Robber Barons of Our Times," *New York Post*, February 3, 2018, https://nypost.com/2018/02/03/big-techs-monopolistic-rule-is-hiding-in-plain-sight/.
18. 因應通膨調整後，洛克菲勒的資本淨值在現今大約等於三百億美元。相較之下，貝佐斯的財產大約是一千五百億美元。

第六章

1. Randy Alfred, "March 25, 1954: RCA TVs Get the Color for Money,"*Wired*, March 25, 2008, https://www.wired.com/2008/03/dayintech-0325/; Brent Cox, "How Much More Do Televisions Cost Today," The Awl, November 18, 2011, https://www.theawl.com/2011/11/how-much-more-do-televisions-cost-today/.

3. Edward Moyer, “A Tale of Apple, the iPhone, and Overseas manufac- turing” CNET, January 12, 2012, https://www.cnet.com/news/a-tale-of-apple-the-iphone-and-overseas-manufacturing/.
4. *The Future of Work: OECD Employment Outlook 2019*, 7.
5. Oya Celasun and Bertrand Gruss, “The Declining Share of Manufacturing Jobs,” VOX CEPR Policy Portal, May 25, 2018, https://voxeu.org/article/declining-share-manufacturing-jobs.
6. Sonali Jain-Chandra, “Chart of the Week: Inequality in China,” IMFBlog, September 20, 2018, https://blogs.imf.org/2018/09/20/chart-of-the-week-inequality-in-china/.
7. Milanovic, *Global Inequality*, 25.
8. Branko Milanovic, “There Are Two Sides to Today’s Global Income Inequality,” *Globe and Mail*, January 22, 2018, https://www.theglobe-andmail.com/report-on-business/rob-commentary/the-two-sides-of-todays-global-income-inequality/article37676680/.
9. Staff, “Billionaires: The Richest People in the World,” *Forbes*, March 5, 2019, https://www.forbes.com/billionaires/#c488a87251c7.
10. Frieden, *Global Capitalism*, 297.
11. Michael W.L. Elsby, Bart Hobjin and Aysegul Sahin, “The Decline of the U.S. Labor Share,” Brookings, Fall 2013, https://www.brookings.edu/bpea-articles/the-decline-of-the-u-s-labor-share/.
12. 同前一原註。
13. Heidi Chung, “The Richest 1% own 50% of Stocks Held by American Households,” Yahoo Finance, January 17, 2019, https://finance.yahoo.com/.../the-richest-1-own-50-of-stocks-held-by-

Offshore Tax Havens. Here's How to Get It Back," *Boston Globe*, January 20, 2018, https://www.bostonglobe.com/ideas/2018/01/20/trillions-dollars-have-sloshed-into-offshore-tax-havens-here-how-get-back/2wQAzH5DGRw0mFH0YPqKZJ/story.html.

21. Zach Dubinsky, "Wealthy Canadians Hiding up to $240B abroad, CRA says," CBC News, June 28, 2018, https://www.cbc.ca/news/business/cra-tax-gap-foreign-holdings-1.4726983.
22. Jeremy Kahn, "Google's 'Dutch Sandwich' Shielded 16 Billion Euros from Tax," Bloomberg, January 2, 2018, https://www.bloomberg.com/news/articles/2018-01-02/google-s-dutch-sandwich-shielded-16-billion-euros-from-tax.
23. 此種做法通常代表一間公司的海外附屬企業會支付授權費，以使用公司商標與其他無形資產。支付授權費後，附屬企業營運的公司所獲得的營收就可以轉移到持有許可證的公司名下，後者通常會位於愛爾蘭或百慕達等低稅或免稅行政區。

第五章

1. Justin Lin and David Rosenblatt, "Shifting Patterns of Economic Growth and Rethinking Development," *Journal of Economic Policy Reform*, July 2012, 6, https://www.tandfonline.com/doi/full/10.1080/17487870.2012.700565.
2. 以美金來計算，一九八〇年代的美國人均 GDP 是中國人均 GDP 的四十倍。如今只勉強達到六倍（International Monetary Fund, *World Economic Outlook Reports: Challenges to Steady Growth*, October 2018）。

一個國家的競爭優勢取決於該國的要素稟賦。

10. Frieden, *Global Capitalism*, 297.
11. 同前一原註，366。
12. "Margaret Thatcher: A Life in Quotes," *The Guardian*, April 8, 2013, https://www.theguardian.com/politics/2013/apr/08/margaret-thatcher-quotes.
13. 部分經濟學家使用的是零至一百的數值，其中「一百」代表的是極為不平等，就像在吉尼係數的較傳統測量方法中「一」所代表的意思一樣。
14. Milanovic, *Global Inequality*, 107.
15. Rubin, "Global Trade Liberalization."
16. Marshall Steinbaum, "Effective Progressive Tax Rates in the 1950s," Roosevelt Institute, August 8, 2017, https://rooseveltinstitute.org/effective-progressive-tax-rates-1950s/.
17. "Income Tax in the United States," Wikipedia, last modified October 21, 2019, https://en.wikipedia.org/wiki/Income_tax_in_the_United_States#cite_note-congress.gov-26.
18. "List of People Named in the Panama Papers," Wikipedia, last modified October 29, 2019, https://en.wikipedia.org/wiki/List_of_people_named_in_the_Panama_Papers.
19. Annette Alstadsaeter, Niels Johannesen and Gabriel Zucman, "Who Owns the Wealth in Tax Havens? Macro Evidence and Implications for Global Inequality," National Bureau of Economic Research (NBER) Working Paper No. 23805, September 2017, www.nber.org/papers/w23805.
20. David Scharfenberg, "Trillions of Dollars Have Sloshed into

第四章

1. OECD, *Under Pressure.*
2. 同前一原註，8。
3. 同前一原註，18。
4. "Nearly a third of UK households too poor to make ends meet, research shows," Centre for Research in Social Policy, Loughborough University, cited in *Weekly Welfare*, November 17, 2017, https://welfareweekly.com/nearly-a-third-of-uk-households-too-poor-to-make-ends-meet-research-shows/.
5. OECD, Under Pressure, 19. Baby boomers are defined as those born between 1943 and 1964; Generation X, 1965–82; Millennials, 1983–2002; and Generation Z, since 2003.
6. Jeff Rubin, "Has Global Trade Liberalization Left Canadian Workers Behind," Centre for International Governance Innovation (CIGI) Paper No. 163, February 2018, https://www.cigionline.org/sites/default/files/documents/Paper%20no.163web_0.pdf.
7. The full leaders' debate is available at "1988 Canadian Federal Election Debate" (YouTube video, 2:56:23, posted by Canuck Politics, July 23, 2105, https://www.youtube.com/watch?v=Oiq3-OWDR6Y). To see Brian Mulroney's warning, go to the eight-minute mark.
8. David Ricardo, *The Principals of Political Economy and Taxation* (London: Dover, 2004).
9. 史托普－薩彌爾遜定理（Stolper–Samuelson theorem）是第一個描繪出贏家與輸家的定理，其基礎來自更早期的漢克夏－歐林定理（Heckscher-Ohlin theorem）。克夏－歐林定理假定

Fair, January 18, 2018, https://www.vanityfair.com/news/2018/01/travis-kalanick-is-officially-a-billionaire-uber-softbank.

23. "How Much Do Uber Drivers Actually Get Paid?" Economic Policy Institute Facebook page, May 15, 2018, https://www.facebook.com/EconomicPolicy/photos/a.10151281228111668/10156289074556668/?type=3&theater.
24. Niall McCarthy, "The State of Global Trade Union Membership," *Forbes*, May 6, 2019, https://www.forbes.com/sites/niallmccarthy/2019/05/06/the-state-of-global-trade-union-membership-infographic/#594addb92b6e.
25. Branko Milanovic, Global Inequality: *A New Approach for the Age of Globalization* (Cambridge, MA: Belknap Press, 2016), 105.
26. 根據研究估計，若工會會員在勞動人口中的占比維持一九七九年的比例的話，在二〇一三年，未加入工會的私企業男性勞工每週的薪水大約會提高百分之五——或者每年兩千多美元。工會人數下降對未加入工會的女性勞工的薪水造成的影響則較不明顯，因為一九七九年加入工會的女性沒有男性那麼多。不過，就算是這樣，若工會會員比例維持在一九七九年的水平的話，未加入工會的女性勞工每週的薪水也會增加大約百分之二至百分之三（Jake Rosenfeld, Patrick Denice and Jennifer Laird, "Union Decline Lowers Wages of Nonunion Workers," Economic Policy Institute, August 30, 2016, https://www.epi.org/publication/union-decline-lowers-wages-of-nonunion-workers-the-overlooked-reason-why-wages-are-stuck-and-inequality-is-growing/）。

13. Leonid Bershidsky, “Germany’s Economy Runs on Low Wages,” BNN Bloomberg, April 9, 2019, https://www.bnnbloomberg.ca/germany-s-economy-runs-on-low-wages-1.1241460.
14. Julia Kollewe, “IFS: UK Wages Have Not Recovered to Pre-Crisis Levels,” *The Guardian*, September 13, 2018, https://www.theguardian. com/business/2018/sep/12/uk-wages-have-not-yet-recovered-to-pre-crisis-levels-says-ifs.
15. “Nominal Wage Tracker (chart 1),” Economic Policy Institute, n.d., https://www.epi.org/nominal-wage-tracker/#chart1.
16. United States Department of Labor, Bureau of Labor Statistics, “Employment by Major Industry Sector, Table 2.1,” last modified September 4, 2019, https://www.bls.gov/emp/tables/employment-by-major-industry-sector.htm.
17. Statistics Canada, “Cansim Table 282-0008.”
18. 同前一原註。
19. 欲知商品產業與服務產業之間的時薪紅利比較，請見加拿大統計局，“Cansim Table 282-0008”。
20. Alexis Keenan, “Uber and Lyft Face 2 Big Threats to Their Business Model after New California Law,” Yahoo Finance, September 12, 2019, https://ca.finance.yahoo.com/news/uber-lyft-lawsuit-contractors-employees-law-174002068.html.
21. Kate Conver and Noam Scheiber, “Californnia Bill Makes App-Based Companies Treat Workers as Employees,” *New York Times*, September 11, 2019, https://www.nytimes.com/2019/09/11/technology/california-gig-economy-bill.html.
22. Maya Kosoff, “Travis Kalanick Is Officially a Billionaire,” *Vanity*

BEZOS Act' in the Senate," *Washington Post*, September 5, 2018, https://www.washingtonpost.com/business/2018/09/05/bernie-sanders-introduces-stop-bezos-act-senate/）。

8. Sarah Salinas, "Amazon Raises Minimum Wage to $15 for All US Employees," CNBC, October 2, 2018, https://www.cnbc.com/2018/10/02/amazon-raises-minimum-wage-to-15-for-all-us-employees.html.
9. United States Department of Labor, Bureau of Labor Statistics, "Table B-3. Average Hourly and Weekly Earning of All Employees on Private Nonfarm Payrolls by Industry Sector, Seasonally Adjusted," last modified, November 1, 2019, https://www.bls.gov/news.release/empsit.t19.htm.
10. Louise Auerhahn, Chris Benner, Jeffrey Buchanan, Bob Brownstein and Garbriela Giusta, "Innovation Inequality: How Tech's Business Models Concentrate Wealth while Shortchanging Workers," Working Partnerships USA, October 8, 2019, https://www.wpusa.org/research/innovating-inequality/.
11. Tamsin McMahon, "Silicon Valley's Motor City: As Big Tech Adds Fuel to a Housing Crisis, Poorer Residents Live in RVs," *Globe and Mail*, September 12, 2019, https://www.theglobeandmail.com/world/article-silicon-valleys-motor-city-as-big-tech-adds-fuel-to-a-housing-crisis/.
12. Carl Frey and Ebrahim Rahbari, "Technology at Work: How the Digital Revolution Is Reshaping the Global Labor Force," VOX CEPR Policy Portal, March 25, 2016, https://voxeu.org/article/how-digital-revolution-reshaping-global-workforce.

lawsuit-appeals-court-decision）。

3. 根據稅法，公司將要為每名員工支付兩百七十五美元的稅金，用來建設或維護將近九百戶社會住宅，並提供遊民包圍式服務（wraparound service）。西雅圖市最大的企業亞馬遜在西雅圖市區有四萬五千名工作者，預計亞馬遜會在接下來五年間，每年為員工支付的四千七百萬稅金負擔約三分之一的金額（Gregory Scuggs, "Seattle Unanimously Passes an 'Amazon Tax' to Fund Affordable Housing," CityLab, May 15, 2018, https://www.citylab.com/equity/2018/05/seattle-unanimously-passes-its-amazon-tax/560411/）。
4. Abigail Hess, "Alexandria Ocasio-Cortez: Amazon Cancelling its Plans for a New York Headquarters Proves Anything Is Possible," CNBC, February 14, 2019, https://www.cnbc.com/2019/02/14/ocasio-cortez-amazon-cancelling-nyc-hq-proves-anything-is-possible.html.
5. Amie Tsang, "Amazon HQ2: How New York and Virginia Won the Beauty Contest," *New York Times,* November 14, 2018, https://www.nytimes.com/2018/11/14/technology/amazon-hq2-newyork-virginia-recap.html.
6. Karen Weise, "Amazon Muscles In on Seattle Election," *New York Times,* October 18, 2019, https://www.nytimes.com/2019/10/18/technology/amazon-seattle-council-election.html.
7. 法案的全名是《取消補貼以阻止不良雇主法案》（*Stop Bad Employers by Zeroing Out Subsidies Act*），其縮寫「Stop BEZOS Act」（阻止貝佐斯法案）正好方便桑德斯挖苦他的其中一個目標（Abha Bhattari, "Bernie Sanders Introduces 'Stop

Nation," CNBC, April 25, 2018, https://www.cnbc.com/2018/04/25/what-trump-gets-right-about-china-and-trade.html.

13. NAFTA's Legacy: Lost Jobs, Lower Wages, Increased Inequality," Public Citizen, October 2019, https://www.citizen.org/wp-content/uploads/NAFTA-Factsheet_Deficit-Jobs-Wages_Oct-2019-1.pdf.

14. Alexia Fernández Campbell, "One Reason the Rust Belt Turned Red," *The Atlantic,* November 14, 2016, https://www.theatlantic.com/business/archive/2016/11/one-reason-the-rust-belt-turned-red/507611/.

第三章

1. Julie Bort, "Amazon Now Employs One Half a Million People, and It Plans to Hire Thousands More," Inc., October 27, 2017, https://www.inc.com/business-insider/jeff-bezos-amazon-employees-hiring-spree-second-largest-company-behind-walmart.html.

2. 西雅圖市議會匿名投票通過法案，要對總收入超過二十五萬的個人或五十萬的已婚伴侶徵收百分之二點二五的稅，這將會使西雅圖市每年額外獲得一億四千萬的稅收，可以用在西雅圖市的住宅、教育和大眾交通上。在下級法院判斷此稅法違憲後（美國有七個州不收個人所得稅，西雅圖所屬的華盛頓州即為其中之一），西雅圖市上訴到華盛頓州最高法院，法院則將此案送到上訴法院。上訴法院在二〇一九年夏季宣判西雅圖市勝訴（Nick Bowman, "Court Rules Seattle Can Impose an Income Tax in Stunning Decision," MyNorthwest, July 15, 2019, https://mynorthwest.com/1451150/seattle-income-tax-

July 1, 1961, https://doi.org/10.1177/002795016101600105.

6. "Smoot-Hawley Tariff Act," Wikipedia, last modified November 3, 2019, https://en.wikipedia.org/wiki/Smoot–Hawley_Tariff_Act.
7. "Politicians Cannot Bring Back Old Fashioned Factory Jobs," *The Economist,* January 14, 2017, https://www.economist.com/briefing/2017/01/14/politicians-cannot-bring-back-old-fashioned-factory-jobs.
8. See H.R. 764—United States Reciprocal Trade Act 2019, https://www.congress.gov/bill/116th-congress/house-bill/764/text.
9. 中國擁有全球最大的汽車市場，在國際要求他們開放市場的壓力逐漸增加時，中國做出的回應是把進口車的關稅從百分之二十五下降到百分之十五。隨後，中國又為了報復川普總統對中國進口商品課徵的關稅，對美國進口車增加了百分之二十五的關稅，使關稅達到百分之四十。在目前中美貿易戰的協商休戰期間，中國取消了對美國車課徵的額外關稅（Staff, "China Tariffs Will Add 25 Per Cent to Cars Imported from U.S.," Driving, August 23, 2019, https://driving.ca/auto-news/news/china-tariffs-will-add-25-per-cent-to-cars-imported-from-u-s）。
10. Simon Kennedy, "China Will Overtake the U.S. in Less Than 15 Years, HSBC Says," Bloomberg, September 25, 2018, https://www.bloomberg.com/news/articles/2018-09-25/hsbc-sees-china-economy-set-to-pass-u-s-as-number-one-by-2030.
11. Economic Policy Institute, "Nominal Wage Tracker," https://www.epi.org/nominal-wage-tracker/.
12. Simon Lester, "The WTO Still Considers China a Developing

Nobody," Quartz, May 7, 2017, https://qz.com/977925/french-presidential-election-emmanuel-macron-won-despite-a-record-number-of-french-voters-so-disgusted-they-cast-a-blank-vote-for-nobody/.

第二章

1. William D. Popkin, "Less Developed Countries and the Revenue Act of 1962," *Indiana Law Journal* 40, no. 1 (Fall 1964): Article 1, https://www.repository.law.indiana.edu/cgi/viewcontent.cgi?referer=https://www.google.com/&httpsredir=1&article=3543&context=ilj.
2. Bojen Pancevski, "Stung by Trump Criticism of Russian Gas Deal Germany Makes Its Own Threats," *Wall Street Journal,* April 29, 2019, https://www.wsj.com/articles/stung-by-trumps-criticisms-of-russian-gas-deal-germany-makes-its-own-threats-11556623921.
3. Ryan Browne, "NATO Report Says Only 7 Members Are Meeting Defense Spending Targets," CNN, March 14, 2019, https://www.cnn.com/2019/03/14/politics/nato-defense-spending-target/index.html.
4. 幼稚產業論提倡保護的依據是，剛開始發展的國內產業通常不像已成熟的國際競爭者一樣已經具有規模經濟，因此政府應該要在這些新產業達到相等的規模經濟之前，保護產業不受進口產品的威脅。
5. Jeffry Frieden, *Global Capitalism: It's Fall and Rise During the Twentieth Century* (New York: Penguin, 2006), 65; and "Economic Growth: The Last 100 Years," National Institute Economic Review,

09, 2019, https://www.cnn.com/2019/07/09/opinions/how-ross-perot-shaped-our-world-zelizer/index.html.

2. Jacob Schlesinger, "Trump Forged His Ideas on Trade in the 1980s,"*Wall Street Journal,* November 15, 2018, https://www.wsj.com/articles/trump-forged-his-ideas-on-trade-in-the-1980sand-never-deviated-1542304508.
3. 根據蘋果公司官方文件指出，若依據花費排名的話，公司的前兩百名供應商大多位在中國（Apple Supplier Responsibility 2019, Supplier List, https://www.apple.com/supplier-responsibility/pdf/Apple-Supplier-List.pdf）。
4. OECD, *Under Pressure,* 12.
5. Wilson Andrews, Kitty Bennett and Alicia Parlapiano, "2016 Delegate Count and Primary Results," New York Times, July 5, 2016, https://www.nytimes.com/interactive/2016/us/elections/primary-calendar-and-results.html.
6. "Brexit vote was a revolt against the rich," Socialist Worker, June 28, 2016, https://socialistworker.co.uk/art/42982/Brexit+vote+was+a+revolt+against+the+rich.
7. "The Battle of Amiens: Macron Jeered by Whirlpool Workers after Le Pen's Publicity Stunt," The Local, April 26, 2017, https://www.thelocal.fr/20170426/le-pen-leaves-macron-in-a-spin-after-surprise-visit-to-whirlpool-factory.
8. "In Numbers: How the French Voted," The Local, May 8, 2017, https://www.thelocal.fr/20170508/in-numbers-how-the-french-voted-and-how-they-didnt; Eshe Nelson, "A Record Number of French Voters Were So Disgusted They Cast a Blank Vote for

註譯

引言

1. US Bureau of Labor Statistics. Employment, Earnings and Hours, Database Series Id # CES300.
2. Statistics Canada, "Cansim Table 282-0008: Labour Force Characteristics by Industry, Annual (x 1,000)," last modified, November 11, 2019, https://www150.statcan.gc.ca/t1/tbl1/en/tv.action?pid=1410002301.
3. John Vidal and David Adam, "China Overtakes US as World's Biggest CO2 Emitter," *The Guardian*, June 19, 2007, https://www.theguardian.com/environment/2007/jun/19/china.usnews.
4. "Each Country's Share of CO2 Emissions," Union of Concerned Scientists, July 16, 2008, last modified October 10, 2019, https://www.ucsusa.org/resources/each-countrys-share-co2-emissions.
5. Organisation for Economic Co-operation and Development (OECD), *Under Pressure: The Squeezed Middle Class* (Paris: OECD Publishing, 2019), https://www.oecd.org/social/under-pressure-the-squeezed-middle-class-689afed1-en.htm.

第一章

1. Julian Zelizer, "How Ross Perot Shaped Our World," CNN, July

next 301

我們成了消耗品：全球化海嘯中被吞噬的中產階級

THE EXPENDABLES:

HOW THE MIDDLE CLASS GOT SCREWED BY GLOBALIZATION

作者	傑夫．魯賓 Jeff Rubin
譯者	聞翊均、楊理然
主編	王育涵
責任編輯	鄭莛
校對	陳炎妍
責任企畫	林進韋
封面設計	許晉維
內頁設計	張靜怡
總編輯	胡金倫
董事長	趙政岷
出版者	時報文化出版企業股份有限公司 108019 臺北市和平西路三段 240 號 7 樓 發行專線｜ 02-2306-6842 讀者服務專線｜ 0800-231-705 ｜ 02-2304-7103 讀者服務傳真｜ 02-2302-7844 郵撥｜ 1934-4724 時報文化出版公司 信箱｜ 10899 臺北華江郵政第 99 信箱
時報悅讀網	www.readingtimes.com.tw
人文科學線臉書	https://www.facebook.com/humanities.science
法律顧問	理律法律事務所｜陳長文律師、李念祖律師
印刷	紘億印刷有限公司
初版一刷	2021 年 11 月 5 日
定價	新臺幣 520 元

ISBN 978-957-13-9573-9 ｜ Printed in Taiwan

時報文化出版公司成立於一九七五年，並於一九九九年股票上櫃公開發行，於二〇〇八年脫離中時集團非屬旺中，以「尊重智慧與創意的文化事業」為信念。

我們成了消耗品：全球化海嘯中被吞噬的中產階級／傑夫．魯賓（Jeff Rubin）著；聞翊均、楊理然譯．

-- 初版．-- 臺北市：時報文化, 2021.10 ｜ 416 面；14.8×21 公分．

譯自：The expendables: how the middle class got screwed by globalization

ISBN 978-957-13-9573-9（平裝）｜ 1. 中產階級 2. 經濟政策 3. 國際經濟 4. 全球化｜ 546.16 ｜ 110016833